오토피아

오토피아

초판 1쇄 인쇄 2021년 11월 22일
초판 1쇄 발행 2021년 11월 27일

저자 美源 조영식
편저자 미원전집편집위원회

발행인 한균태
발행처 경희대학교 출판문화원

주소 서울시 동대문구 경희대로 26
전화 02-961-0106~8
팩스 02-961-0291
설립 1960년 9월 16일 제5-8호
등록 1977년 11월 8일 제6-5호
홈페이지 www.khupress.com
전자우편 press@khu.ac.kr

ISBN 978-89-8222-711-0 93100

오토피아

Oughtopia

美源 조영식 저

미원전집편집위원회 편저

경희대학교 출판문화원

『오토피아』 윤문본 발간에 부쳐

미원기념사업회는 경희학원 설립자 미원美源 조영식 박사의 저술을 윤문하는《미원 사상서思想書》개정 출간 사업을 진행하고 있다. 지난 세기 세계사적 격변을 직접 겪으며 전개된 미원 사상이 이 시대에도 다가올 미래를 준비하는 지구적 과업 수행에 참고가 됐으면 하는 바람에서다. 한반도와 인류사회의 평화·번영을 간구한 미원 사상이 결코 순탄치 않을 미래를 살아야 할 미래 세대에게 도움이 됐으면 하는 기대도 있다.

생애에 걸쳐 미원은 50여 권의 저작을 남겼다. 미원기념사업회는 미원의 핵심 사상을 담은 저서를 선정해 윤문본을 경희대학교 출판문화원에서 출판하고 있다. 2014년에는 『민주주의 자유론』(한일공인사, 1948), 『문화세계의 창조』(문성당, 1951) 윤문본을 펴냈다. 2021년 9월 21일에는 유엔 세계평화의 날 제정 40주년을 기념해 1975년 출간한 『인류사회의 재건』을 윤문해 발간했다. 이번에 그 네 번째 사업으로 2021년 11월 미원 탄생 100주년을 기념해 미원의 사상이 집약된 책 『오토피아 Oughtopia』 윤문본을 발간한다.

경희학원은 『인류사회의 재건』과 『오토피아』 윤문 작업을 위해 2020년부터 미원전집편집위원회를 구성해 집필 방향과 체제를 갖췄다. 약 2년여에 걸쳐 완성된 두 윤문본이 인류의 미래, 현대사회의 전환적 미래에 관심을 기울여 온 전공자와 지식인, 미래 세대와 세계시민에게 도움이 됐으면 한다. 이번 『오토피아』 윤문 작업에는 최관호, 이문재, 이영준, 홍기준, 이택희, 신충식, 김성수, 신진숙, 김종옥이 참여했다. 미원기념사업회는 내년 초 『미원연설문집』도 윤문해 출간할 예정이다.

2021년 11월 27일

미원기념사업회 미원전집편집위원회

미원美源의 생애

세계평화사상가이자 운동가, 실천하는 지식인이자 교육자였다. 1921년 평안북도 운산에서 태어나 2012년 타계했다. 서울대학교 법과대학을 졸업하고, 미국 마이애미대학교 명예법학박사 등 34개의 명예박사학위를 받았다. 저서와 시집으로 『민주주의 자유론』(1948년), 『문화세계의 창조』(1951년), 『인류사회의 재건』(1975년), 『오토피아』(1979년), 『하늘의 명상』(1982년), 『조국이여 겨레여 인류여』(1994년)를 비롯해 모두 50여 편의 저작을 남겼다.

미원의 삶은 '평화와 창조'를 향한 열정으로 끊임없이 도전하는 삶이었다. 그 여정의 출발점은 더 나은 인류 미래를 향한 '인간적인 염원'이었다. 미원은 일제강점기와 한국전쟁의 경험을 통해 폐허가 된 한반도와 세상을 위해 새로운 '문화세계의 건설', '전인교육과 공적 실천'의 초석을 놓고자 했다. 대학을 비롯해 유아교육과 청소년교육, 고등교육과 세계시민 교육을 아우르고, '질병 없는 인류사회'를 추구하는 의료기관을 창설했다. 이와 함께 평화로운 공공의 가치를 구현하는 세계평화운동을 전개했다. 그에게 평화는 배타적 이념과 체제, 국가와 민족의 틀에 갇힌 그 무엇이 아니다. 틀과 경계의 제약을 넘어 인류 보편의 문화세계,

평화로운 미래사회를 구현하는 일이었다. 더 나은 세상의 미래를 위해 함께 이뤄 내야 할 정신세계이자, 지구적 실천운동이었다. 그의 이러한 사상은 현대사회, 현대문명의 전환적 노력을 촉구했다.

'배타적 경쟁교육에서 전인교육으로.' 미원은 현대사회가 이룩한 성취는 자아와 타자, 문명과 자연을 포괄하는 정신세계에 기초할 때 더 넓고 깊은 의미를 갖는다고 역설했다. 그런 점에서 그는 인간의 인간적 가치를 회복하는 전인교육을 추구했다. 부분의 닫힌 진실보다는 전체의 열린 보편에 다가서는 통합 교육의 기회를 열어야 한다고 믿었다. 이와 같은 세계관을 축으로 1951년 전쟁 중에 '문화세계의 창조'를 교시로 하는 대학을 세웠다. 그 후 일관교육을 위해 유아교육, 청소년교육, 고등교육, 사회교육, 세계시민 교육을 아우르는 종합학원 체제를 구축했다. 1971년 경희의료원, 2006년 강동경희대학교병원을 설립해 '동서의학'과 '제3의학' 발전을 위해 노력했다. 2001년 시민사회, 인류사회와의 더 넓은 학문적 교류와 참여를 위해 경희사이버대학을 신설했다.

미원의 교육관은 사회와 지구적 실천 영역으로 이어졌다. 전쟁의 폐

허에서 '농촌운동', '잘살기운동'을 전개했다. 성장과 팽창, 냉전의 시대엔 '자연보호운동', '밝은사회운동', '세계평화운동'을 펼쳤다. 1965년 세계대학총장회(International Association of University Presidents, IAUP) 창설, 1981년 유엔 제정 세계평화의 날과 해(International Day of Peace, International Year of Peace) 제안, 1987년 『세계평화대백과사전』 발간, 1999년 서울 NGO세계대회(1999 Seoul International NGO Conference) 개최 등 모두 그가 바라본 문명사적 난제 해소를 위한 지구적 실천이다.

'배타적 경쟁에서 공영으로.' '투쟁과 패권에서 인류평화로.' 미원이 간직했던 공적 삶의 근본 가치다. 그가 호흡했던 시대는 무한 성장의 경제논리에 경도된 채 유한한 지구의 환경과 생태를 파괴했다. 방향 잃은 과학기술의 자기 증식은 인간적 삶의 지평을 축소했다. 고성능 첨단무기의 확대 재생산은 무고한 세계시민의 안전과 생명을 앗아 갔다. 그 시대에 갈등과 대립, 폭력과 파괴가 만연했던 이유다. 미원은 시민 개개인이 존엄과 자유, 민주와 복지를 구현하는 '문화세계 건설'의 주체임을 깨달을 때, 우리가 염원하는 평화와 번영의 미래사회를 이룰 수 있다고 주장했다. 시간·공간·환류·실체, 현묘한 우주적 본성의 초연결성에 대한 이해를 축으로 더 나은 미래의 전환적 기초를 마련하자는 것이 그의 생각이다.

이러한 사상과 철학, 지구적 실천의 공로로 미원은 세계후마니타스 회의(The World Congress of Humanitas)가 수여한 '인문학 최고 영예의 상'을 비롯해 함마숄트상, 세계대학총장회 세계평화대상, 유엔평화훈장, 아인슈타인 평화상, 비폭력을 위한 마하트마 간디상, 대한민국 정부 국민훈장 무궁화장, 만해평화상 등 67개의 상훈을 받았다.

1979년 초판본 머리말

제2 르네상스가 시작되고 있다. 현대는 물질적 풍요 속에서 정신적 빈곤을 느끼며 사는 시대다. 인간성보다 기술과 능력이 높이 평가되고 있다. 물질문명은 우리 사회를 비인간화했다. 현대사회는 철학, 인간다운 마음, 인간 자신이 부재하는 대중적 산업사회로 변했다. 사람들은 인류문명의 방향이 크게 어긋났다고 한탄한다. 인류사회를 재건해야 한다고 말한다.

왜 세계가 비인간화됐을까. 물질사회, 과학기술사회, 대중사회로 변한 현대사회의 문제점은 무엇인가. 그 모든 문제는 인간이 세상을 바로 보고, 바로 알지 못하기 때문에 생겨난다. 인간의 힘으로 현대문명을 올바로 다루지 못하고 있다. 인간이 세상의 주인이라는 의식도 없다.

이러한 세기의 난제를 풀기 위해서는 부분만 보고 전체를 보지 못하는 우리 자신을 바로잡아야 한다. 원리와 현상을 아는 것은 전체와 과정을 아는 것이다. 전체 우주의 시간은 근본적으로 '영원한 현재'의 생성과정이다. 이를 깨달아 현재와 과거를 알고 미래를 알아 가야 한다.

나는 그런 뜻에서 '전승화全乘和'*라는 이름으로 우주의 현상과 생성원리를 탐구했다. 부분의 어느 하나가 아닌 유기적이고 입체적인 우주관이자 세계관으로서 '주리생성主理生成 원리'*를 펴고 인류 역사를 비판적으로 성찰했다. 나아가 인류가 지향해야 할 당위當爲적 요청要請사회, 오토피아Oughtopia*를 인류의 이상사회 모델로 세워 보았다.

인류는 그동안 수동적이고 숙명적인 삶의 굴레에 갇혀 살아왔다. 바깥세상의 힘에 쫓겨 인간 가치가 아닌 다른 가치들에 의존해 살아왔다. 그것은 주체성을 상실한 더부살이 삶이다. 능동적이고 자주적인 삶이 아니다. 이제 우리가 이 세상의 주인으로서 다시 서야 할 때다. 삶의 고삐를 다잡아 자립적 인간으로 살아가야 한다. 그런 의미에서 나는 새로운 인간중심주의(Humancentrism),• 독립적 인격체로서의 인간의 삶을 주장한다.

삶의 보람, 행복, 가치는 서로 연결되어 있다. 이것들은 함께 창조하고 실현해야 한다. 이러한 신념과 의지를 품고 빗나간 현대 인류문명을 바로잡도록 노력해야 한다. 이것이 20세기 인간에게 주어진 책무이자 소명일 것이다.

• 인간중심주의(Humancentrism)는 미원이 개발한 용어 중 하나로, 현대문명의 난제를 풀기 위해 인간 가치의 회복을 주장해 온 미원의 철학적 지향성이 응축된 개념이다. 근대적 사유 체계에서 배태된 인간우월주의 혹은 인간예외주의로서의 인간중심주의(Anthropocentrism)와 다른 개념이다. 미원의 인간중심주의는 인간 본연의 마음, 인간다운 인간의 의미를 회복하고자 하는 신(新)인본주의이며, 그 안에는 다른 존재에 대한 인간의 생태주의적 보살핌의 개념 또한 포함되어 있다. 미원은 인류평화를 향한 인류문명의 새로운 바탕으로서 인간중심주의를 다시 실현할 수 있는 제2 르네상스 운동을 주창했다.

나는 이러한 소명감을 안고 일찍이 '주리생성(主理-主意生成)의 원리'를 통해 세계를 성찰했다. 그리고 이를 발전시켜 우주 실재의 현상과 원리, 인간존재와 인류세계를 사유했다. 동서양 사상과 학문을 비판적으로 고찰했다. 학자로서 신념과 양심을 지키며 탐구하고자 노력했다. 깨달음을 얻을 때마다 자부심도 컸다.

하지만 소크라테스도 만년에 말하지 않았던가. 우리가 알 수 있는 것은 우리가 아무것도 알지 못한다는 그 사실뿐이다. 책을 다 쓴 지금, 세상과 우주의 진행을 설명할 완벽한 이론이란 존재할 수 없다는 것을 다시 실감한다.

우주의 법리法理를 해석 못 할 바는 아니나 우주의 모든 변화를 다 알 수는 없다. 애초에 그것은 인간 능력으로 불가능하다. 인간의 유한한 지식으로 무한한 분자와 개체가 동시다발적으로 태어나고 소멸하기를 반복하는 우주의 성쇠교역盛衰交易 전체를 파악할 수는 없다. 인간의 힘으로 우주 형성의 모든 결과를 예측할 수 없는 것이다.

앞으로 이 방면에 관심을 가진 학자들이 나와 과학적인 방법으로 더 깊이 연구해 주길 바란다. 인류사회의 앞날을 바로 세우고 밝혀 주기를 희망한다. 아울러 독자 여러분의 따뜻한 안내와 가르침도 고대한다.

사랑하는 조국의 무한한 번영과 온 인류사회의 평화를 진정으로 기원하며 경희대학교를 세우고 목숨처럼 사랑하고 성장시켰다. 개교 30주년이 된 지금, 온 생애와 마음을 다해 쓴 이 책을 바친다.

1979년 4월 21일 명륜장에서
조영식

1996년 재판본 머리말

『인류사회의 재건』과 『오토피아』를 집필한 후 세월이 많이 흘렀다. 『민주주의 자유론』과 『문화세계의 창조』를 저술하면서 '주리생성主理生成* 원리'를 철학관으로 정립한 것은 반세기도 더 전의 일이다. 이번에 어려운 한자식 문장들을 쉽게 풀어 『오토피아』를 다시 펴내면서 주리생성 원리를 검토했다. 시각이 올바른지 염려하는 마음으로 주의 깊게 살폈다. 다행히 우주의 본질과 원리, 현상 변화를 설명하는 데 빗나감이 없었다.

처음 이 책이 출판됐을 때와 비교하면 세계는 거대한 대기大氣 변화가 있었다. 역사상 유례가 없는 혁명적 변화가 일어났다. 차원과 범주가 다른 변신적 변화•가 발생했다. 사회 전체가 총체적 변화를 맞았다.

물질주의가 사회를 지배하면서 현대문명은 개인주의, 이기주의, 향락주의가 만연하게 된다. 인격이나 양심 대신 물질 가치가 높이 평가되고 존중받는 시대다. 사람들은 저속한 감각 문화에 젖어 가치관이 전도된 삶을 살아간다. 인간 가치가 부재하는 감각적이고 기계적인 사회로

• '변신적 변화', '변신적 변이(變移)', '변신적 변혁' 등의 개념은 미원이 현대사회를 전통사회와 구분하고, 현대문명 전반에서 발생하는 의식, 일상, 사회, 정신의 메타모포시스(metamorphosis)적 형질 전환을 일컫는 말이다. 메타모포시스는 원래 껍질을 찢고 나오는 곤충의 변태, 혹은 탈바꿈을 가리키는 말로 미원은 이 말을 문명이 어떻게 존재하고 또 새롭게 생성, 전환되는지를 드러내기 위해 사용한다.

전락했다. 민주정치는 대중적 우중사회愚衆社會로 퇴보하고 있다. 그러나 과학기술 영역은 여전히 계속해서 발전하고 있다. 인터넷 망이 개발되면서 실재와 가상이 결합한 가상-현실(synthetic-realities)도 확대되고 있다.

인류는 다가올 미래세계를 위한 준비가 되어 있는가. 물질주의, 감각주의, 과학기술주의에 지배됨으로써 인류문명은 한계에 접근해 가고 있다. 조용히 눈을 감고 다시 생각해 보자. 과연 이대로 좋은 것일까. 우리가 바라던 문명의 향상과 사회 발전이 이런 현실을 지향했던 것인가.

변화가 발전이자 개혁이고, 그것이 곧 진보라고 믿는 것은 잘못된 생각이다. 맹목적인 진보 신앙을 바로잡아야 할 때다. 과학기술이 자율적으로 복제하고 증식하는 상황을 방치해서는 안 된다. 과학과 기술, 제도와 조직, 물질문명은 인간 삶의 도구이자 수단일 뿐이다. 그것들이 인간을 지배하도록 내버려 두어서는 안 된다.

삶의 질을 높이도록 노력해야 한다. 정신적으로 아름답고, 물질적으로 풍요하며, 인간적으로 보람을 느끼는 삶을 지향해야 한다. 인간적인 인간사회, 문화적인 복지사회, 보편적인 민주사회를 이루어야 한다. 동서양의 아름다운 정신문화와 풍요로운 물질문명을 변증(통정統整)•해 통합을 이룬 종합문명사회綜合文明社會,[••] 그것이 인류가 지향할 미래사회다. 만민의 자유평등과 공존공영을 보장하는 평화가 실현된 지구적 협력사회를 이룩해야 한다.

이는 인류에게 부여된 당위적 요청사회로서 오토피아Oughtopia*를 향한 길이다. 이 길은 인간이기에 마땅히 가야만 하는 길이다. 가도 그만, 안 가도 그만인 그런 길이 아니다.

앞으로 4년 후에는 21세기가 시작된다. 우리는 현재의 종말론적 현실을 극복하고 새로운 천년을 내다보는 안목으로 인류 역사를 다시 써야 한다. 인류문명의 발자취를 총체적으로 점검하고 새 삶을 향해 출발해야 한다.

• '통정(統整)'은 미원이 정신과 물질, 주체와 객체, 인류와 개인, 인류사와 민족사, 존재와 당위 등 다양한 차이들을 통합하고 지양(止揚)해 변증하는 사유 방식을 가리키는 말이다. 미원이 변증이 아닌 통정을 사용하는 것은 기계적이고 결정론적인 변증법을 비판하고 변증 개념으로 포괄할 수 없는 창조적 조화의 과정을 설명하기 위해서다. 특히, 미원에게 현실은 당위적으로 존재해야 하는 이상사회라는 잠재적 현실과 통합하고 변증하는 과정이다. 미원의 전체 철학은 이러한 통정의 과정으로 이루어져 있다고 해도 과언이 아니다.

•• 미원은 종합문명을 동서문명을 종합한 문명이라고 이야기하면서도 이것이 여러 문명을 모아 기존문명을 반복하는 것이 아니라고 분명히 말한다. 그에게 종합문명은 통정이라는 창조적 변증 과정을 거쳐 이루어지는 것을 의미한다. 종합문명은 새로운 테제(Thesis)가 될 새로운 씨앗을 잠재적으로 가지고 있는 문명사회를 일컫는다. 특히, 서문에서도 밝히고 있듯이 그것은 기존의 인간우월주의가 아닌 인간 가치의 회복과 인간 복권을 향한 새로운 문명이라고 할 수 있다(조영식, 「인류사회는 왜, 어떻게 재건되어야 하는가」, 『아름답고 풍요하고 보람 있는 사회(이하 연설문집)』, 2003, 경희대학교 출판국, p.226).

지난 세기 인류를 지배한 것은 정글의 법칙이었다. 군국적 국수주의, 배타적 민족주의, 계급적 이념주의가 인류의 삶을 장악했다. 이제 이 모든 것을 버리고 인류사회를 재건해야 한다. 민주주의의 보편 정신으로 하나가 된 지구촌사회를 만들어야 한다. 하나의 인류 가족으로 상부상조하며 평화롭게 사는 사회를 건설해야 한다. 하나의 보편적 공동 목표를 바라보며 동일한 규범 아래 호혜하고 협력해야 한다. 지구공동사회地球共同社會를 만들어야 한다.

인간은 사유하는 존재다. 마음 가는 곳에 행동이 따라온다. 마음이 바뀌면 세상도 바꿀 수 있다. 인류 역사도 알고 보면 모두 인간 마음의 그림자였다.

20세기 문명의 한계점에서 내일을 내다보며 보다 밝은 미래 인류세계를 꼭 이루어야 한다. 주리생성론*을 펴고 전승화 철학全乘和 哲學*을 개발한 것은 그 때문이다. 나는 이러한 일념으로 이 책을 썼다.

끝으로 올해는 세계 핵 대전 위험에서 인류를 구원하고 새로운 화해시대를 앞당긴 유엔 '세계평화의 해' 선포 10주년이 되는 해다. '세계평화의 날'은 제정된 지 15주년이 됐다. 세계평화의 날과 해를 처음 제안한 사람으로서 이 책이 인류평화의 진전에 도움이 되기를 희망한다.

사랑하는 조국의 평화통일이 이루어지길 소망한다. 팍스 유엔을 통한 세계평화가 영구 정착하고, 지구공동사회가 출현하길 간절히 기원한다. 앞으로 인류사회의 앞날을 밝히는 많은 연구가 이어지길 바란다.

1996년 4월 8일 명륜장에서

조영식

● 세계평화의 날과 해는 1981년 유엔이 제정하면서 정례화됐다. 1981년 코스타리카 산호세에서 개최된 세계대학총장회(International Association of University Presidents, IAUP) 제6차 총회에서 경희의 설립자 조영식 박사가 유엔에 세계평화의 날과 해 제정을 건의하자고 제안했다. IAUP는 이 같은 내용의 코스타리카 결의문을 채택해 유엔에 전달했고, 유엔은 그해 11월 30일 개최된 제36차 유엔 총회에서 세계평화의 날과 해(International Day of Peace, International Year of Peace)를 제정, 선포했다.

일러두기

1. 이 책은 『오토피아』(을유문화사, 1979, 초판) 재판본(경희대 출판국, 1997)을 읽기 수월하도록 현대적 어법에 맞춰 전체 문장과 문단을 가다듬은 윤문본이다.
2. 본문의 고유명사 표기 및 띄어쓰기 등은 현행 한글맞춤법 및 외래어표기법에 맞게 수정했다. 고유명사의 경우, 원어 표기가 없어 확인이 불가한 내용은 원본 표기를 따랐다.
3. 외국어 단어는 한글·원어 순으로 병기했다.
4. 설명이 필요한 곳에 새로 각주를 달았다. 본문 중 * 표시가 된 부분은 용어해설에서 그 내용을 자세히 살펴볼 수 있다.

차례

Oughtopia

1

1장

서장

현대세계는 물질적으로 풍요하지만, 정신적으로 빈곤하다. 전통적 가치 질서를 거부하고 기계와 능률을 우선 가치로 삼는다. 생명보다 재산을 강조한다. 이성보다 감성이, 인격보다 능률이 중요하다. 보편 윤리는 사라지고 상황 윤리가 세계를 지배한다. 올바른 규범과 판단 기준은 없다. 최대한 많은 상품을 개발하고 생산과 소비를 극대화하는 것이 인간의 목적이 되어 버린 시대다. 인간 자신이 소외되는 자아 상실의 시대다. 19세기 지성인들은 이성이 죽었다고 한탄했다. 지금은 인간 자신이 죽어 가고 있다.

과학기술의 성장은 인간을 물질적으로 바라보게 한다. 인간의 삶을 수치화하고 계산할 수 있는 양적 대상으로 취급한다. 진보를 신앙으로 삼은 맹목적 기술지상주의가 힘을 얻는다. 일상의 삶은 감각적 쾌락주의에서 헤어나지 못한다. 물자의 양적 생산과 소비만 강조하는 산업사회로 변해 버린 세계에 인간의 정신이 들어설 자리는 없다. 과학기술이 목적 없이 자기 증식한다. 인간의 이성적 요청을 무시한 채 자율적으로 자기 복제하고 있다. 이제 미래 인간사회를 예측할 수 없는 상황이다.

인류문명은 지금 엄청난 속도로 새로운 방향을 향해 전진해 가고 있다. 인류사회는 어디를 향해 달리고 있는가. 현대문명은 고삐 풀린 말처럼 점점 더 빠른 속도로 폭주하고 있다. 인간은 그 말이 이끄는 곳으로 수동적으로 끌려가고 있다. 과학에 대한 맹목이 인간의 통제 능력을 벗어난 과학기술사회를 만들고 있다. 존귀해야 할 인간 가치가 점점 더 추락한다.

세계의 석학들은 위기의식 속에서 현대사회를 경고한다. 마이클D. N. Michael은 우리가 준비 안 된 사회(the unprepared society)를 향해 달리고 있다고 말한다. 드러커P. Drucker는 다음 시대를 현재와 무관한 단절의 시대(the age of discontinuity)라고 전망한다. 토플러A. Toffler도 큰 충격으로 다가올 미래를 대비해야 한다고 역설한다. 로마클럽은 세계 성장의 한계를 전망하는 보고서를 내놓았다. 성장의 한계란 단순히 발전이 중지된다는 의미를 넘어 인류 생존의 임계점을 가리키는 말이다. 벨D. Bell은 세상을 구원할 이데올로기가 과연 존재하는지 묻고, 사실상 이데올로기의 종언(the end of ideology)을 논한다. 슈펭글러O. Spengler는 서구문명의 몰락과 현대문명의 사멸을 예언했다. 게오르규C. Gheorghiu는 지금 이 시대가 구원 가능한 시간에서 이미 한 시간이 지난 25시라고 지적했다. 러셀B. Russell은 도대체 인간의 미래에 새 희망이 존재할 것인가 반문한다. 이 모든 우려의 목소리들은 현대사회의 근본 문제점을 관통하고 있다. 귀 기울여 듣고 미래의 나아갈 길을 찾아야 할 것이다.

지금 인간은 능력 면에서 과거와 비교할 수 없다. 인간은 이제 생존을 목적으로 하는 단순한 생물학적 존재가 아니다. 지식과 과학기술이 발달하면서 신에 가까운 능력을 지닌 초인적 우주인이 됐다. 정보과학과 컴퓨터 기술이 발달하면서 우주 시대가 열렸다. 우주선을 타고 달을 정복하고 화성을 비롯한 지구 밖 행성을 탐방할 수 있다. 신의 두뇌라고 불리는 사이버네틱스cybernetics도 개발됐다. 사막에서 인공강우를 내리게 하고 해저 농장을 만들 수 있다. 인공장기 이식수술은 물론 인공 식량 생산도 가능하다. DNA 과학은 인조인간을 만들 정도로 발달했다. 인간의 체구, 피부색, 지능지수, 성격까지 마음대로 조작할 수 있는 기술력을 확보한 상태다. 인류는 지금 경이로운 과학기술의 발달을 경험하고 있다. 그러나 인간은 이러한 놀라운 과학기술력으로 핵무기, 생화학 무기, 세균무기, 기상 무기 등 인류를 전멸시킬 무기도 개발했다. 신만이 가능하다고 생각했던 파괴력을 인간도 가지게 된 것이다.

현재 사회는 과거사회와 확연하게 다른 세계다. 현대인은 과학인이며 우주인이고 지성인이다. 인간이 나아갈 올바른 길을 새로 모색해야 한다. 인간의 의미를 새롭게 발견하고 바른 인간사회를 세워야 한다. 구약성경을 보면, 인간은 땅을 정복하고 생물을 다스리는 참된 지배자로 묘사된다. 인간의 참된 주체성은 바로 이러한 참된 지배자의 모습 속에 있다.

하지만 세상은 어떠한가. 현대인은 인간의 목적이 무엇인지 알지 못한다. 인간이란 더 높은 곳을 목표로 삼아 살아가는 존재임을 알지 못한다. 생각 없고 분별없이 닥치는 대로 산다. 인류라는 큰 차원을 생각하면서 인간이 누구이고, 왜 사는지, 어떻게 함께 살아야 하는지 생각하지 않는다. 인류사회는 이해관계에 묶여 정처 없이 방황하고 있다. 문명은 발달했으나 인간은 죽어 가는 아이러니한 현실이다. 현대사회가 수많은 난관에 휘둘리는 것은 어쩌면 당연한 결과다.

소위 문명의 방향을 창조한다는 선진국도 무작정 과학기술 개발만

서둘러 왔다. 그로 인해 환경오염과 공해가 심해졌다. 과학기술이 자기 증식했다. 필요한 것과 불필요한 것을 구분하지 않고 무작정 생산하기 때문이다. 문명 발달의 부작용은 그뿐만이 아니다. 범세계적 인구문제, 식량문제, 자연 자원 문제 역시 심각하다. 과도한 경쟁심과 적개심이 만든 상호 불신, 가치관의 혼란과 도덕적인 타락, 물질만능주의와 감각적 대중사회의 출현도 문제다. 무엇보다 간과할 수 없는, 경계해야 할 난관은 인류의 최종일이 될지도 모르는 핵전쟁의 위험이다. 로마클럽은 21세기가 인류 역사에서 최악의 세기가 될 수 있다고 경고한다. 이 최악의 세기를 사전에 막을 수 없을까. 아니, 미래를 라이프니츠Leibniz가 말한 최량最良의 세기로 바꿀 수 없을까. 바로 이것이 인류사회에 부과된 가장 큰 고민거리다. 모두 크고 중요한 문제가 아닐 수 없다. 이를 해결하기 위해 아무리 많은 사람이 힘을 보태고 염려해도 지나치지 않다.

나는 그동안 세계평화와 인류사회 재건을 위해 몸 바쳐 일하겠다고 결심하고 실천해 왔다. 소명 의식을 품고 여러 사회를 견문하며 다양한 생활과 문화를 고찰했다. 특히, 1976년에는 세계 각지에 흩어져 있던 여러 성지를 순례했다. 다양한 종교 사원을 둘러보고 종합적 안목으로 비교 연구했다. 인도와 네팔, 파키스탄, 아프가니스탄에서 힌두교와 불교, 시크교, 자이나교와 사마디Samadhi(三摩地)를 살펴봤다. 이란에서는 조로아스터교와 마니교, 바하이교를 접했다.

그 밖에 사우디아라비아에서는 이슬람교를, 이스라엘에서는 유대교와 기독교를 탐색했다. 그리스와 이탈리아에서는 서구의 신화적 토착사상을 두루 살펴봤다. 한국인에게 익숙한 유교 발상지는 제외했다. 한국인은 누구보다 동양의 전통문화를 잘 알고 있다. 실제로 서당 문화가 있어 천자문, 논어, 맹자, 중용, 대학을 배운 시절도 있었다. 그만큼 한국인은 오랫동안 유교에 뿌리를 둔 전통문화를 형성해 왔다. 하여 유교 발상지를 굳이 가지 않아도 한국에 산재한 향교나 성균관의 대성전을 둘러보면 족한 일이다.

나는 성지를 둘러보면서 인류사회 재건을 도울 수 있는 경험과 느낌을 얻었다. 기억에 남은 사건들을 기록하고 이때의 감정을 시로 남겼다.

이번에 방문한 네팔 카트만두의 왕궁 사원에서 놀라운 사실을 알게 됐다. 살아 있는 여신을 신으로 모시는 문화가 있었다. 멕시코 데오가리 인신 공양 사원에서는 태양신의 아내가 될 처녀들을 죽인 후 심장을 꺼내 혼인제를 지냈다는 전설을 접했다.

인도 북부의 부다가야Buddhagaya에서는 특별한 경험을 했다. 12월 8일은 석가모니가 오랜 고행 끝에 아침 동녘에 떠오르는 샛별을 바라보다 깨달음을 얻는 성도정각成道正覺의 날로 알려져 있다. 나 역시 같은 날 같은 장소에서 저녁샛별을 보았다. 석가모니의 사리를 보관한 스투파stupa에 걸린 저녁샛별이 천체를 누비며 빠르게 흘러가고 있었다. 그것을 보면서 우주宇宙라는 공간과 시간, 인간관계를 중심으로 우주에 관한 생각을 다시 정리했다. 이슬람교의 메카 카바Kaaba 신전에서는 신이라는 존재의 의미를 생각했다. 신이 인간의 믿음 속에 있음을 다시 깨달았다.

크리스마스이브에 찾은 기독교의 성지 베들레헴에서는 구세주가 세상에 온 참뜻을 헤아려 보았다. 다음 시는 그때의 감회를 담고 있다.

베들레헴의 종鐘

베들레헴 목자의 뜰에 샛별이 뜬 날
하늘 천사 내려와 복음 전하네

동방박사 오셔서 경배 드린 날
세계에서 신도 모여 찬송 부르네
노우엘 노우엘 할렐루야 할레엘루야

의義와 진리 사랑과 평화 전하여 주는
베들레헴의 종은 오늘도 온 누리에
힘차게 힘차게 울려 퍼지건만
어찌하여 사람들은 날이 갈수록
불신 불의 불화에 차 그리스도 잊을까
노우엘 노우엘 할렐루야 할레엘루야

구주 탄신 2천 년을 바라다보며
마지막 4반세기 첫 종 울리네
1976년 애달픈 저 종소리
인류 구원 최후의 소망 될 수 있을까
노우엘 노우엘 할렐루야 할레엘루야

기쁜 성탄 거룩한 밤에 고요를 깨고
베들레헴의 종은 우리 귀에 전하여 준다
서로가 사랑하길 제 몸같이 하라
화목하지 못하는 집 서지 못하고
분쟁하는 동리는 필히 망한다
거룩하다 그 귀한 말씀 우러러 따르자
우리 모두 함께 나서 경배 드리자

할렐루야 찬송하며 노우엘 부르자

내가 이 세상에 온 것은
내 뜻을 펴러 온 것이 아니라
내 아버지 하느님의 뜻 이루러 왔다
너희에게 섬김을 받으러 온 것 아니라
너희를 섬기러 왔노라 하신다
이 세상의 죄인을 구하러 왔다 하신다
그 가르침 소중하다 거룩도 하다
할렐루야 찬송하며 노우엘 부르자

내 사랑하는 양 떼 선한 백성들이여
나더러 주여 주여 하는 자보다는
내 아버지 뜻 따르는 자 천국에 든다
평화 위해 일하는 자 복이 있나니
저희가 바로 하느님의 아들이니라
귀한 말씀 위대한 말씀 바로 그 말씀
온 누리에 전하여 다오 베들레헴의 종아
이 세상 마지막 한 사람이 구원될 때까지
한없이 울려라 한없이 한없이 퍼져라
베들레헴의 저~ 종소리

조용히 눈을 감고 세상일을 생각해 본다. 인간은 문명과 과학기술이 발달하면 살기 좋은 낙원이 이루어질 것으로 생각했다. 결핍도, 불편함도 사라진 유토피아가 건설될 것으로 알았다. 교육이 향상되고 널리 보급되면 모든 사람이 더 착하고 지혜를 얻게 되리라 믿었다. 교양과 예절이 넘쳐흐르는 사회를 상상했다. 종교가 널리 전파되고 보급되어 사람의 마음이 어질고 신을 우러르며 이웃과 화목하게 사는 세상을 꿈꿨다. 땅에는 평화, 하늘에는 영광이 가득 찬 세상이 실현될 것이라 믿어 의심치 않았다.

인간의 이 모든 희망은 어찌하여 인류에게 낙원 대신 프랑켄슈타인처럼 자신이 만든 문명으로부터 쫓기고 밀리는 세상을 안겨 준 것일까. 문명이 발달할수록 역설적으로 자연은 더 파괴되고, 공해와 오염이 심화했다. 그 때문에 인류는 생명조차 위협받고 있다. 물욕을 위해 고귀한 인간성마저 제물로 바치는 세상이다. 이해타산만 앞세우며 서로를 불신하는 세상, 사랑은 없고 미움만 가득한 몰인정한 인간사회로 변해버렸다.

옷깃을 바르게 가다듬고, 경건한 마음으로 인생의 참뜻을 다시 생각해야 한다. 인류가 마땅히 나아갈 바른길을 되찾아야 한다. 성현의 말을 마음에 깊이 되새겨야 한다. 공맹孔孟의 가르침, 소크라테스의 독배, 예수의 십자가, 싯다르타의 고행과 정각正覺, 마호메트의 이만Iman(신앙)과 딘Din(실행). 참다운 것을 배우고 깨달아야 한다. 모든 사욕과 부조리와 퇴폐를 거두고 인간 본연의 자세로 돌아가 진실한 새 인류사회 창조를 위해 나서야 한다.

정보산업사회에 들어서면서 도덕이 날로 퇴색하고 있다. 양심은 도대체 어떻게 됐는가. 사람들은 인간도, 신도 죽었다고 말한다. 인간이 만든 괴물, 과학 기계가 인간과 겨뤄 최후의 승자가 되는 인류 멸망의 날을 예언하는 이도 있다. 인류 마지막 날, 기계의 눈에 비친 인간의 모습은 어떤 것일까. 기계가 인간을 바보라고 조롱하고 있는 듯하다. 그러나 인류가 멸종한 후에는 과학 기계 역시 고철이 되어 산화하고 말리라. 아무도 모르게 검은 재로 변해 바람과 함께 우주 속으로 날아가 버릴 것이다.

우리는 과연 인류의 최종일(doomsday)을 아직 먼 미래의 일이라고 생각할 수 있을까. 지금도 얼마든지 일어날 수 있다. 1975년 10월 유엔 총회에 보고된 바에 따르면, 소련이 보유한 핵무기만 해도 42억 지구 인구를 열한 번 죽일 수 있는 양이다. 미국은 그보다 더 많아 열여섯 번이나 죽일 수 있다. 앞으로 개발될 무기는 또 얼마나 위력적이겠는가. 인류가 몇 번을 다시 죽어야 할 정도로 위력적인 무기들이 출현할 수 있다. 인간의 착각이나 오류로 발생할 수 있는 그 가공할 위험은 상상할 수도 없다. 인류 파멸이 미래가 아닌 지금도 얼마든지 일어날 수 있다. 이처럼 인류의 존망은 인간 자신에게 달렸다. 그러므로 이 문제는 오늘날 인간 사회가 풀어야 할 가장 긴급한 생존의 문제가 아닐 수 없다.

평화는 남의 일이 아니다. 나와 우리의 일이다. 인류가 전쟁과 평화 문제를 해결하지 못하면 모든 일이 허사로 돌아간다. 인간의 생존은 물론 인류 문화유산도 사라질 것이다. 삶을 가다듬어 인생의 참뜻과 사명, 보람을 다시 생각해야 한다. 어떻게 사는 것이 바람직한 삶인지 성찰해야 한다. 인류가 행복하고 가치 있는 삶을 보장받을 수 있는 사회를 만드는 길이 무엇인지를 고민해야 한다. 이 문제를 풀기 위해 인류 전체가 혼연일체가 되어 협력해야 한다.

빗나간 현대문명의 방향을 바로잡아 바람직한 방향으로 나아가도록 사회를 개조해야 한다. 더 나은 삶, 더 나은 인간관계, 더 값있고 행복한 사회(Better Life, Better Relation, Better Society: 3B)를 향해 나아가야 한다. 이것이 곧 인류사회 재건 사업의 목표다. 이제 우리는 개인이나 특정 집단의 이익과 명분과 지배욕을 위해 서로 속이고 뺏고 싸우는 약육강식을 벗어나야 한다. 행복과 가치와 보람을 보장받는 상호협력사회로 나아가야 한다. 인간을 존중하는 기틀 위에 인류 공존공영을 이루어 평화사회를 구현해야 한다. 인류사회 공동 목표를 세우고 인류의 새 역사를 다 함께 설계해 가야 한다.

계산적 실리주의, 쾌락주의, 현실주의에 갇혀 이기적으로 지금만 생각하며 살아서는 안 된다. 그것은 더 높은 인생의 참뜻과 목적을 알지 못한 채 땅만 굽어보는 것과 같다. 하늘에 반짝이는 별만 쳐다보다 도랑에 빠졌던 탈레스Thales가 될 수 있다. 환상적이고 비현실적인 이상만 주장하면 안 된다. 우주의 실재와 생성을 알고 인생의 참뜻과 목적을 바로 알아야 한다. 그래야 진정한 삶을 꾸릴 수 있다. 아름답고 살기 좋고 보람 있는 생활을 누릴 수 있다.

나는 인류가 나아갈 바를 알기 위해 우선 우주의 원리와 실재를 밝히는 데서부터 시작해야 한다고 생각한다. 이에 이 책이 시작된 사유의 출발점들을 시로 적어 보려 한다.

각기 다른 시간, 다른 장소에서 썼지만, 그 뜻은 하나다. 우주와 존재의 의미를 깨닫고 인간사회의 올바른 목적이 무엇인지 알고자 함이다. 먼저 소개할 시는, 석가모니가 오랜 고행 수업 끝에 성도정각 했던 부다가야에서 쓴 시다. 불교의 성지에서 밤하늘의 샛별을 본 후 그 감회를 적어 봤다.

부다가야의 샛별

I

삼십이상三十二相 광명의 빛 천지에 차니
칠보연화七寶蓮花 아롱진다 룸비니 동산에
무우수無憂樹 나무 아래 진여가 내생來生하니
천제天帝 하강下降하여 향수로 몸을 닦고
천인들 모여 서서 길상吉祥 노래 부르네

싯다르타는 외친다 사방칠보四方七步 거닐면서
천상천하유아독존天上天下唯我獨尊
삼계개고아당안지三界皆苦我當安之

인생은 무상無常도 하다 탄嘆하고 있을 때
정반왕淨飯王 신하 시켜 사문유관四門遊觀 시키네
삼문三門에서 노老 고苦 사死 보고 괴로워할 때
북문北門에서 청정한 사문沙門을 보네
장壯하도다 사문沙門이여 그대의 모습!
현명한 너의 걸음 경쾌도 하구나
그대 따라 나도 같이 범행梵行길 오를까?

정거천淨居天 때마침 나타나 계시 주신다
소경이 소경을 인도하면 어디를 가나
해탈하여 두 눈 뜨고 바로 이끌라

또 한번 빈궁순시嬪宮巡視 길에 깨달음 있어
서원誓願을 일으켜서 중생제도衆生濟度 하려고
천애고독天涯孤獨 험한 길 사문沙門길에 오르네

6년간의 고행길에 몸 지친 어느 날
이련선하尼蓮禪河에 몸 씻고 언덕에 쓰러졌을 때
난타바라 여인이 젖죽을 대접하니
우리 왕자 타락했다 수호종자守護從者 떠나네

고독한 밤 지새우며 명상에 잠겼을 때
홀연히 마왕 나타나 세 번 시험 꾀하네
조화원융調和圓融 출몰자재出沒自在 삼승三勝을 하니
마왕은 무릎 꿇고 진여래 불보佛寶 되네

깨달았다 기재기재奇哉奇哉 성도정각成道正覺 하였네
동천 샛별 바라보며 싯다르타 깨달았다
우주 생성이 모두 오온五蘊에서 비롯되니
삼계육도三界六道 삼사라Samsara 업에서 오는구나
사제진상四諦眞相 깨달아 팔정도八正道로써
십이인연十二因緣 이기고 해탈하여 열반에 들자

Ⅱ

전생前生의 인연일까 후생後生의 회우會遇일까
석존이 샛별 보고 정각正覺한 그날

십이월 팔일 저녁 부다가야에 와서
스투파Stupa에 걸린 샛별 나도 같이 바라보네
오묘한 진리 무상無常 무아無我 적정寂靜을 생각하며
한없이 한없이 깊은 명상에 잠겼을 때
말없이 고요 깨고 공간空間 달리는 저 샛별
오늘도 내 귀에
우宇-空間 주宙-時間 법法-秩序 아我-人生를 속삭인다

석존釋尊은 일체중생一切衆生 구해 내려고
청정한 무승장엄정토無勝莊嚴淨土 개척했건만
참으로 무상하다 인간의 사바세계娑婆世界
이 세상 업業으로 인연因緣 짓는다 했는데도
선인善因 심어 선과善果 얻지 못하는구나
세존世尊은 자비하여 욕망 버리라 했는데도
중생衆生은 어찌하여 반오천년半五天年이 되도록
인간의 완성보다 욕망에 눈이 어두울까
이해타산 앞세우며 골육상잔 일삼을까

이제라도 이 세상
종말이 다가오기 전에
서로가 사랑하고 이해 협동하여서
Oughtopia 이 세상에 이룰 수는 없을까?

다음으로 소개할 시는, 필자가 이슬람교의 성지 메카에 있는 카바 신전에서 쓴 시다. 신전을 가득 메운 순례자들이 경건하게 참배하는 모습에 감격했던 순간을 담고 있다. 순례자들은 쳄쳄Chem Chem의 샘물터에서 손을 씻고 신전의 검은 돌에 키스하며 신전을 돌고 있었다. "위대한 알라신이여Allah! 이슬람Islam! 이슬람!"을 외쳤다. 이는 알라의 말씀에 절대복종하겠다는 다짐이다. 세상을 창조하고 주재하고 심판하는 알라신을 향해 "키즈멧Kismet!"이라고 말했다. 이는 알라신의 예정을 믿고 코란Koran을 읽으면서 신앙을 지키겠다는 맹세다. 순례자들은 "Koran! Kismet! Koran! Kismet! Islam, Islam! Allah!"라고 기도하며 눈물을 글썽였다. 엎드려 절하며 신전을 도는 신자들의 경건한 행렬은 나에게 거룩한 풍경으로 다가왔다. 신은 먼 하늘에 홀로 있지 않았다. 인간의 마음속, 그 믿음 속에 살아 있었다.

믿음 속에 계시는 알라신

태초에
창조주 알라신은
6일간에 우주를 창조하고
하나의 움마
공동체를 만들었다
그러나 인간들은 무지하여 미신에 빠져
서로가 분쟁을 일삼아
공동체는 분열되었다

신은 인간을 구하기 위해

노아와 아브라함, 이삭을 보내고
모세와 요한, 예수를 보내어
율법律法과 시편詩篇, 복음을 주었으나
일체중생 몽매蒙昧하여 깨달음이 없었다

15년간을 하루같이 히라산 동굴에서
마호메트 기도하고 묵상에 잠겼을 때
홀연히 가브리엘 천사 나타나 계시하였다

알라신은 유일신 창조의 신
인간을 지어 주신 고마운 신
율법 세워 이 세상 지배하시다
예정된 그날에 심판하신다

너는 그의 사자
미로에서 방황 말고 전파하여라

마호메트 그때부터 수명受命을 깨달아
하디자Khadiza 아부 바크르Abu Bakr와 함께
교단 세워 선교를 개시

우상을 섬기지 말라
재물과 명예 권세욕도 버리고
전지전능하신 유일신에로 귀의歸依하라

선민選民사상, 삼위일체관三位一體觀도 바로 세우고
신앙의 참된 길 찾아 나서서
최후의 심판 그날을 맞으라!

Koran![1] 계전啓典을 읽으라
Islam![2] 절대복종하고 귀의하라
Kismet![3] 최후의 심판을 믿으라
너는 Moslem, Koran, Islam, Kismet
이 세계에는 처음이 있고 끝이 있다
모두 함께 나서 그날을 예비하라

Iman, 6대 신앙을 믿고 따르라
신, 천사, 계전, 예언자, 내세, 예정
Din, 5행을 성실히 이행하라
예배, 단식, 시제, 순례, 신앙고백
마호메트를 떠나서
신에로의 통로는 없다, 구원도 없다

알라신의 신정통치神政統治로
포교와 정복을 동시에 시행

---

1 읽는다는 뜻이다.

2 복종의 뜻이다.

3 심판의 뜻이다.

최후의 심판의 날은
예고 없이 찾아온다
왼손의 코란을 받겠느냐
오른손의 검을 받겠느냐
이 선택은
모두 너의 몫이다

나를 믿고 따르면
생명의 과수果樹 우거지고
파란 잔디밭에 흐르는 맑은 시냇가
나비들이 춤추고 온갖 새 노래하는
낙원으로 인도된다

교의教義와 예정 믿지 않는 자들에겐
펄펄 끓는 탕湯 속에 넣어
뜨거운 물 마시게 한다

신은 인간에게 자유를 주었기에
생전의 모든 언동 이렇게 심판한다

사랑하는 신도들이여
신의 예정을 믿고 나를 따르라
Iman과 Din을 성실히 이행하여
영원한 고통과 파멸에서 벗어나

하늘나라 영생의 집
천국에 들라

신은 이 일을 위해
나를 다시 이 세상에 보냈다 하였다

마지막으로 소개할 시는 순례를 마치고 귀로에서 쓴 시다. 내가 탄 비행기는 파란 하늘에 떠 있는 뭉게구름을 하나씩 둘씩 헤치며 날아가고 있었다. 끝없는 하늘, 지평선을 넘으면 또 다른 지평선이 창밖에 떠올랐다. 그러자 내 안에서 생각이 생각으로, 물음이 다른 물음으로 한없이 흘러갔다. 하늘의 끝은 과연 어디인지. 동쪽으로 가는 비행기, 계속 가면 어디에 가 닿나. 결국 서쪽이겠지. 동은 서가 되고 서가 동이 된다. 동과 서란 무엇인가. 하늘은 왜 무한하고 땅은 왜 유한한가. 어떻게 지구는 자전하고 공전하는가. 우주의 본질과 질서는 무엇인가. 세상 모든 것은 왜 변화하는가. 삶과 죽음은 왜 끊임없이 이어지는가. 내세와 현세를 초월해 일관되게 흐르는 진리는 무엇인가. 종교의 참뜻과 목표는 어디에 있는가. 저 먼 사차원의 우주를 향해 질주하듯, 집으로 돌아가는 동안 내내 끝없는 번민과 고뇌가 이어졌다. 우주에 대한 명상이 깊어 갔다.

명상冥想의 날개 타고

우리 세계 유사有史 이래
수많은 성현聖賢 다녀가시며

태초에

Logos — 말씀이 있었다

믿고 따르라

참된 길 찾아 나서 도道를 세우라

진리를 깨달아

바르고 값있게 살라 하셨다

아브라함과 여호와 계약을 맺고

모세에게 계명誡命 주며

구원은 하늘로부터 온다 하였다…

천명天命에 따르라

인仁 · 의義 · 예禮 · 지智 몸에 닦아

성의정심誠意正心 극기복례克己復禮하고

경천애인敬天愛人 안심입명安心立命하여

수신제가치국평천하 하라 하였다

이 세상 오온五蘊으로 비롯되어

삼계육도三界六道를 윤회전생輪廻轉生한다

성成 · 주住 · 괴壞 · 공空 무상無常 무아無我 하니

해탈解脫하여 열반涅槃에 들라 하였다…

서로가 사랑하길 내 몸같이 하라

하나님 뜻 따르는 자 천국에 든다

말세가 가까워 왔다 회개하여라

독생자의 보혈寶血로
인류의 죄 대속代贖해 주었다고 하였는데…

사람들은
날로 타락하고 더욱 사악해져
신은 다시 사자使者 보내
코란과 검劍 중에서 택일擇一을 하라
엄히 명하고
다스리기도 하였다…

팔고八苦로 가득 찬 이 사바세계娑婆世界
욕계欲界 색계色界 무색계無色界
그래서 차라리 극락왕생極樂往生하라
저세상 가서 다시 태어나라 하였던가?

오늘의 인간들은
물질의 풍요 속에 정신 빈곤 느끼며
과학기술문명의 개가凱歌 속에
인간은 날로 경시되고
인성마저 잃으니
인간이 부재하는 사회 되어 가는구나!

아 — 그러하다고
이 세상 험난하다 한탄하지 말고
이 세상 허무하다 자포자기 말라
메시아 구원의 손길 기다리지만도 말고
자조자 신필조自助者 神必助
인간 본연의 길 스스로 헤쳐 나가자

삼라만상 우주 변화
전승화全乘和로 이루어진다
인간 만사 알고 보면
모두 마음에서 비롯되니
구원과 내세관來世觀에 연연치 말고
오늘의 현실사회 낙토樂土로 일궈 내자

선인先人들은
선인선과善因善果 악인악과惡因惡果
콩 심으면 콩 나고
팥 심으면 팥 나온다 일러 주지 않았던가
좋은 세상 저 세상에 살고 싶거든
이 세상부터
착하고 아름답게 가꾸어 가며
인간답게 값있게 살아야 하지

사랑하는 인류가족 세계동포여!

정지正知 정판正判 정행正行의 삼정행三正行으로
아름답고
풍요하고
보람 있는 인간사회
우리의 소원의 세계
Oughtopian — 悟道彼岸
이 세상에서 이루어 보자

Oughtopia

2

2장

우주의 실재와 변천의 원리

우주의 실재實在는 무엇이고, 우주 변천變遷의 근본원리는 무엇인가. 그리스 철학을 창시하고 밀레토스Miletos 학파를 창설한 탈레스는 우주에 존재하는 모든 실재가 '물[水]'이라고 주장했다. 세상에 고르게 퍼져 존재하는 물이 모든 것의 실재이자 모든 변화의 근원이라고 생각했다. 그의 이러한 생각은 신화적 묘사나 해석에 따른 것이 아니었다. 탈레스는 합리적인 설명에 근거해 존재의 근원을 파악하고자 했다. 물은 얼면 고체가 되고 녹으면 액체가 되며 증발하면 기체가 되는 것을 통해 존재의 형상이 어떠한지를 설명했다. 이러한 그의 생각은 모든 물체가 생명을 가진 존귀한 존재라는 생각을 품게 만든다는 점에서 물활론物活論(animism)이라고 할 수 있다.

이처럼 존재를 과학적으로 설명하고자 노력했던 탈레스는 최초로 태양을 중심으로 공전하는 지구의 궤도와 지구를 도는 달의 궤도를 정확히 측량했던 인물이다. 기원전 585년 5월 28일에 일식이 일어날 것을 예측해 사람들을 놀라게 한 바 있다.

탈레스가 구체적인 물을 통해 우주의 실재를 파악하고자 했다면, 아낙시만드로스Anaximandros는 세상의 근원이 무한無限한 아페이론apeiron에서 비롯됐다고 주장한다. 아페이론이란 태어나고 죽는 생멸의 과정을 겪지 않는 불멸하는 무한無限 그 자체라고 할 수 있다. 그것은 모든 것을 담고 있으며 모든 운동과 변화가 일어나는 원인이다. 아낙시만드로스는 혼돈 가운데에서 서로 반대되고 상극하는 것이 분리되어 나오면서 우주가 처음 생겨났다고 설명한다. 차가움, 뜨거움, 건조함, 습함과 같은 최초의 원소들이 불[火]과 상호 작용하면서 창조 변화가 이루어진다고 본다. 바다와 땅은 이러한 네 요소들의 상호작용을 통해 창조된다. 아낙시만드로스는 천동설을 주장했으며, 인류의 조상이 물고기와 비슷한 동물에서 진화했다고 말하기도 한다. 이는 원시적인 수준이긴 하지만 '종의 기원'에 대한 최초의 설명이라는 데 의의가 있다. 또한 아낙시만드로스는 세계지도를 최초로 그린 인물로도 알려져 있다.

아낙시메네스Anaximenes는 기상학氣象學의 원조라 일컬어진다. 그는 만물의 근본 요소를 기氣에서 찾았다. 기란 물과 무한이 합쳐진 개념이다. 기가 연해지면 뜨거워져 불이 되고, 기가 짙어지면 차가워져 물이나 흙이 된다. 기의 농담이 만물을 생성하게 하는 '무궁한 원리'가 된다. 아낙시메네스의 저서 『자연론(Peri Physeos)』에는 지구가 평평한 판이 아니라 원구圓球라고 설명되어 있다. 아침에 평평한 판인 지구 위로 태양이 떠오르고, 밤이 되면 지하로 떨어져 사라지는 것이 아니라 둥근 지구 주위를 태양이 돌고 있다고 주장했다.

크세노파네스Xenophanes는 엘레아Elea 학파의 원조로 불린다. 그는 '정신'이야말로 우주의 실재이며 주관자라고 생각한다. 우주를 창조하고 주재하는 신만이 우주의 실재라고 주장하는 유일신 사상을 편다. 그의 이런 생각은 당시의 다신론多神論과 대립할 뿐 아니라 의인화된 신에 대한 관념과도 상반된 견해였다. 크세노파네스는 신의 형상을 인간의 모습과 다르게 생각했다. 신은 우주 섭리를 관장하고 있는 유일한 존재이자 우주 그 자체, 최고 정신이라 할 수 있다. 최고 정신으로서의 신은 태어나는 존재가 아니며, 따라서 변하거나 소멸하는 존재가 아니다. 크세노파네스는 이러한 신의 존재를 인식하고 모실 수 있는 정신적 존재는 인간이 유일하다고 말했다.

신화 속 인물인 아폴론의 아들이라 여겨졌던 피타고라스Pythagoras는 아낙시메네스의 영향을 받아 기氣를 무한無限이라고 생각했다. 오르페우스Orpheus의 영혼불멸설과 영원한 생명의 회귀설을 주장하면서 윤회설과 금욕설을 폈다. 그는 십계율을 정하고 만물의 근본이 '수數'라고 생각했다. 피타고라스는 수론數論을 내세워 우주의 질서는 유한한 홀수(기수)와 무한한 짝수(우수)의 상관관계를 통해 이루어진다고 설명했다. 이러한 홀수와 짝수는 하나와 여럿, 강함과 약함, 선함과 악함, 빛과 어둠, 운동과 정지, 굽음과 곧음, 남과 여 등과 같이 상반된 관계를 이룬다. 피타고라스는 유한이 무한에 작용해 형식이 주어질 때 형태가 이루어진다고 설명한다. 수數란 우주에 지속해서 존재하는 실재이며 존재하는 모든 것에는 바른 질서가 있어 조화를 이루어 공존한다고 보았다. 나중에 더 설명하겠지만, 이러한 피타고라스의 수론은 동양의 수론인 음양설과 비슷한 면이 있다.

헤라클레이토스Herakleitos는 강물의 모습이 같아 보여도 그 누구도 두 번 다시 같은 물에 들어갈 수 없다고 말한다. 세상의 모든 것을 유전流轉하는 존재로 파악했던 것이다. 태어나고 죽음에 이르는 인과의 과정은 머물러 정체되는 법이 없으며 끝없이 이어진다. 하지만 헤라클레이토스는 무한한 변화 안에도 변하지 않는 그 무엇은 존재한다고 말한다. 그가 생각한 불변하는 존재란 우주의 근원인 불[火]이다. 불은 세상의 모든 것이 생성하고 변화하는 그 원인이다. 물과 흙이 열을 잃은 상태(하도下道)라면, 불은 열을 얻은 상태(상도上道)라 할 수 있다. 헤라클레이토스는 이러한 불이 곧 우주의 실재實在이자 신神이라고 생각했다.

헤라클레이토스는 모든 사물에 상반되는 두 개의 경향이 존재한다고 보았다. 하지만 두 개의 대립하는 경향이 상극하는 가운데 조화와 화합이 생겨나 발전과 창조가 일어난다고도 설명한다. 모든 존재가 힘에 의해 변화하고 움직이며, 그와 동시에 조화를 통해 균형과 생성이 생겨난다. 모든 존재는 이러한 상극과 조화의 법칙에 따라 형성된다. 이러한 헤라클레이토스의 생각은 동양의 주자朱子가 말한 이기설과 흡사한 점이 있다.

헤라클레이토스는 존재의 생성과 운동 법칙이 이성의 대상으로서 '로고스logos'에 의해 작동한다고 생각했다. 인간이 영위할 수 있는 고차원적인 삶은 로고스를 따르는 삶이라고 보았다.

특히, 헤라클레이토스는 최초로 지구의 반지름과 주위를 측정한 인물이다. 지구의 반지름이 7360km이며, 태양 광선이 지구에 평행 투사하고 있다는 사실을 밝혀낸다. 그는 지구 위의 두 지점을 임의로 정해 각각 태양 광선이 투사하는 각도를 재는 방식을 사용했다. 이 측정치는 지구의 정확한 반지름인 6370km와 비교하면 약 1000km 오차가 있을 뿐이다. 약 250년 후에는 에라토스테네스Eratosthenes가 약 80km 정도의 오차로 지구의 지름을 거의 정확하게 측정하게 된다.

엠페도클레스Empedokles는 헤라클레이토스의 조화 사상에 반대되는 시각을 제시한다. 엠페도클레스는 우주의 실재가 불, 공기, 물, 흙의 네 가지 원소로 이루어졌다고 보는 사원소설을 주장했다. 이러한 생각은 엠페도클레스가 살아 있는 나무가 불에 타는 모습을 관찰하다가 발견했다고 전해진다. 불에 타고 있는 생나무의 상태를 살펴보면, 불이 일어나면서 나무에서 연기가 피어나고 수액이 흘러나온다. 그리고 다 타고 난 나무는 재가 된다. 엠페도클레스는 나무가 타는 모습에서 발견한 이러한 네 가지 상태를 근거로 만물의 근원이 불과 공기와 물과 흙이라고 유추했다.

엠페도클레스는 이러한 불, 공기, 물, 흙이 결합하고 흩어지며 생성되는 방식을 통해 우주의 변화와 실재를 설명했다. 그는 우주 원소들의 결합과 분리를 사랑을 뜻하는 필로테스philotes와 미움을 뜻하는 네이코스neikos라는 개념으로 설명한다. 가령, 미움은 분리하는 힘이고, 사랑은 결합하는 힘이다. 물, 불, 흙, 공기라는 네 개의 원소가 모두 합쳐지면 완전하게 둥근 구球의 형태를 띤 스파이로스sphairos로 변한다. 엠페도클레스는 결합과 분리에 의한 우주 운동이 영원히 지속된다고 보았다. 그 운동 방향은 구球를 향하는 상태에서 구에 도달한 상태로 이어지는 방향과 구로부터 분산되어 가는 상태에서 완전히 분산된 상태로 나아가는 방향이 존재한다. 그리고 이 두 개의 방향은 끊임없이 반복된다.

아낙사고라스Anaxagoras는 태양은 불타는 돌덩어리이며, 달은 지구와 같다고 주장해 아테네에서 추방당한 인물이다. 그는 저서 『자연에 관하여』에서 엠페도클레스의 사원소설을 반박하는 의견을 제시한다. 그는 우주의 실재를 무수한 원소인 스페르마타spermata(종자種子)로 설명한다. 아낙사고라스는 모든 것이 모든 부분을 포함하며, 모든 부분이 모든 것을 포함하는 질서 정연한 자연을 상정한다. 나아가 그는 우주의 변화를 '움직여지는 것'과 이를 '움직이는 것' 사이의 작용으로 설명한다. 그리고 움직여지는 것은 스페르마타이고, 이를 움직이게 하는 힘을 누스nous(정신)라 명명한다. 우주의 변화는 이러한 스페르마타와 누스가 결합하거나 분리하면서 생겨난다. 스페르마타와 누스가 결합하면 생성이 이루어지고, 헤어지면 소멸이 일어난다. 아낙사고라스는 이러한 창조와 소멸이 모든 존재의 형식이라고 보았다. 이러한 형식 변화를 통해 모든 존재가 태어나고 천체의 운행과 변화가 생겨난다.

아낙사고라스의 이러한 원리 규명 방식은 당시만 해도 새로운 사유 방식이었다. 사실, 어떤 면에서 보면 오늘날 현대물리학의 상대성원리나 더 발전된 상대론적 양자 이론의 주장과 흡사한 면이 없지 않다. 아낙사고라스가 우주 실재로 파악한 무수한 스페르마타는 우주의 실재를 구성하고 있는 일종의 천연 원소라 할 수 있다. 그런데 과거에 발견된 천연 원소는 92개 정도였지만 지금은 무려 300여 개로 늘어났다. 원소 구성 요인인 소립자라고 하는 물질적 실재도 쿼크quark(Q1, Q2, Q3)가 셋이라고 말한다. 최근에는 참charm 입자, 타우tau 중성미자도 발견됐다. 크기는 정확히 알 수 없지만 새로운 발견은 앞으로도 얼마든지 가능하다.

엘레아 학파 일원인 파르메니데스Parmenides는 세계의 실재를 크세노파네스가 주장한 유일신 사상과 관련지어 사유했다. 「자연에 관하여」라는 시에서 그는 이렇게 말한다. "있음[有]은 절대적이고 하나이며 영원히 불변한다. 그것은 시작도 끝도 없다. 없음[非有]은 있을 수 없다. 있음에 대한 인식은 오로지 이성을 통해서만 가능하다." 파르메니데스는 이성을 통해 있음을 파악하는 것이 진리의 길이라고 말한다. 반면 생성, 소멸, 색채, 장소 등은 지각 대상이다. 이것들은 무수히 많으며 변화한다. 그것은 감각기관을 통해 대상을 이해하는 억견臆見의 길, 말하자면 객관적인 검증 없이 주관적으로 가지게 된 불완전한 지식이다.

이 밖에도 우주의 실재와 변화의 근본원리를 설명하는 여러 견해와 표현이 존재한다. 플로티노스Plotinos는 태초의 근원이 곧 실재이며, 이러한 실재가 변화의 근본 바탕이라고 주장했다. 플라톤Platon은 이데아idea, 아리스토텔레스Aristoteles는 우시아ousia(본질本質)를 우주 실재로 파악했다. 스토아 학파는 로고스logos를 우주 변화의 중심으로 설명했다. 알렉산드리아의 필론Philon은 디나미스dynamis(힘)를 우주 중심으로 풀이했다. 인도 육파철학 중 하나인 상키야Samkhya 파는 흙, 불, 바람, 물을 우주 실재로 파악했다. 로크 J. Locke는 감성感性과 오성悟性을 이야기했다. 루소 J. J. Rousseau와 볼테르Voltaire는 원신原神으로 자연신自然神을 강조했다. 칸트I. Kant는 예지계와 현상계를 논했다. 라이프니츠는 모나드monad(단자單子)를 우주 실재로 설명했다. 헤겔Hegel은 절대정신을 우주 본질로 보았다. 표현은 제각각이지만 근본적으로 비슷한 설명 방식을 취하고 있음을 알 수 있다.

동양은 우주의 실재를 어떻게 파악했을까. 공자는 하늘을 우러르고 인간을 사랑한다고 하는 경천애인敬天愛人 사상을 설파했다. 그는 우주 실재를 '하늘[天]'이라고 보았다. 『논어』 팔일편八佾篇에는 "하늘에 죄를 지으면 빌 데가 없다"는 구절이 있다. 의인화된 절대자로 표상하지는 않았지만, 공자는 하늘[天]을 우주와 인간의 모든 일을 거느리고 다스리는 절대적인 큰 존재로 보았다. 이와 관련하여 몇 가지 일화가 있다.

어느 날 공자의 제자 계로季路가 신을 섬기는 방법에 대해 공자에게 물었다. 공자가 이에 답하길, "사람이 사람을 섬기는 법을 모르는데 어찌 신을 섬기는 법을 알겠느냐"고 반문한다. 또 죽음과 내세來世에 관해 묻자, "세상에서 사는 것도 모르는데 사람이 어찌 죽은 후의 것을 알겠느냐"고 답한다. 공자의 병환이 깊어 죽음을 예감한 제자들이 하늘에 기도로 청할 것인지를 물었을 때는 "나 이미 기도드린 지 오래다"라고 말한다.[4] 공자의 사상이 무엇인지 짐작할 수 있는 일화들이 아닐 수 없다. 공자가 가르치고자 한 근본으로서의 하늘은 우주 본질 그 자체가 아니라, 어떻게 하늘에 순응하며 살아갈 것인지에 관한 실질적인 윤리였던 것이다.

중국 안에서도 문화마다 다른 철학이 존재했다. 남방 문화권에서 태어난 노자와 장자의 도교는 공자의 사상과 다른 지향성을 지녔다. 노자의 『도덕경』 현묘내편玄妙內篇에는 도교의 시조라 추앙받는 노자의 출생에 관한 일화가 있다. 자두나무 아래를 걷다 산기를 느낀 81세 어머니의 왼쪽 옆구리를 가르고 노자가 태어났다. 노자老子라는 이름은 태어날 때부터 백발이었다고 해서 지어졌다고 한다.

『도덕경』 제1장에는 이런 말이 있다. "도道를 도라고 말할 수 있으면, 그것은 이미 언제나 지켜야 할 변하지 않는 도리(상도常道)가 아니다. 이름을 붙일 수 있으면 이미 항상적인 이름(상명常名)이 아니다. 이름을 붙일 수 없는 것이 만물의 시작이요, 이름 있는 것이 만물의 어머니다. 그러므로 언제나 없음[無]에서 오묘함[妙]을 보고, 있음[有]에서 만물의 분별[徼]을 본다. 없음과 있음은 이름만 다를 뿐 같이 생겨났다. 이 둘을 함께 이르는 말이 곧 그윽함[玄]이다. 그윽하고도 그윽한 것은 모든 오묘한 것들이 들락거리는 문이다." 25장에는 이렇게 적었다. "나는 그 이름을 알지 못해 도道라 부른다."[5] 노자가 말하는 도의 본체는 우주의 실

4 "子疾病 子路請禱 子曰 有諸 子路對曰 有之 誄曰 禱爾于上下神祇 子曰 丘之禱久矣"(『논어』 술이편).

5 "道可道 非常道 名可名 非常名 無名 天地之始 有名 萬物之母 故 常無 欲以觀其妙 常有 欲以觀其徼 此 兩者 同出而異名 同謂之玄 玄之又玄 衆妙之門"(『도덕경』 제1장). "吾不知其名 字之曰道 强爲之名曰

재이자 변천의 원리라고 할 수 있다. 노자는 도를 상대적 세계를 초월한 절대세계의 존재이자 원리라고 보았다. 도란 절대 평등하고 무차별적인 본체로서 허무적막虛無寂寞한 자연 자체를 의미한다.

노자의 이러한 도 사상은 예수와 동시대인이었던 신비주의 철학자 필론Philon의 주장에서도 엿볼 수 있다. 필론은 신은 절대자로서 유한한 존재를 초월한다고 말한다. 신이란 인간 이성을 초월한 신비한 존재로서 생각할 수도, 이해할 수도 없다. 이름을 지어 표현할 수도, 설명할 수도 없다. 필론은 신을 참으로 존재하는 자, 오묘하고 신비한 자, 절대 무한한 자라고 불렀다.

우리에게 호접몽[6]과 고분지탄[7] 이야기로 잘 알려진 장자莊子 역시 노자와 마찬가지로 우주의 본체를 도라 생각했다. 우주의 모든 현상이 도에서 비롯됐다고 주장한다. 장자에 따르면, 해와 달, 산과 들과 풀과 나무, 이 모든 존재는 그 현상이 천 가지 모습, 만 가지 형상처럼 보여도 그 밑바닥엔 일관된 질서와 원리와 법칙이 흐르고 있다. 도란 측량하려 해도 헤아릴 수 없으며, 뚫어 보려 해도 보이지 않는다. 천지창조 이전부터 존재해 왔으며 그 섭리가 미치지 않는 곳이 없다. 모든 곳에 편만해 있다. 장자는 자연의 힘에 따라 살며 인간의 인위적인 것을 더하지 않는 무위無爲, 자신의 공적이 아무리 커도 공적에 따르는 명예를 추구하지 않기에 이름이 없는 무명無名, 자아가 없으므로 이기심과 사리사욕이 생기

大"(『도덕경』 제25장).

6 호접몽(胡蝶夢)은 장자가 꿈에 나비가 되어 즐겁게 놀다가 깬 뒤에 자기가 나비의 꿈을 꾸었는지, 나비가 자기의 꿈을 꾼 것인지 알기 어렵다고 말한 데서 유래했다.

7 고분지탄(叩盆之嘆)은 장자가 아내가 죽었을 때 물동이를 치며 노래했는데, 이를 본 사람들이 이상히 여겨 그 이유를 묻자 본디 모든 삶이 자연에서 와 자연으로 돌아가므로 슬퍼할 일이 아니라 답한 이야기다.

지 않는 무아無我를 자연의 도라고 불렀다. 그는 인간의 도리가 대자연의 도리를 이해하고 순응하는 데 있다고 말한다. 그러므로 삶과 죽음은 하나이며 둘로 나눌 수 없다[生死一如]. 이 점에서 장자의 도 사상은 자연허무주의自然虛無主義라 볼 수 있다.

이제 인도 철학에서 우주의 실재를 어떻게 설명하는지 살펴보자. 인도 철학은 브라마Brahma(범천梵天)라는 존재를 우주의 근원으로 설명한다. 브라마는 그 말의 어원이 '기도'라는 것에서도 알 수 있듯, 신의 뜻과 사람의 마음을 연결하는 통로의 역할을 하는 존재다.

『흑黑 야주르베다Yajurveda』 타이티리야Taittiriya에는 이런 구절이 있다. "브라마는 모든 신을 낳았다. 이 세계를 창조했다. 이 세계는 그로부터 존재한다. 모든 만물이 그를 통해 인식된다. 그러므로 브라마는 우주에 존재하는 모든 것의 거대한 근원이다. 세계의 원리다. 모든 생명의 중심이다." 말하자면, 우주 만물은 단 하나의 실재를 의미하는 브라마, 범梵에서 나오고 발전한다. 브라마는 영원히 변하지 않으며 운동도 하지 않는다. 태초의 암흑과 물질 안에는 아무것도 존재하지 않았다. 오직 브라마와 그의 리타rita(천의天意)만이 존재한다. 이 세상 모든 것은 브라마에게서 태어나 존재한다. 따라서 모든 존재는 그에게서 비로소 편안하게 쉴 수 있다. 이처럼 인도 철학에서 브라마는 모든 존재의 기원이자 가장 큰 중심이며 세상의 큰 주재자다.

사마베다Samaveda인 찬도갸Chandogya는 브라마를 우주를 창조하고 통괄하며 인간의 운명을 주재하는 자, 만민의 소원을 풀어 주는 자로 적고 있다. 힌두 철학의 심오한 뜻을 담은 책 『우파니샤드Upanisad』는 브라마를 아트만atman(자아自我)과 같다고 기록한다. 이러한 생각은 기본적으로 모든 것에 브라마가 존재한다고 보는 유범론有梵論이다. 유범론은 브라마에게 인격적 속성을 부여하지만 그와 동시에 인간에게는 신성을 부여한다. “너는 범梵이다. 범은 곧 너다”라고 하는 범아일여설梵我一如說이 바로 그것이다. 이는 대우주를 신으로, 인간을 소우주로 보는 시각이다.

서양 철학자 쇼펜하우어Schopenhauer는 『우파니샤드』를 세계 모든 경전 중 가장 우월하다고 격찬했다. 이는 하늘과 땅이 만들어지는 이치를 설명하는 방식이 동서양이 다르지 않다는 것을 말해 준다. 가령, 그리스의 창세기 헤시오도스Hesiodos의 신통기神統記를 보자. 만물이 존재하기 전에 혼돈(Chaos)이 있었고, 이어서 대지(Gaia)가 나타난다. 대지는 모든 생명에 견고한 터전(Tartaros)을 준다. 이어서 생명력으로서 사랑(Eros)이 생겨난다. 이후 혼돈에서 암흑(Erebos)과 밤(Nyx)과 낮(Hemera)이 창조된다. 그 결과 만물이 생겨난다. 이러한 시각은 아낙시만드로스가 태초 혼돈 속에서 이질적이고 상반된 물질이 분리되어 만물이 생성한다고 본 것과 비슷한 설명이다. 유대교, 기독교, 이슬람교의 천지창조설도 유사한 설명을 한다. 예를 들어 이들 종교에서는 태초에 캄캄한 어두움이 있었고, 이 어두움이 천지의 처음이라고 말한다. 그리고 그 안에 하느님 말씀 로고스Logos가 있었으며, 천지를 창조하는 것은 바로 이 로고스다. 인도 철학에서도 비슷한 설명이 있다. 태초에 깊이를 알 수 없는 물과 암흑이 편만해 있다가 그 안에서 황금알이 많아지게 된다. 황금알은 번식하려는 의지(rita)를 갖고 있다. 이에 따라 하늘과 땅이 생겨나고, 모든 존재가 태어나 자라게 된다. 흥미롭게도 원효대사 역시 이러한 황금알과 비슷한, 여래가 될 씨라는 의미의 여래장如來藏이라는 개념을 이야기한 바 있다.

동양의 주역周易 사상은 어떻게 우주 생성의 원리를 풀었을까. 동양의 우주생성론은 중심을 무엇으로 설정하는가에 따라 다양한 관점이 있다.

가령, 태극설太極說은 우주의 이치를 일원론으로 설명한다. 음양설陰陽說은 이원론적 시각이다. 오행설五行說은 금·목·수·화·토가 상생相生하고 상극相剋하면서 무엇인가를 생성시킨다고 하는 상관설相關說을 토대로 우주 이치를 풀이했다. 주역은 우주의 태초를 무극無極이 편재한 세계로 보았다.

『주역』은 태호 복희씨太昊 伏羲氏에서 시작해, 중국 주나라 문왕과 주공이 이를 편성했고, 그 후 공자가 여기에 십익十翼을 붙여 완성해 지금의 형태가 됐다. 주역은 우주의 원리를 무극에서 태극太極이 나오는 것[無極而太極]으로 설명한다. 이 태극에서 음양陰陽이라고 하는 양의兩儀가 나온다. 또 음양에서는 노양老陽·소양少陽·노음老陰·소음少陰이라고 하는 사상四象이 나온다. 이 사상은 건乾·태兌·이離·진震·손巽·감坎·간艮·곤坤, 팔괘八卦를 만든다. 『주역』 계사전繫辭傳에는 이것들이 서로 조합하면서 세상 모든 것을 창조한다고 적혀 있다. 말하자면, 주역은 우주 실재를 어떤 정신도 물질도 아닌 태극이라고 보고, 우주 변화 원리를 음양의 작용으로 설명한다. 음양의 힘이 일어났다 약해지면서 서로 교호하기를 반복하는 성쇠교역盛衰交易 과정으로 볼 수 있는 것이다.

우주의 근본원리를 밝힌 주역은 음미해 볼 만한 심원한 가치를 지니고 있다. 아리스토텔레스는 애초에 자연과학을 연구하다 노년에는 하늘에 반짝이는 무수한 별보다 인간을 연구하는 것이 더 중요하다고 생각했다고 한다. 이러한 생각을 계기로 사상도 전환하게 된다. 공자도 이와 비슷하게 말년에 사상의 전환이 일어나는데, 그는 평생 어짊[仁]을 가르쳤으나 후기에 들어서면 주역 연구에 집중했다고 전해진다. 공자가 책 끈이 세 번이나 끊어질 정도로 주역 연구에 몰두했다[韋編三絶]는 이야기도 있다. 심지어 임종 직전에는 몇 년만 더 살아 역학을 연구할 수 있기를 소원했다고도 한다. 공자가 그토록 주역에 몰입한 이유를 오늘 우리도 음미해 볼 필요가 있다.

동양의 성현들은 주역이 깊은 학문이라는 사실을 강조해 왔다. 원리가 바르고 논리 근거가 정연하기 때문이라고 했다. 그러나 이처럼 심원한 가치를 지닌 주역 연구는 여전히 초보적이고 소박한 단계에 머물러 있다. 그 이유가 무엇이든, 부분이 하얗다고 전체가 하얗다고 말할 수 없듯, 주역의 원리를 모르고 예단해서는 안 된다. 물론 주역의 원리가 만능은 아니다. 음양오행설 하나로 우주와 모든 존재의 상호 관계를 풀이할 수는 없는 법이다. 더욱이 주역을 통해 인간과 세계, 국가의 운명을 예측하려는 행위는 분명 잘못된 일이다. 길흉화복을 점치고 앞날을 예언하는 데 주역을 잘못 사용하게 된 것은 한漢나라 때 주역가周易家와 참위가讖緯家들에게서 비롯됐다.

인간이 창조적으로 변화시켜 온 사회 환경과 문화 역사적 환경이라고 할 수 있는 환류環流*를 배제하고 우주 실재를 논해서는 안 된다. 우주 변화와 그 원리는 실존하는 실체와 시공간인 우주宇宙만으로 설명되지 않는다. 따라서 주역을 우주의 모든 변화를 설명하는 통일된 원리로 착각해서는 안 된다. 주역을 신앙의 대상으로 삼는 천신 사상은 더욱더 조심해야 할 것이다.

물론 주역의 기초인 음양론은 훌륭하다. 그러나 인간을 자연의 분신으로만 이해하도록 만든 것은 분명한 한계다. 대우주 안의 소우주로서 인간이 행하는 의식 작용과 의지적 실체를 도외시할 수 있다. 음양 이론을 절대화할수록 인간세계의 상대성을 무시하도록 만들 수 있다. 결국엔 인간의 정신세계마저 부차적인 것으로 만들어 버리고 만다. 이는 결정론적이고 기계론적인 시각에 매몰된 중대한 사상적 오류가 아닐 수 없다. 인간이란 때에 따라 어떤 목적을 갖고 자연의 흐름에 반해 행동할 수 있는 자율적인 독립적 인격체다. 이치에 어긋나는 행동을 할 수도 있지만, 그마저도 인간이 독립적이고 정신적인 존재라는 사실을 반증하는 것이다. 만일 이러한 이치를 깨닫지 못한다면 음양론은 그 자체로 자가당착에 빠져 설득력을 잃게 될 것이다.

음양이 서로 교차하여 일어나고 쇠하기를 반복하면서 우주의 모든 존재가 일어난다고 설명하는 주역의 원리는 인정하되 이를 절대적인 사실로 받아들이지 않는 균형 잡힌 시각이 요구된다. 음양 원리를 모든 곳에서 동일하게 적용할 수 있다면 우주 어디든 지구와 같은 조건이 만들어져야 할 것이 아닌가. 거기서 태어나는 생명체도 모두 같아야 할 것이다. 하지만 천체물리학이 증명하고 있듯 지구와 같은 조건은 지구와 태양과의 거리, 물과 탄소와 질소를 비롯한 다양한 요소들이 결합해 형성된 것이다. 지구와 똑같은 별은 우주 어디에도 없다. 똑같은 생명체도 존재하지 않는다. 주역을 절대시해 천편일률적으로 세상 모든 것을 재단할 때 무리가 따른다. 주역의 원리를 자연율로 획일화해 적용하거나 해석하는 것은 근거도 없고 이치에도 맞지 않는다. 주역에 대한 합당한 비판 의식을 견지하면서 더 옳은 학문으로 완성하는 노력이 필요하다. 이 책에서 펼치고자 하는 전승화全乘和 이론은 바로 이러한 비판적 시각에서 주역의 원리를 새롭게 발전시키려는 목적도 지니고 있다.

앞에서 다양한 동서양 사상과 철학을 통해 우주의 원리와 그 설명 방식을 개관했다. 우주의 본체는 무엇이고, 실재란 무엇인가. 실재란 있음인가, 없음인가. 하나인가, 여럿인가. 정신적인가, 물질적인가. 그 변화의 흐름을 설명하는 일관되고 올바른 원리는 무엇인가. 오랫동안 인류는 우주에 관한 심원한 물음을 던지고 수천 년 동안 논쟁하면서 규명해 왔다. 물론 아직도 그 물음은 계속되고 있다.

이러한 물음의 해답으로서 음양설은 의미가 없지 않다. 천지인天地人 또는 주체·객체·의지와 같은 세 가지 요소로 우주 질서를 풀어 낸 삼의원三儀元 원리는 비록 완전하지는 않아도 중심이 잘 잡힌 타당한 주장이다. 하지만 이 또한 분명한 한계는 있다. 우주 원리를 부분적이고 단편적으로 설명할 뿐 전체적이고 입체적인 시각을 제시하지 못했기 때문이다.

인식론은 우주 원리를 어떻게 설명할까. 우주 실재와 변천에 관한 이론은 이해 방식에 따라 인식론적 입장과 주장이 달라질 수밖에 없다. 접근법에 따라 유심론이나 유물론을 택한다. 사물을 대하는 관점이 인식 문제로 연결되고 있다. 이 문제를 더 살펴보자.

철학(philosophy)의 어원을 살펴보면 원래 지혜(sophia)를 사랑하다(philos)라는 의미를 지닌다. 이는 철학이 인식에서 출발한다는 뜻이다. 근세철학에서 인식은 단순히 관념론적 추리나 경험적 확인 중 어느 하나만을 의미하지 않는다. 가장 확실한 인식은 사유와 경험, 사실이 결합해 이루어진다. 관념론적 사고방식, 객관적인 경험, 그리고 인간의 사유 바깥에서 얻은 사물에 대한 지각을 통해 획득한 사실들이 합치해야 비로소 확실한 인식이라 할 수 있다. 관념과 경험의 종합을 이루지 못한 인식은 헛된 이론이나 논리에 불과하다. 진리가 될 수 없다.

가령, 근세 인식론의 창시자라 불리는 로크는 전통적인 본유관념本有觀念(innate ideas)을 부정했다. 본유관념이란 인간이 태어나면서 이미 마음속에 타당성을 판단할 수 있는 기본적 관념을 가지고 있다는 생각이다. 로크는 감각 경험 없이 타당성을 판단할 수 있다는 논리를 부정했다. 그 대신 타불라 라사tabula rasa 이론, 말하자면 백지설白紙說을 내세운다. 백지설은 인간이 정신적 기제를 갖고 태어나는 것이 아니라, 빈 백지에 그림을 그리듯 살면서 감각 경험을 통해 지식을 축적해 간다는 의미다. 로크는 인식의 정당한 근거를 외적 감각(sensation)과 내적 감각(reflection)의 결합을 통해 형성된 습득관념習得觀念(experimental ideas)에서 찾았다.

이러한 로크의 경험철학은 당시 주류를 형성했던 관념철학을 근본적으로 부정하는 것으로, 획기적인 변화를 향한 전환의 계기를 제공한다. 환경이 바뀌면 마음과 사정이 바뀌고, 사정이 변하면 모든 것이 따라 변하기 마련이다. 로크의 경험 인식론은 사회 전반에서 광범위한 변화를 불러왔다. 철학적으로는 사회의 가치관이 경험주의와 실증주의로 이동했다. 윤리적으로는 쾌락주의와 공리주의가 지배적 관점으로 변해 갔다. 종교는 주재자 신을 절대시하는 개념은 흐려지고 이성적 신을 내세우는 이신론理神論(deism)[8]과 자연신 개념이 강화됐다. 또 정치적으로는 루소를 중심으로 국가계약설과 입헌정체立憲政體가 강조됐다. 교육에서도 그 기조가 자연주의를 표방하고 개성을 계발하는 방향으로 변했다. 경험 인식론은 이처럼 근대사상의 기틀을 제공했다. 로크를 근대사상의 어머니라 부르는 이유도 여기에 있다.

흄D. Hume은 로크의 사상을 계승해 경험론을 더 발전시켰다. 모든 지식이 감각의 문을 통해 그 체계를 이루어 간다고 주장했다. 흄에 따르면, 지식은 선천적으로 타고나는 것이 아니라 후천적 경험을 통해 얻어진다. 인식은 인상과 관념의 두 가지로 이루어진다. 감각과 욕망을 통해 얻어지는 인상은 강하고, 기억과 상상을 통해 얻어지는 관념은 약하다. 따라서 인간의 인식은 절대적 확실성을 지닌 고정된 관념이 아니다. 사

8 계몽주의에서 말하는 이신론은 신이 인간을 초월한 존재이자 우주의 창조주이지만, 이는 인간의 이성(理性)을 통해 이해할 수 있다는 시각이다.

물은 고정된 실체가 아니며, 인간 주관에 의한 반복적인 지각 작용을 통해 형성된 마음의 표상이자 그 지각체다. 인상이 사물이 지닌 다양한 성질과 관념이 연합하여 이루어지는 것처럼 실체와 인과성도 마찬가지 방식으로 이루어진다. 이러한 관점에서는 인간의 이성으로 신, 영혼, 인간, 내세와 같은 관념들을 인식할 수 없다. 흄은 관념들 사이의 인과관계도 습관에 의해 형성된 인상에서 기인하는 것으로 파악한다. 이러한 맥락에서 초월적 존재라는 관념 역시 심리적 연상에 의한 주관적 산물에 불과하다. 그 자체로는 정당한 지식이 될 수 없다. 흄은 합리적 형이상학이나 인과법칙을 따르는 자연과학에 의해서만 정확한 지식이 형성될 수 있다고 보았다.

서양철학을 집대성한 칸트는 자신의 철학이 이러한 흄의 사상을 계기로 자기비판 철학으로 전환한 사실을 이야기한 바 있다. 말하자면 칸트는 흄의 주장을 수용해 자연계가 인간 인식을 정당하게 사용하도록 만든다고 보았다. 칸트에 따르면, 인간의 경험은 물질세계에 한정되며, 초월자인 절대자에 대한 관념은 인간의 인식 대상이 될 수 없다. 칸트는 이러한 관점에서 형이상학이 정당한 학문이 아니라고까지 비판하게 된다. 하지만 오묘하고 신비한 광대무변한 원리를 알고자 욕망하는 것은 인간의 본성이다. 원리에 대한 요청은 인간의 호기심에 의해 필연적으로 생겨난다. 따라서 칸트는 자유와 필연 사이에 존재하는 논리적인 모순 관계를 이율배반(antinomie)이라는 형식논리로 설명한다. 서양 근대철학의 태두인 칸트의 사상은 앞으로 다시 비판할 기회가 있다. 여기서는 그 핵심만 짚어 보기로 하자.

이러한 인식론에 대한 기본적인 이해를 바탕으로 유심론과 유물론이라는 두 사상을 좀 더 체계적으로 살펴보자. 유심론은 관념론적 인식론이다. 형이상학적 견지에서 세계의 본체를 정신적인 것으로 파악한다. 우주의 근원적 실재를 영적 활동을 비롯한 형이상학적인 것에서 찾는다. 유심론에는 다양한 시각이 있다. 우선, 정신이 만물의 근원이며, 만물은 정신에서 유출된 그림자로 보는 시각이 있다. 셸링F. Schelling, 헤겔, 베르그송H. Bergson이 대표적이다. 정신이 우주의 근본이자 실재라고 전제하면서 사고를 속성으로 하는 정신과 연장延長을 속성으로 하는 물체를 분리하는 이원론적 시각도 있다. 아낙사고라스, 데카르트R. Descartes 등이 대표적이다.

서양철학에서 체계적인 유심론의 기원은 플라톤의 이데아idea에서 출발한다. 이를 바탕으로 다양한 이론이 발전한다. 플로티노스는 물질계를 정신계, 즉 예지계叡智界[9]에서 나온 것으로 보는 그리스 철학을 종합하고 집대성한다. 라이프니츠는 연속률에 의한 만물 유심론을 주장했다. 세계를 구성하는 중심인 우주 실체의 최소 단위를 모나드monad(단자單子)로 보고 이러한 실체가 신神이라고 규정했다. 피히테J. Fichte는 윤리적 유심론을, 셸링은 미적 유심론을 주장했다. 헤겔은 논리적 유심론을 전개했다. 여기서 논점은 크게 둘이다. 한편에는 라이프니츠나 헤겔을 중심으로 형성된 사상으로서 만물의 근원이 실재적인 정신이라고 주장한 주지주의主知主義가 있다. 이는 지성이나 이성을 의지나 감정보다 우위에 두는 인식론적 입장이다. 다른 한편에는 쇼펜하우어와 니체F. Nietzsche를 중심으로 형성된 주의주의主意主義가 있다. 지성보다는 의지를 존재의 근본원리로 보는 관점이다.

---

9 예지계(intelligible world)란 사물을 꿰뚫어 보는 예지에 의해서만 인식할 수 있는, 감각을 초월한 세계다. 플라톤의 이데아 세계를 예로 들 수 있다. 인간의 감각에 의해 형성되는 세계보다 높고 참된 실재로서 가상계(可想界)라고도 부른다.

서양의 고대 철학에서도 유심론에 대한 논쟁이 있었다. 모든 생물이 경험을 초월하는 영력이 있다고 생각한 생기설生氣說(vitalism)을 예로 들 수 있다. 밀레토스 학파가 주장한 애니미즘animism과 같은 물활론적 정령설精靈說이 대표적이다. 대부분 생기설은 인간은 물론 모든 생물과 무생물이 지각 작용을 하는 것으로 생각한다. 이를테면 아리스토텔레스는 영혼을 식물, 동물, 이성이라는 세 가지 종자種字로 설명하는 삼종三種 영혼설을 내세웠다.

동양에서도 유심론이 전개됐다. 가령, 왕양명王陽明은 인간, 동물, 식물의 근본이 같다고 보았다. 이들의 관계는 마치 기왓장이 깨어져 흩어진, 모습이 다른 여러 형상일 뿐이라고 말했다. 말하자면 동양의 유심론은 '심신일여心身一如 심외무물心外無物'이라는 말로 요약할 수 있다. 이는 마음과 몸은 하나이며, 마음 밖에 사물이 있을 수 없다는 뜻을 지녔다. 마음을 근본으로 보고 모든 사상이 이 마음에서 유출된 형태로 보는 시각이다. '마음이 가는 곳에 행동이 따른다'는 생각도 자연스럽게 배태된다.

이 밖에 모든 사물이 초자연적인 힘을 지닌 것으로 믿은 서물숭배庶物崇拜 사상도 고대의 유심론적 시각을 대변해 준다. 서물숭배는 사물의 페티코fetico(마력 또는 호신부)를 중심으로 하는 물신숭배적 페티시즘fetishism이라고 할 수 있다. 모두 유심론의 한 흐름에 속한다.

유심론을 극단적으로 발전시키면 유식론唯識論이 된다. 브라우닝E. B. Browning이라는 철학자는 알에서 새소리를 듣는다고 말했는데, 예를 들면 이러한 생각이 유식론적 사유의 전형이라고 할 수 있다. 이와 관련된 다른 일화도 예로 들어 보기로 하자. 어느 날 바람에 나부끼는 사원의 깃발을 본 한 동승이 바람이 세게 분다고 말하자, 그 옆에 있던 또 다른 동승은 바람이 부는 것이 아니라 깃발이 나부끼는 것이라고 말하며 승강이를 벌이게 된다. 이들의 승강이를 지켜보던 선사는 이렇게 말했다고 한다. "바람이 부는 것도, 깃발이 나부끼는 것도 아니다. 너희 마음이 움직이는 것이다." 그러자 두 승려는 큰 깨달음을 얻고 선사의 도통함에 감복하게 된다는 일화다.

이처럼 유식론의 핵심은 감각의 세계조차 인간의 마음이 변화함으로써 생겨나는 양상으로 파악하는 데 있다. 따라서 속계俗界, 색계色界, 무색계無色界, 이 삼계三界에서 일어나는 모든 일이 오로지 마음에 의한 것이라 볼 수 있다. 유식론적 관점에서 보면, 어떤 것도 마음 바깥에 존재할 수 없는 것이다[唯一心 心外無別物].

하지만 이러한 시각은 부분적 식견에 머물러 버릴 수 있다. 모든 것을 마음에서 일어나 생겨난 것으로 보는 시각은 전체적인 안목으로 보면 허점이 많다. 앞의 일화에 등장하는 세 명의 승려들만 해도 그렇다. 모두 물체와 작용, 힘과 인식의 관계를 무시하고 있다. 세 사람 모두 깃발이 바람에 나부끼는 원인을 자신들이 생각하는 근거를 통해서만 찾으려 한다. 전체적인 역학 관계를 규명하는 노력을 하지 않는다. 그 점에서 세 사람 모두 잘못된 편견에 사로잡혀 사물을 파악했다고 볼 수 있다.

나는 바로 이러한 단견을 피하기 위해 주리생성론*을 제안하고자 한다. 종합적 생성 원리를 통해 사물의 근거와 변화 양식을 설명하고자 한다. 주리생성론은 인간, 물체, 그리고 그 속에서 일어나는 힘과 작용의 과정을 종합적으로 살펴볼 수 있는 안목을 제시한다.

유심론이 지닌 이와 같은 한계점들은 유물론에서도 발견된다. 유물론은 우주 실재의 근원이 물질로 이루어져 있다고 본다. 인간 정신 역시 물질적이고 자연적인 존재라고 규정한다. 따라서 사유란 인간 뇌의 물질적 작용에서 비롯된다고 볼 수 있다. 사유는 물질의 힘을 통해 일어나는 현상으로 설명될 수 있다. 하지만 이러한 견지에서 본다면 모든 존재의 주체란 결국 물질이라는 인식에 도달하게 된다. 따라서 유물론이 지닌 한계가 바로 여기에 있다. 유물론은 지각과 감각을 중심에 둠으로써 인간의 독립적 사고와 인격이 작용하는 과정을 살펴보지 못한다. 유물론으로는 지각, 감각, 그리고 인격이 결합해 만들어 가는 삼차원적인 주체성을 설명할 수 없다.

유물론 관점에서 보면, 기적이나 불가사의란 존재할 수 없다. 세상의 모든 실재는 공기 중에 가득 차 있는 원자들이 뭉쳤다 흩어지기를 반복하면서 생성하고 소멸한다. 원자론을 이론화했던 그리스의 에피쿠로스 Epikuros, 데모크리토스Demokritos, 루크레티우스Lucretius 등의 사유에서 유물론의 원형을 찾을 수 있다. 그 밖에도 형이상학적 유물론을 주장한 스토아 학파, 근세 철학가 홉스T. Hobbes, 포이어바흐L. A. Feuerbach, 에너지론을 주창했던 마흐E. Mach 등의 생각도 유물론적 입장이다. 유물론의 공통된 주장이 무엇인지 살펴보자.

유물론의 기본 시각은 존재가 의식을 결정한다는 관점이다. 의식이 존재를 결정한다고 보는 유심적 세계관에 대립한다. 진리를 인식하는 방법 역시 그 근거를 이론이 아니라 과학기술을 통한 실천적 규명에서 찾는다. 과학기술과 연구를 통해 자연현상의 실재를 밝힐 수 있다고 보는 것이다. 자연이란 알 수 없는 불가지不可知의 영역이 더 이상 아니다. 자연현상은 고립된 수많은 사물의 총화가 아니라 사물들이 변증법적으로 관계를 맺으면서 생겨난다. 유물론적 시각에서 보면 자연은 고정된 것이 아니라 태어나고 소멸하는 존재이다. 사물들이 상호 관련을 맺으면서 구성되는 종합 체계가 곧 자연이다. 자연에서 일어나는 양적 변화가 실재의 질적 변화를 불러일으킨다. 발전이란 서로 대립하는 것들 사이의 투쟁을 통해 만들어진다.

같은 맥락에서 유물론은 역사 창조의 원동력을 관념이 아닌 생산력으로 파악한다. 여기서 생산력이란 인간의 물질적, 육체적 창조에서 비롯한다. 유물론은 인간사회의 모든 것이 물질적 생산방식에 의해 결정되는 것으로 파악한다. 따라서 역사 발전의 원동력도 관념이 아닌 물질에서 찾는다. 인간의 의식 영역이 존재를 결정하는 것이 아니라 사회적 여건이 인간의 의식을 결정한다는 시각을 정립한다.

이러한 유물론적 접근법은 그 나름의 일리가 있는 주장이다. 하지만 그러한 의의와 별개로 한계도 명확하다. 앞서 이야기한 승려들의 일화에서 발견했던 단견적 사유가 여기서도 발견된다. 유물론은 사물과 존재의 겉과 속을 함께 보지 못한다는 점에서 맹점을 드러낸다. 유물론에만 기대어 세계를 바라보면 인간의 정신 가치를 제대로 파악할 수 없다. 정신을 물질로 단정하는 극단적인 오류마저 발생할 수 있다. 단견으로서의 유물론에만 의지하는 것은 원자론자 데모크리토스와 레우키포스Leukippos가 범한 오류를 반복하는 것과 다르지 않다.

이제까지 유심론과 유물론을 살피며 우주의 실재와 변천의 원리를 살펴봤다. 그러한 논리들에는 설명의 부족함이 없지 않았다. 석연치 않고 이해할 수 없는 부분이 남아 있다. 특히, 우주 원리를 단일한 근원으로 설명한다는 점에서 단원론單元論을 벗어나지 못했다. 단원론은 타당한 시각을 제시하기도 하지만 부분을 전체로 혼동할 수 있는 한계를 내포하고 있다는 것을 잊지 말아야 한다.

이제 이러한 논점들을 종합해 유심론과 유물론의 한계를 다시 명확하게 정리해 보자. 먼저 유심론의 한계는 무엇인가 살펴보자. 첫째, 유심론은 정신이 만물의 실재이며 변천의 근원적 힘이라고 생각함으로써 세계 내 물질적 근원을 간과하도록 만든다. 정신적 의지 현상이 모든 물리적·화학적 자연현상을 초월하는 것으로 보기 때문이다. 유심론은 우주 원리뿐 아니라 인간 역사 역시 이러한 정신 작용을 통해 운용되고 지배되는 것으로 바라본다. 이는 정신 작용 안에 자리한 근본적인 힘, 말하자면 자연법칙과 운동의 중요성을 보지 못하게 만들 수 있다. 이러한 생각은 정신이 자연의 섭리와 이치에 반하여 이를 주관하고 다스릴 수 있다는 생각을 정당화할 수 있다. 하지만 과학적 증명이 말해 주는 것처럼 실재세계는 반드시 정신 작용만으로 구성될 수 없다. 세상의 모든 것은 근본적으로 자연 이치를 따라 존재한다. 절대적인 유심론은 이러한 근본적 모순을 인정할 여지가 존재하지 않는다.

둘째, 정신만이 절대적 실재라고 보아야 한다면, 정신이란 태어나지도 죽지도 변하지도 않는 불생不生, 불멸不滅, 불변不變하는 존재여야 할 것이다. 정신적 실재만이 유일하고 절대적인 존재일 수 있다. 하지만 우리 모두 알고 있듯 정신은 육체 없이 독립적으로 존립할 수 없다. 만약 정신이 육체 없이 존재할 수 있다면 인간은 태양, 물, 공기 없이도 살 수 있어야 한다. 혈액과 신체 기관 없이도 생명을 유지할 수 있어야 한다. 물론 육체 없는 영혼의 영생을 상상할 수도 있다. 하지만 실제로 어느 인간도 육체를 떠나 다른 거처를 지닐 수는 없다. 그런 일은 절대 불가능하다. 인간은 불멸하고 불변하는 영생의 존재가 아니다. 따라서 정신을 유일하고 절대적인 존재라고 말할 수 없다. 의학과 과학 영역에서는 오히려 정신 역시 생명현상으로 취급한다.

셋째, 정신만이 절대적이고 유일한 실재라고 한다면, 인간은 거추장스러운 신체를 벗어 버릴 수 있다는 말인가. 육체를 떠날 수 있다면 인간은 고통도 못 느끼고 질병도 생기지 않을 것이다. 그러나 우리는 수없이 보아 알고 있다. 육체가 병들고 죽게 되면 정신 작용도 건강을 잃고 중지되고 만다. 하나의 생명체로서 인간은 정신과 육체 모두를 필요로 한다. 인간이라는 존재는 정신과 육체가 교호交互하며, 이것이 곧 인간의 기초가 된다. 이를 부정하려면 인간의 경험과 과학적 설명에 반증할 수 있는 근거를 제시해야 한다.

넷째, 만약 정신이 물체의 본질적인 근원이자 실재이며 절대라고 한다면, 본체와 그것의 그림자 사이에서 정신에 반하는 결과가 생겨날 수 없을 것이다. 마음이 원하는 것이 모두 이루어져야 하고, 원치 않는 것은 나타나지 말아야 한다. 가령, 인간의 정신이 죽음을 거부하면 육체의 죽음은 존재하지 말아야 한다. 절대적인 자유의지를 발휘해 육체와 물질에 얽힌 필연적인 숙명을 끊어 낼 수 있어야 한다. 하지만 실재세계는 인간의 자유의지와 자연의 필연 사이에서 일어나는 대립과 변증 과정을 통해 형성되고 있다.

그렇다면 유물론의 한계점은 무엇인가. 첫째, 유물론은 인간을 육체를 가진 존재로만 인식한다는 점에서 한계를 드러낸다. 물론 인간의 육체는 물질로 구성되어 있다. 하지만 넋이 없는 육체는 시체나 다름없다. 정신 작용이 사라진 육체만 소유한 인간을 인간이라 부를 수는 없다. 참다운 인간의 삶이란 육체가 정신을 지배하도록 놔두지 않는 것이다. 육체의 욕구에 굴복한 삶은 삶이 아니라 감각적이고 생리적인 조건반사라 불러야 한다. 저차원적인 동물적 의식에서 한 발도 벗어나지 못한 삶이다. 육체가 정신을 지배하도록 방치한다면, 인간은 고차원적인 이성적 인격 생활을 수행할 수 없다. 육체적 욕구 충족이 곧 행복을 의미하는 것은 아니다. 가치 없는 삶을 사는 한 진정한 만족감 또한 있을 수 없다. 쾌락에 빠져 살다가 결국 허무하게 삶을 마감하는 이가 얼마나 많은가. 인간이란 동물이 아니므로 당연히 그 누구든 정신적 허무감, 타락에 대한 자괴감, 도덕적 의무감, 법률적 죄책감을 느끼게 마련이다. 그러므로 육체가 정신을 지배한다는 말은 자가당착이 아닐 수 없다.

둘째, 의식이 존재를 결정하는 것이 아니라 물질이 의식을 결정한다면 왜 우리가 다른 느낌, 다른 생각을 가지겠는가. 인간은 같은 사물이나 자연현상을 마주해도 다르게 느끼고 생각할 수 있는 존재다. 사회마다 문물, 제도, 조직, 풍습, 가치, 문화가 서로 다르게 나타나는 것은 바로 이러한 인간의 정신 작용 때문이다.

셋째, 유물론은 인간과 사회를 물질주의로만 판단한다. 이런 시각은 경제의 목적을 인간의 물질적 욕망 충족에 두도록 만든다. 이러한 목적 때문에 그 어느 것보다 생산력이 우선시된다. 물론 인간 삶에서 물질적 욕망을 완전히 제거할 수는 없다. 그것은 분명 인간 삶을 영위하게 하는 기초적 바탕이다. 하지만 욕구 충족과 물질적 풍요는 인간의 목적이 될 수 없다. 인간사회에서 가장 존귀하고 값진 삶은 인격적이고 문화적인 삶이다. 물질만 추구하며 살아간다면 이처럼 중요한 삶의 목적을 논할 수가 없다.

넷째, 존재가 의식을 결정한다고 보는 편향된 시각도 문제다. 사실 이제는 과학기술 덕분에 자연을 불가지不可知의 영역으로 더 이상 인식하지 않는다. 하지만 모든 것이 과학적으로 증명된다고 생각하는 것은 위험한 발상이다. 과학적 증명을 맹신하는 것은 세계의 존재 형식을 제대로 알지 못하기 때문에 생겨난 현상이다. 세계는 언제나 모순되는 두 개의 힘, 말하자면 움직이는 것과 움직이지 않는 것, 연속과 불연속이 공존하면서 복잡하게 얽혀 움직인다. 과학적 연구는 물리를 분석하고 규명하는 데 유용한 인식 방법이다. 인간의 정신적 차원을 고찰하는 데 적합한 인식 방식은 아니다. 사실, 심층적인 인간의 의식 작용을 물질적으로 측정할 수는 없는 법이다. 만일 그런 일이 가능하다고 생각한다면 그것은 비약적인 추리에 불과하다. 과학은 존재(Sein) 자체를 설명할 수는 있지만, 당위(Sollen)의 세계를 설명할 수는 없다. 이해관계와 논리를 초월한 사랑과 자비, 봉사와 희생, 우정과 의리, 효와 충성은 존재가 아닌 당위의 소산이다. 인간의 본능적 욕구와 충동은 물질적 척도로 계산할 수 없다. 고차원적 인격 생활을 만드는 의의와 행복, 가치와 보람은 결코 수치로 표시할 수 없다.

이러한 유심론과 유물론에 대한 한계를 종합해 보면 다음과 같은 결론이 도출된다. 정신은 근본적 실재가 아니다. 물질도 근본적 실재가 아니다. 근본은 둘이면서 하나이고 하나이면서 둘이다. 태초의 실재는 물질이며 그 자체로 고유한 성질을 지닌다. 특성과 속성이 다른 크고 작은 실체들이 발생했다 쇠퇴하고 소멸하면서 교호하는 과정을 반복함으로써 우주의 모든 현상 변화가 일어나는 것이다. 그런 의미에서 정신의 이치가 물질 안에 이미 내포되어 있다고 보는 것이 옳은 시각이다.

물론 아직 인류사회는 모든 물음에 대해 정답을 알아내지는 못했다. 세상의 실재가 정신인지, 물질인지, 혹은 다른 무엇인지 명확하게 결론 내리지 못했다. 우주의 변화가 창조인지, 진화인지 여전히 단정할 수 없다. 하지만 앞으로 이러한 난제들을 하나하나 풀어 가다 보면 언젠가 그 답도 풀어낼 날이 올 것이다.

여기서는 이러한 지식의 한계 속에서 이제까지의 철학의 역사를 훑어봤다. 우주의 근본인 실재와 변천의 원리를 학술적으로 풀고, 역사적으로 고찰하는 데 주력했다. 이 과정에서 유심론과 유물론이 어떤 한계를 지니는지도 살펴봤다. 앞서 살펴본 것처럼, 이제까지 나온 다양한 우주관은 그 자체로 나름의 의미를 지닌다. 하지만 대부분 존재의 한쪽 면만 강조하고 있어 우주 원리를 종합적으로 설명해 내지는 못하고 있다. 관념철학을 대체하며 발전해 온 현대의 실증철학도 마찬가지다. 오히려 경험적 실증주의에 매몰된 현대사회는 철학이 부재하는 사회로 취급받기도 한다. 슈펭글러가 문명과 철학이 한계점에 도달한 서구의 몰락을 예측했던 것도 이런 맥락이다.

새 시대는 새로운 철학과 사상을 요구한다. 관념철학과 실증철학이 지닌 한계를 파악하고 새로운 철학을 제시해 세계를 새롭게 이끌어 갈 방법을 찾아야 한다. 막연히 정신문화와 물질문명을 조화시켜야 한다고 말하는 것은 충분한 해결책이 아니다. 구체적인 이론과 사상을 창안하고 이를 통해 올바른 세계에 대한 비전을 제시할 수 있어야 한다. 올바른 비전을 찾기 위해서는 역사적이며 인류적인 차원에서 거대하고 방대한 작업이 요구된다. 하지만 누군가는 시도해야 할 일이다. 주리생성主理生成*의 원리인 화생론和生論*을 토대로 전승화全乘和* 이론을 정립하려 시도하는 것도 바로 이런 이유 때문이다.

Oughtopia

3

3장

주리생성론과 제2의 르네상스

• 이 세상에 까닭 없는 것은 없다

만물에는 원리와 원칙이 있다. 질서가 있고 창조와 조화가 있다. 원인에는 결과가, 결과에는 원인이 뒤따른다. 우연이나 기적은 존재하지 않는다. 오직 일관되게 흐르는 이치에 따라 질서 정연하게 변전變轉하며 계속해서 진화해 간다.

• 이 세상에는 홀로 있는 것이 없다

우주는 유기적 통일체다. 음양陰陽-실상實相의 형식으로 이루어진다. 같은 것과 같지 않은 것, 크고 작은 것들이 짝지어 서로 관계를 맺으며 분화하고 통합한다. 홀로 존재하는 것은 없다. 모든 실체는 우주의 작은 부분인 소분자小分子다. 우주는 이 소분자의 유기적 집합체다. 부분과 전체가 관계를 맺는다. 모든 것은 짝을 이루어 존재하며 대립한다. 그 과정에서 존재자의 성질이 변하고 실재가 변하는 전화轉化가 발생한다.

• 이 세상에 영원불변한 것은 없다

모든 사물은 유전流轉한다. 끊임없이 변하고 변천해 간다. 정체되는 일이 없다. 서로 작용하고 생성하여 변해 가므로 멈추지 않는다. 작용은 본성이고 변화는 형식이다. 태어난[生] 것은 이루어지고[盛], 이루어진 것은 소멸한다[滅]. 모든 것이 생성하고 소멸하면서 윤회한다.

• 이 세상의 모든 사물은 고유의 특성과 공통 속성을 지닌다

모든 사물은 특성을 갖는다. 사물은 전체에서 분화해 형성된 분체分體로서 독립된 고유한 성질을 갖고 있다. 그와 동시에 사물은 통일체로서 일반적 원리에 따른 공통 속성을 갖는다. 자연의 질서 속에서 개체는 상호 관계를 맺는 가운데 독립된 지위를 갖는다. 그 존재와 특성은 제약이 있다. 특성과 속성을 갖는 모든 존재는 서로 연관된 관련 속에서 작용한다. 이를 통해 오묘한 자연의 현상과 질서가 창조된다.

• 우주 만물의 생성 변화는 질량과 성질 관계에서 오는 인력과 척력에서 비롯된다

질적으로 다른 이질異質적 존재 사이에는 끌어당기고 밀어내는 인력과 척력이 발생한다. 서로 다른 것은 상호 작용하면서 강함과 약함, 가벼움과 무거움[強弱輕重]을 낳는다. 크고 작음, 많고 적음[大小多寡]을 만든다. 밝음과 어둠, 차가움과 따뜻함[明暗冷溫]을 형성한다. 유한과 무한, 변화와 불변이 이루어진다. 모든 존재는 같으면서 다르고, 다르면서 같다[同中異 異中同]. 존재들 사이에는 인력과 척력의 두 작용이 작동하며, 이는 우주 활동의 본성이다. 우주의 모든 것은 서로 대립하는 동시에 동화同化한다. 모든 존재가 서로 조화를 이루는 상생의 과정과 더불어 서로 대립하는 상극 과정이 공존한다. 움직임[動], 멈춤[靜], 부딪힘[衝], 어울림[和]이라는 상호 관계가 우주의 모든 사물이 존재하는 본질적인 운동 형식이다. 모든 사물 사이에서 일어나는 교호 작용은 모순된 가운데 조화가 이루어진다. 이러한 상생과 상극의 관계를 통해 존재와 우주의 형질이 변화한다. 이를 일컬어 전화轉化라 부른다. 이러한 전화의 과정을 통해 만물이 변화하고 생성한다.

• 이 세상의 실태는 처음이 없고 끝이 없다

이 세상은 유한하면서 무한하다. 있음[有]은 없음[無]에서 나오고, 없음은 있음으로부터 나온다. 없음이란 비어 있는 공空이 아니라 참된 본질로서의 실實이다. 있음은 단순히 눈에 보이는 외적 형태[形]만을 의미하지 않는다. 있음이란 모든 사물 가운데 존재하는 참된 실재, 참모습으로서의 상相이다. 변화하는 가운데 변하지 않는 것이 있다. 변하지 않는 것 가운데 변화가 존재한다. 이는 아리스토텔레스가 말한 움직이지 않는 움직임이다. 하이데거M. Heidegger가 말한 불연속적 연속, 불교에서 말하는 공즉시색空卽是色 색즉시공色卽是空이다.(여기서 공空은 본체로서 이치에 따라 질서 지어진 세계로 이법계理法界를 의미한다. 색色은 현상으로서 모든 사건이 발생하는 원리를 통해 구성된 세계인 사법계事法界를 뜻한다.) 형태가 있든 없든, 모든 존재 속에는 같으면서 같지 않은 것이 있다. 멈춤 가운데 움직임이 있고, 움직임 가운데 멈춤이 있다. 여럿인 잡다함 속에 하나의 질서가 존재한다. 이 현묘한 이치가 우주의 원리이자 본체이다. 우주의 실實이며 상相이다.

• 진리는 이렇게 항상 평범한 모든 곳에 있다

참된 본질로서의 실實과 그것의 참모습이라고 할 수 있는 상相은 고정되어 있지 않다. 실과 상은 이치를 의미하는 이理와 더불어 존재한다. 서로 입체적으로 결합해 상호 영향을 주고받는다. 삼중의 중층적인 변증과 통합 작용인 삼승三乘 작용이 일어난다. 끝없는 변화와 무질서 가운데 원칙이 생겨난다. 대립 가운데 조화가 발생한다. 특수는 보편이 되고, 보편은 특수가 된다[特殊則普遍 普遍則特殊]. 이러한 과정을 통해 모든 존재가 진화한다. 우주의 한쪽 끝은 유한이고 다른 쪽 끝은 무한이다. 유한과 무한은 서로 분리된 것이 아니라 하나인 전체의 두 극단이다[一棒兩端].

이처럼 우주는 잡다한 부분들이 결합해 하나의 원환을 이루는[萬珠一環] 거대한 원리라고 할 수 있다. 모든 물질 대상과 정신 작용은 서로 다르지만, 결국엔 하나다[物心一如]. 이러한 관계 속에서 이 우주의 실재가 이루어진다. 이것이 주리생성론主理生成論*의 핵심이다. 이러한 원리를 바탕으로 우주와 존재의 삶을 근본적으로 다시 사유할 필요가 있다.

앞에서 여러 철학적 사상과 이론의 역사적 배경을 살펴봤다. 기초 이론으로 일원론(정신과 물질)과 생성론도 설명했다. 이제 주리생성론이 무엇인지 그 요점을 간추려 설명해 보자.

그동안 세상의 근본원리를 설명하는 방식은 다양한 시각을 제시해 왔다. 일원론, 다원론, 절충론, 상관론, 생성론 등으로 여러 이론이 존재한다. 하지만 이러한 논리들은 크게 보면 이질적이고 상대적인 두 존재를 상정하고 이 둘 사이의 대립 관계로 우주 원리를 규명해 왔다는 것을 알 수 있다. 음과 양, 이데아idea(관념)와 메온mēon(비존재), 누스nous(정신)와 스페르마타spermata(종자), 노에마noema(의미체)와 노에시스noesis(의식 작용), 에이도스eidos(형상)와 휠레hule(질료), 정신과 물질 등 이분법적 상관관계를 중심으로 하는 시각이 일반적이다. 존재의 작용에 대한 설명도 마찬가지다. 가벼움과 무거움, 강함과 약함, 크고 작음, 넓음과 좁음, 남과 여, 바름과 그름, 선과 악 등 이분법적인 대립 관계가 일반화되어 왔다.

주리생성 원리 역시 세계의 원리를 이와 비슷하게 두 개의 극단, 실實과 상相의 관계로 그 설명을 시작한다. 여기서 말하는 실實이란 요인을 의미한다. 모든 것의 운동을 시작하는 힘(+)을 가리킨다. 상相은 형태 또는 수동적 힘(−)을 지시한다. 대립적인 이 두 개의 힘이 주체와 객체를 이룬다. 하지만 이 둘은 서로에게 얽혀 작용함으로써 상호 관계를 형성한다. 그리고 이러한 상호작용을 통해 새로운 것이 생성된다. 주리생성론은 이러한 두 극단의 상호 관계와 생성 과정을 상관상제相關相制*로 명명한다.

앞서 살펴본 바와 같이 대표적인 일원론적 입장이라고 할 수 있는 유심론은 이러한 생성이 생겨나는 관계의 원인과 초점을 주관적으로 접근해 풀이한다. 반대로 유물론은 객관적으로 설명하고자 한다. 각기 사물의 한 측면만을 강조한다는 점에서 한계를 벗어나지 못한다. 다원론이라고 크게 다르지 않다. 생성 과정을 다원적으로 설명하지만 대부분 부분적 설명에 그치고 만다. 절충적 혹은 관계론적 생성론 입장도 비슷한 한계를 갖고 있다. 모두 입체적으로 우주 원리를 파악하지 못하는 불완전한 사유 방식이라고 할 수 있다.

주리생성론은 이러한 유심론이나 유물론이 아니다. 일원론이 아니다. 실實과 상相의 관계를 이원론으로 다루지도 않는다. 실과 상, 이 두 실재實在의 상호 관계만으로 모든 우주 원리를 설명하는 방식을 거부한다. 실과 상이라는 이원적 실재를 전제하지만, 우주 변화를 이 두 실재 사이의 다차원적 교호 작용과 이를 통한 생성 관계로 파악한다. 이에 주리생성론은 상과 상(물질과 물질), 실과 실(정신과 정신), 상과 실(물질과 정신) 사이의 관계를 복합적으로 다루고자 한다.

우주 운동의 본질은 주체와 객체로 이루어진 이원적 관계에 의한 생성으로 단순화할 수 없다. 각 존재 모두 고유한 중심원리[主理]를 형성하고 있으며 각기 다른 방식으로 작용한다. 무기물의 이치, 생물의 지각, 동물의 감각, 인간의 정신과 같이 모든 존재는 자신만의 고유한 중심원리인 주리主理를 가지며, 이를 통해 작용과 생성을 만들어 낸다. 이때, 인간의 정신이란 감성과 이성을 아우르는 개념이다. 이러한 중심원리를 바탕으로 주체가 중심축을 형성하고 객체인 실과 상이 여기에 결합한다. 따라서 우주의 모든 존재와 변화는 철학에서 상정해 온 주체와 객체, 그 속에 작동하고 있는 중심원리인 주리主理라는 이법理法이 삼차원적으로 얽혀 형성된다. 이 세 차원은 분리되어 있으면서도 동시에 분리할 수 없는 관계 속에 존재한다. 셋이면서 하나인 삼이일三而一 관계를 맺는다. 이러한 삼원론三元論적 관계 속에서 통일적 유기체가 만들어지고 생명 운동을 시작한다. 이는 이 우주의 모든 존재가 나타나는 근본원리라고 할 수 있다.

주리생성론이 기존의 이원론이나 다원론과 다른 점은 바로 이 부분이다. 말하자면 주리생성론은 단원론, 다원론, 유심론, 유물론, 절충론, 단순 생성론에서 보지 못한 삼차원적 관계성에 주목한다. 이제까지의 사유 체계는 자신의 관점에 매몰되어 다른 차원들에 대한 설명을 제한해 왔다. 예를 들어, 정신과 사상을 과학적 실증만으로 설명해 낼 수는 없는 법이다. 마찬가지로 물질과 과학 문제는 정신적인 작용으로 접근해서는 안 될 것이다. 정신은 철학의 문제이며 물질은 과학적 설명이 필요하다. 그래야 바른 해답을 얻을 수 있기 때문이다. 말하자면, 주리생성론은 모든 존재마다 고유한 이치가 존재한다고 하는 기본 사고 체계를 바탕으로 문제에 접근한다. 이 때문에 피상적으로 보면 문제마다 다른 입장에 서는 것처럼 보일 수 있다. 가령, 정신은 유심론으로, 물질은 유물론적 원자론으로 풀이하려는 것 아니냐고 의문이 들 것이다. 하지만 자세히 꿰뚫어 보면 그렇지 않다. 주리생성론의 목적은 모든 사물을 각각의 고유 논리로 해명하는 데 있지 않다. 오히려 정신과 물질을 높은 차원에서 통합하고 변증하는 과정인 통정統整 과정을 통해 우주 변화의 이치를 설명하고자 한다. 앞서 말했듯이, 이 세상 모든 존재는 실實과 상相과 이理라는 세 차원이 통일된 유기체로 바라보아야 하며, 이를 통해 존재의 생성과 변화를 이해하는 시각이 필요하다.

그렇다면 주리생성론은 기존의 유심론이나 유물론 등과 구체적으로 어떻게 다른지 살펴보자. 주리생성론은 유심론과 같이 정신이 물질의 형태에 영향을 끼친다는 것을 인정한다. 하지만 이는 유심론이 말하는 형상과 정신의 이분법적 설명과는 다른 입장에서 그러하다. 주리생성론은 형상이 정신에서 유출된 형태라고 보지 않는다. 물질이 정신에 크고 다양한 영향을 준다는 것을 인정한다. 정신과 물질이 상호 관계를 갖는 것으로 파악하는 것이다. 이 점에서 정신이 물질의 단순한 그림자라고 말하는 유물론과 주리생성론이 구분된다. 인간이라는 존재를 생각해 보면 더 명확해진다. 인간은 정신과 육체 모두를 가지고 태어나며, 이 둘이 통합되어 작용함으로써 생명체를 이룬다.

이처럼 주리생성론은 물질과 정신 중 어느 한쪽을 절대시해 온 유심론이나 유물론을 부정한다. 정신이나 육체의 어느 하나가 인간을 만든 주체라고 생각하지 않는다. 어떤 인간도 태어나겠다는 의지로 태어나는 것이 아니다. 마음이 육체를 존재하게 만든 것이 아니라는 말이다. 그렇다고 육체가 인간존재의 본질이라고 말해서도 안 된다. 인간은 어머니 몸속에서 태아 상태로 존재할 때에도 이미 형체形體와 본성[性]과 정신[理]을 갖춘 하나의 인간으로 존재한다. 태동한 그 순간부터 육체와 의식이 발아한다. 정신과 육체 중 어느 쪽이 먼저라고 말할 수 없는 것이다. 이러한 생각은 최초의 생명체인 원시 바이러스가 유기물인지, 무기물인지를 따지는 것과 같다. 태어나기 전 인간의 모습은 인간으로 완성되어 가는 잠재적 상태로서 씨앗과 같다고 말할 수 있다. 난자와 정자가 결합함으로써 만들어진 이 씨앗 속에는 인간 개체의 유전자질이 이미 기록되어 있다. 비록 미발달 상태이기는 하나 원형적 육체가 형성되어 있는 것이다. 정신 역시 원형적 상태로 처음부터 존재한다. 주리생성원리로 보면, 육체는 현상으로서의 상相이고, 정신은 중심원리로서의 이理이자 실實이다. 정신과 육체는 본래부터 하나다. 원형적 육체인 상相은 잠재적 실實이라고 할 수 있다. 이것이 생명의 근본원리다. 이에 대한 이론異論은 있을 수 없다.

인간은 주체와 객체와 정신 작용이 분리되어 독립적으로 존재할 수 없다. 인간이란 주체, 객체, 그리고 이理, 이 세 층위가 통합된 유기체다. 이러한 시각이 지닌 중요한 의미는 인간의 자유의지인 정신의 주도력을 논할 근거가 마련된다는 점이다. 주체와 객체는 특성과 속성을 지니고 상호 관계를 맺으면서 새로운 것을 생성한다. 물질과 성질, 이치와 결합해 변증된다. 의지와 정신은 이러한 주체와 객체에 대해 명령하고 지휘한다. '의식적으로' 주·객체를 거느리고 제어하고 통제하는 정신의 통어統御 작용이 작동한다. 서로 대립하면서 관계를 맺으면서 다양한 것들을 조율하는 의식의 조정調整 과정이 인간을 하나의 인격적 통일체로 만들어 가는 것이다. 다시 말해, 의식과 정신은 주체·객체가 통합하고 변증하여 하나의 통일된 유기체를 형성하도록 만드는 관계 그 자체라고 할 수 있다.

이런 맥락에서 우주관으로서 주리생성 원리는 의식적 지도성指導性 혹은 주도主導를 원리의 중심에 두고 만물의 생성 과정을 설명하고자 한다. 그러면서도 우주의 실재를 정신이나 물질의 어느 하나로 귀속시켜 설명하지 않는다. 우주 변화 원리에 대해서도 정신이나 물질 어느 한쪽의 단순 작용으로 해석하지 않는다. 모든 존재의 생성은 정신과 물질, 주체와 객체, 실實과 상相 전체가 플러스(+)와 마이너스(−) 상호작용과 관계를 반복함으로써 일어난다. 물론 생성을 주도하는 의식적 주도성이 모든 차원에서 동일할 수는 없다. 예를 들어, 무기물에는 그 나름의 이치[理]가 존재한다. 물질[物]에는 조건반사적 기능이 생성의 원인이라고 할 수 있다. 동물은 비교적 낮은 차원이기는 하나 본능과 충동 감각이 작동하고 있다. 인간은 이보다 훨씬 더 고차원적인 감성과 이성의 정신 작용이 생성의 원동력이 된다.

인간에게 의식적 지도성이란 인격이다. 인간을 인간으로 만드는 것은 정신과 육체와 더불어 그 위에 작용하는 '인격'이라는 요소다. 인격이란 주리생성主理生成* 원리로 보면 의식적인 주체의 의지로서 주의主意라고 볼 수 있다. 의식과 의지, 정신의 인격적 작용은, 인간존재를 만드는 두 개의 축인 주체와 객체 위에 더해진 +α와 같은 영역이다. 주체와 객체를 통합하고 변증하는 이理로서의 의식 작용이자 정신 작용인 인격이 없으면 인간은 인간이 될 수 없다. 동물 이상으로 고차원적인 존재가 될 수 없다. 인간의 인격적 의지는 인간을 높은 차원의 존재로 완성하는 중심 요인이다.

식물이나 동물에게서 인간의 의식 작용을 기대할 수 없다. 동식물은 기능적, 감각적 지각이나 본능만을 지닌다. 그것으로도 족하다. 하지만 인간은 그렇지 않다. 감각적 지각과 더불어 보편타당한 차원, 높은 영적 차원이 요구된다. 정신생활을 영위할 수 없다면 인간의 본질이자 보편 의지인 인격도 없다. 인격이 있어야 인간이라 부를 수 있다. 인격이 없다면 유인원이나 인류의 조상인 원인猿人, 혹은 짐승과 다를 바 없다. 높은 차원의 존재만이 고차원의 정신 작용을 수행할 수 있다.

인간의 정신 작용은 다층적으로 구성된다. 정신 작용은 고도의 지각 능력이면서 동시에 하나의 인격이라고 볼 수 있다. 또는 지성, 양식, 이성, 오성悟性이라 부를 수도 있다. 그 어떤 이름이든 고차원의 정신 작용이야말로 가치 있는 무엇이다. 그 자체로 권위와 존엄을 인정받아야 마땅하다. 이 점에서 식물과 동물을 초월적 토템으로 숭배하는 것은 잘못된 미신이 아닐 수 없다.

구체적인 사례를 들어 좀 더 쉽게 접근해 보자. 첫째, 주체와 객체 사이에서 일어나는 교호 과정을 살펴보자. 주체와 객체의 관계는 거울을 보는 나와 거울에 비친 나의 관계로 설명할 수 있다. 거울을 보는 나는 실재의 나 자신, 진아眞我로서의 자아自我의 모습이라고 할 수 있다. 반면 거울에 비친 나의 모습은 객체화된 나로서 객아客我일 것이다. 이러한 두 개의 나라는 자아 사이에서 일어나는 상호작용을 통해 통일된 나라는 존재의 의미가 구성된다. 거울 바깥의 나는 거울 속 나의 모습을 바라봄으로써 자기를 발견한다. 자기 자신에 대한 인식을 형성한다. 이러한 자기 인식의 형성은 거울 속 내가 나에게 불러일으킨 효과다. 거울

속 내가 거울 바깥의 나 자신에게 자아에 대한 인식을 형성하도록 작용한 것이다. 예를 들어, 나는 거울을 보면서 옷차림을 가다듬고 좋은지 나쁜지를 판단한다. 거울에 비친 자신을 보면서 자기 자신이 어떤 모습인지 알게 된다.

진아와 객아 사이의 상호 관계는 이처럼 거울 앞에 선 나와 거울 속에 비친 나 사이의 관계로 설명할 수 있다. 거울에 비친 객관적인 이미지를 통해 자아를 알아 가듯, 인간은 실재와 그 상相을 통합해 나라는 인격체를 인식한다. 이런 의미에서 진아眞我란 객아客我를 통해 생긴다고 말할 수 있다. 진아는 거울에 비친 객아로 나타나고, 객아가 진아의 마음을 자극하여 행동을 불러일으킨다. 다시 말해, 주관적인 자아는 객관화된 주체이며, 객관적인 자아는 주관화된 객체라고 말할 수 있다.

우주의 모든 존재자는 상호 관계를 형성하며, 홀로 존재할 수 있는 것은 아무것도 없다. 우주에 존재하는 모든 것은 직간접으로 서로에게 영향을 미치며 집단을 이루어 상호 작용하면서 공존한다. 하나의 집단은 다른 집단과 관련 맺으며 더 큰 집단을 이룬다. 나아가 그것은 더 큰 집단들과 관계 맺는다. 이렇듯 관계가 확대하면서 모든 것이 모든 것과 연결된다. 우주라는 통일적 유기체를 생성한다. 이를테면 작은 집단과 궁극의 큰 집단은 그 자체로 소우주와 대우주의 관계라고 할 수 있다.

둘째, 인간의 의식 작용에서 일어나는 특별한 의식적 지도指導 과정을 통해 주·객체의 생성 원리를 설명할 수 있다. 가령, 우리는 의식을 기울이지 않고 행동할 때는 그 일 자체를 기억하지 못하기도 한다. 수를 헤아리겠다는 의식적인 노력 없이 올라온 계단의 개수를 기억할 수 있는 사람은 거의 없다. 의도적으로 주의할 때만 비로소 기억할 수 있는 것이다. 일상생활은 의식적 생각 없이 진행되는 것들로 가득 차 있다. 매일

책을 읽고 라디오, TV, 신문 기사를 보고 듣지만 특별한 관심을 기울이지 않아 기억하지 못하는 일들이 대부분이다. 정보와 자료를 습득해도 의식 없이 받아들일 때는 쉽게 잊어버린다. 어떤 일들은 이미 굳어진 습관이 되어 아예 느끼지 못하기도 한다. 학술적 행위도 마찬가지다. 하지만 특별히 관심 있게 접근하면 상황은 완전히 바뀐다. 인구문제, 식량문제, 공해 문제, 식품 오염 문제 등에 특별한 관심을 가진 사람이라면 다른 사람은 느끼지 못하고 흘려버린 정보나 자료를 획득하기가 쉬워질 것이다. 특별한 관심과 생각이 없으면 모든 것이 다 그렇게 흘러간다. 주의 깊게 의식하지 않으면 보아도 보지 못하고, 만져도 느끼지 못한다. 보고 느끼기 위해서는 의식적으로 주의를 기울여야만 하는 것이다. 이처럼 의식은 인간의 인식과 생활을 인도하는 중요한 역할을 담당한다.

셋째, 고차원적인 의식적 지도指導 혹은 선도를 통해 우주 생성 원리를 파악할 수 있다. 인간을 인간답게 하고 인간 생활을 행복하고 값있게 만드는 것은 단순히 주체, 객체의 상관관계로만 이루어지지 않는다. 더 값진 삶을 살기 위해서는 고차원적 정신 작용으로서 주의主意 활동이 필요하다. 의식적 지도가 존재하지 않으면 인격은 생성되지 않는다. 정신과 육체가 있다고 하여 모두 다 참사람은 아니다. 의식적인 정신 작용은 인간의 조건이다. 할 일과 해서는 안 되는 일, 바랄 수 있는 일과 바라서는 안 될 일을 분간하는 것이 인격의 작용이다. 인격적 인간이란 고차원적인 정신적 능력을 지닌 인간을 의미한다. 물론 동물도 정신과 육체의 생성 작용을 한다. 하지만 그렇다고 해서 곧바로 인간다운 행동을 하는 인격적 존재로 취급할 수는 없다. 의식적인 주의主意 작용이 동물에게는 존재하지 않기 때문이다.

예를 들어, 어떤 사람이 열심히 노력해 부자가 된 후 주변의 불우한 이웃의 도움이나 간청을 외면했다고 가정해 보자. 이런 사람을 인격적으로 훌륭한 사람이라고 말할 수 있을까. 그저 자기 혼자만의 행복감에 젖어 부를 탐닉하는 존재일 뿐이다. 반대로, 개인의 이익이나 영화를 버리고 불우한 사람을 돕고 사회와 국가와 인류를 위해 일생을 바쳐 봉사하는 사람은 어떤가. 이는 인격적으로 훌륭한 사람이라 할 만하다. 타인을 위해 살신성인하는 사람은 자비로운 인격을 갖춘 사람이며 거룩한 존재다. 이런 인격적 행동을 어찌 정신과 육체의 생성 작용이 빚어 놓은 결과로 단순화할 수 있겠는가. 인격적 행동은 수준 높은 깨달음을 바탕으로 생겨난다. 인격이란 의식적인 정신 작용과 특별한 주체의 의지인 주의主意가 담긴 목적과 가치를 구현하는 것이다. 의지적이고 의식적인 지도指導를 통해 주·객체의 생성 작용이 생겨난다는 것은 바로 이런 의미다.

주리생성론은 주체인 실實과 객체인 상相이라는 이원적 시각을 인정한다. 주체와 객체가 조화와 충돌을 이루면서 교호하고, 이를 통해 다른 무언가를 생성한다는 의미에서 상관상제相關相制 관계를 인정한다. 하지만 생성은 존재와 당위, 두 차원 사이의 단순한 상호 관계로만 이루어지지 않는다. 이理의 영역인 주의主意, 의식적 지도성이 있어야 가능한 일이다. 주리생성 원리는 모든 사물과 사건이 이러한 의식적 지도성에 의거해 태어나고 소멸하고 변화하면서 생성된다(전생轉生)고 보는 것이다.

나는 이 점에서 주리생성론을 화생론和生論*이라 부르고자 한다. 주체, 객체, 주의(또는 이理), 이 세 차원은 각기 독립해 존재한다. 서로 조화를 이루기도 하고 대립하기도 한다. 상관상제라는 개념은 바로 이러한 삼원적 관계를 설명하기 위한 용어다. 중요한 것은 이러한 관계의 작용을 통해 마침내 새로운 것이 생성된다는 점이다. 주리생성론은 서로 다른 것들이 조화[和]를 이루면서 새로운 것을 창조[生]하는 과정으로 우주의 생성 원리를 설명한다. 화생和生이라는 용어를 창안한 것은 바로 이러한 조화와 창조의 과정을 설명하기 위함이다.

주리생성의 원리는 이처럼 우주 만물의 이치를 단편적으로 파악하는 것을 거부한다. 이질적이며 대립하는 두 존재가 조합할 때, 상호 조화를 이루는 동시에 대립하는 이중적 관계를 형성한다. 다시 말해, 상대적이고 대립하는 쌍으로 존재하는 존재들 사이에는 언제나 서로 화합하는 상생相生의 관계와 서로 충돌하는 상극相剋의 관계가 공존한다. 이러한 상생과 상극은 결코 고정불변의 상태가 아니다. 결국에는 둘 다 진화와 퇴화의 과정을 거친다. 발전하고 쇠멸하는 생멸 과정을 따라 변화한다. 존재들 사이의 상극과 상생의 관계 작용이 번갈아 반복되면서 새로운 생성이 이루어진다. 화합하고 동시에 대립하면서 다음 단계로 나아가 새로운 하나를 낳는 역동적 과정이 펼쳐진다. 서로 다른 것들이 조화를 이룸으로써[和], 새로운 무엇인가를 생성시키고 태어나게 하는 것이다[生]. 이 세상 모든 것은 분리되고 화합하면서 서로 대립해 상극을 이루거나 조화를 이루어 존재한다. 그러면서 새로운 무언가가 창조된다. 주리생성론은 이러한 조화와 생성, 화和와 생生을 모든 창조의 핵심으로 설명한다.

그런 의미에서 주리생성 원리의 본질은 '창조적 조화론'으로 규정할 수 있다. 창조적 조화란 사물을 종합하기만 하는 것이 아니다. 자연 존재는 이치를 바탕으로, 인간은 의지를 중심으로 상생하고 상극하면서 세계를 형성해 간다. 주체와 객체, 이치의 삼차원적인 결합, 유기적이고 입체적으로 통합하고 변증하는 그 통정統整 과정을 통해 새로운 것을 창조해 간다.

그렇다면 주리생성론* 관점에서 본 인간과 사회는 어떤 모습인가. 인간중심주의(Humancentrism)라는 관점으로 인간과 사회의 본질을 규명해 보려 한다. 주리생성 원리를 바탕으로 하는 인간중심주의란 기존의 인간 본위의 정신과 다르다. 여기서 말하는 인간중심주의란 한마디로 인간을 자유의지에 의한 인격적 존재로 파악하는 인간 존중 사상이다. 이는 인간세계를 바라보는 주리생성론의 기본 관점이다. 예수는 '사람이 천하를 얻고도 제 목숨을 잃으면 무엇이 유익한가, 사람이 무엇을 주고 제 목숨을 감히 바꾸겠는가'(마태복음 16장 26절)라고 말했다. 인간 존재를 존중하고 귀하게 여기는 마음이 주리생성론이 말하는 인간중심주의다.

인간은 독립된 실체이며 하나의 인격체다. 삶과 죽음을 포함해 인간은 자신이 하는 모든 행동에 책임을 진다. 모든 소행에 관한 인간의 책임은 무한대이고 절대적이다. 인간은 자신을 보호하고 행복과 보람, 자아 완성을 위해 노력해야 한다. 독립된 주체로서 그러한 권리와 의무를 갖고 살아간다. 삶이란 인생의 의의와 목적, 사명을 값있게 실현하기 위한 바탕이다. 이 삶의 주체는 생명이다. 모든 인간은 이 생명이 태어나고 죽을 때까지 존재한다. 생명이 시작하면서 인간이 존재하고 종식되면 사라진다. 인간답고 행복하고 값있고 보람 있는 삶을 만드는 주체도 바로 이 생명이다. 생명은 최대한 존중받아야 하는 고귀한 존재다.

생명은 다른 무엇과 바꿀 수 없다. 이토록 귀중한 생명이기에 진정으로 아낄 줄 알아야 한다. 칸트가 말했듯, 모든 생명은 인격적 주체자다. 따라서 수단이 아니라 목적으로 대해야 한다. 공자도 말하지 않았던가. 자기가 원치 않는 일은 타인에게도 하게 하면 안 된다. 옛 성현의 가르침대로 우리는 서로를 사랑해야 한다. 자비롭게, 인정을 베풀며 서로 돕는 삶, 어질고 타인에게 예의를 갖추는 삶, 그것이 진정한 인간중심주의의 실현이다. 인간중심주의를 기반으로 다른 존재의 인격을 존중하고 목적으로 대해야 한다. 선하고 의로운 삶을 추구하고 서로 협력하면서 함께 더 나은 세계를 향해 나아가야 한다. 인간을 존귀하게 생각하는 것은 평화롭고 행복하게 살 수 있는 사회를 이루기 위한 기초다. 이를 실현하기 위해 인간은 스스로 하나의 독립적 주체로서 자기 책무를 다해야 한다. 나아가 자비로운 마음으로 서로 돕고 봉사하는 삶을 살아야 한다. 진정한 사회 발전과 문화 창조는 바로 이러한 인간중심주의에서 출발한다.

인간이 원하는 참된 삶이란 배불리 먹고 넉넉히 사는 것만이 아닐 것이다. 인간은 존중받는 삶, 천대받지 않는 삶을 희구한다. 값있고 보람있게 살아가기 위해 자유로운 생활환경이 보장되길 원한다. 이에 대해 역사가 이미 말해 주고 있지 않은가. 타인을 지배하려는 욕망은 인간사회를 고통스럽게 만들고 희생만 요구한다. 그동안 인류가 약육강식하는 전제주의를 벗어나 민주주의 사회체제로 이동할 수 있었던 것도 인간의 인간적 삶을 보장받으려는 근원적인 추구 때문이었다. 인류를 고통으로부터 구원한 것은 자유롭고 평등한 삶에 대한 인간의 갈망이라고 할 수 있다. 인권보다 더 우월한 것은 없다. 인권을 초월하는 제도, 조직, 법률, 정치란 존재할 가치가 없다.

인권을 말살하는 가장 분명한 사례가 전쟁이다. 얼마나 많은 전쟁이 인간 생명을 참혹하게 학살해 왔던가. 중국 원나라 주치朮赤는 중국을 정복하면서 한족을 모두 없애고, 그들의 땅을 목초지로 만들려 한 일이 있었다. 하지만 그의 신하 야율초재는 죽이는 것보다 살려서 세금을 걷는 것이 더 이익이라고 말한다. 그만큼 인간의 생명을 하찮게 여겼던 것이다. 대륙 정복을 위해 수많은 생명을 학살했던 칭기즈칸도 예외는 아니다. 2차 세계대전도 마찬가지다. 선량하고 무고한 수백만의 유대 민족을 학살하는 살생이 자행됐다. 모든 전쟁은 인류 역사의 악몽이다. 다시는 이러한 참사가 일어나게 해서는 안 된다. 인간의 존귀한 생명을 경시하여 유린·학살하는 일을 막아야 한다. 인간의 존귀한 생명을 지켜 내야 한다.

전쟁만이 아니다. 현대세계의 물질주의도 인간을 경시하는 풍조를 만들고 있다. 과학기술주의가 인간을 비인간화하는 일이 생겨나고 있다. 이러한 비인간화 현상을 막아 내기 위해서는 인간을 존중하는 인간 중심의 인간사회를 만들어야 한다. 인간이 사회의 주인이 되어야 한다. 모든 제도와 시책, 규범이 인간을 존중하고 인간을 위해 존재하도록 만들어야 한다. 우리는 오늘날과 같이 인간이 그 무엇보다 소중하다는 교훈을 얻기까지 얼마나 많은 희생을 치러야 했는지 다시 기억해야 한다.

바로 그 점에서 현대문명은 과거의 인간 중심적 사고와 다른 인간관이 필요하다. 기존의 인본주의人本主義(anthropocentrism)의 한계를 반복하지 않는 새로운 인간관이 요구된다. 인간을 예외적 존재로 생각하는 기존의 인간중심주의로는 현시대의 난제들을 관통해 해결할 수 없다. 천도교의 인내천人乃天 사상도, '너는 곧 범梵이다'라고 말한 힌두교의 범아일여梵我一如 사상도 지금 인류의 문제를 푸는 데 적합하지 않다. 인간을 신과 동등한 대위관념對位觀念으로 파악한 신인동격론神人同格論도 견제해야 한다. 새로운 인간중심주의가 인간을 신과 같은 세계의 주체자로 다시 세우는 방식이 되어서는 안 된다. 불성유심佛性有心, 천자사상天子思想 같은 생각은 말할 것도 없고 성현이 죽으면 신이 된다고 믿는 불교나 유가·도가 사상도 지금 현실에 적합한 인간관을 제공할 수 없다.

이에 나는 우주 원리의 토대인 주리생성론에 근거한 인간중심주의를 새로운 인간관으로 제안하고자 한다. 주리생성론의 인간중심주의 기본 전제는 인간의 특성과 속성을 떠나지 않는다는 것이다. 인간은 어떠한 수행을 거쳐도 신적 존재가 될 수 없다. 도교에서 말하듯 인간의 경지를 넘어 신선이 되는 방법이나 비법이란 없다. 영원히 산다는 생각도 망상에 불과하다. 그렇다고 인간이 동물과 다를 바 없다는 말이 아니다. 인간을 하나의 독립된 인격이자 주체성으로 인식해야 한다. 인간이란 본능과 감각만 가진 우매한 존재도 아니지만, 자신의 한계를 초월한 신적 존재도 아니다. 우리는 인간이란 존재를 정신적인 실재자로 바라보아야 한다.

인간이 건설해야 할 나라도 신의 나라가 아니다. 인간은 인간의 세계를 건설해야 한다. 그것이면 충분하다. 물질을 도외시한 정신적 삶만을 추구한 중세 시대의 잘못을 반복해서는 안 된다. 현대사회처럼 인간을 단지 물질적·동물적 존재로 보아서도 안 된다. 정신을 간과한 물질적 욕망 성취와 육체적 향락은 인간 생활의 궁극 목표가 될 수 없다. 그런 착각과 잘못에서 벗어나야 한다. 정신과 육체에 대한 바른 생각을 세워야 한다. 그 바른 생각이란, 인간의 정신과 육체를 분리하지 않는 시각이다[依正不二]. 인간과 인간이 살아가는 환경과 처지를 분리해 바라볼 수 없다. 육체와 정신을 하나의 인격체 안에서 바라볼 줄 알아야 한다[心身一如]. 이러한 바른 생각으로 마음을 닦아 인격적 인간이 되도록 힘써야 한다. 이것이 곧 주리생성론*에서 말하는 인간중심주의의 출발점이다.

정신과 육체, 그리고 이를 통합하고 조화시키는 인격. 그것들은 셋이면서 동시에 하나인 삼이일三而一의 관계를 이룬다. 이 셋 중 어느 하나라도 무시하면 인간으로 존립할 수 없다. 이 세 층위가 독립해 있으면서 동시에 서로 관계를 맺으며 조화를 이룰 때 인간으로 새롭게 거듭 태어날 수 있다[重生]. 이러한 참된 깨달음(정각正覺)을 통해 비로소 참 인간이 될 수 있다.

그 점에서 진정한 인격체의 삶은 한 겹이 아니다. 우리가 주어진 삶에서 벗어나 새롭게 거듭 태어나도록 만드는 마음의 작용이 존재한다. 정신과 육체, 인격이 완전히 통합되고 조화를 이루어 변증되는 통정統整을 통해 비로소 값있는 인간이 될 수 있다.

인류 역사도 마찬가지 형식으로 설명할 수 있다. 인류 역사의 첫 장은 고대의 혼돈사회라고 할 수 있다. 중세의 정신사회가 끝난 후 근세와 현대는 물질사회로 변모했다. 이제는 과학기술사회로 변해 가고 있다. 현대세계가 안고 있는 난제는 인간이 만든 세계가 인간을 지배하는 현실의 모순을 해결하는 것이다. 다시 말해, 인간이 주인이 되는 인격적인 인간사회를 어떻게 회복할 것인가 하는 물음이 현대사회가 안고 있는 가장 큰 아포리아aporia인 것이다. 현대인의 삶에서 무엇보다 중요한 것은 인간 자신을 위한 인간사회를 복권해야 한다는 점이다. 정신이나 물질의 어느 한 면만 강조하는 시각에서 벗어나 전인全人 관점으로 인간사회의 미래를 다시 생각해야 한다. 내가 주리생성론*을 통해 정신, 육체, 인격을 유기적으로 통일한 인간중심주의를 이야기하는 것도 바로 이런 맥락이다. 인격적 존재로서 인간의 의미를 바탕으로 모든 인간이 평등한 사회를 만들어야 한다. 만민 평등사상을 세상에 실현하는 것은 인간의 꿈이자 반드시 이루어야 할 인간의 당위다.

인간은 이 땅의 주인이다. 역사문명의 창조자이며 독립된 소우주다. 인류의 공동 목표는 인격적 의지를 근간으로 인간세계를 새로 건설하는 것이다. 우주 생성의 원리를 이해하고 인간 중심적인 문명(humancentric civilization)을 다시 건설해야 한다. 우리가 살아가는 이 세상에 인간을 위한 이상사회를 이루기 위해 노력해야 한다. 그것은 인류의 숙원이면서 우리가 반드시 이루어야 할 당위의 세계다. 그런 이유로 인간중심주의를 기반으로 만들어진 이상사회는 단순한 유토피아가 아니다. 인간이 반드시 소망하고 이루어야 할 오토피아Oughtopia*다.

이 시대가 안고 있는 문제점을 규명하고 이를 통해 인류가 걸어가야 할 길을 모색해야 한다. 내가 오토피아라는 용어를 개발한 것도 그 때문이다. 현대세계는 정신문화와 물질문명 사이의 균형을 상실했다. 사상은 빈곤하고 문명은 한계점에 도달했다. 주리생성론*은 우주의 변화와 생성의 원리를 올바로 파악해 이 문명이 나아갈 방향을 찾는 철학적 사유라고 할 수 있다.

불교의 교리를 보면, 이 세상 모든 존재는 인연을 따라 이루어진다. 모든 것이 세상에 얼마간 머물다 점차 변화하고 부서져 마침내 사라진다[成住壞空]. 꽃이 피면 지고, 이루어진 후에는 쇠함이 있기 마련이다[榮枯盛衰]. 이러한 변화 원리는 비단 불교만의 이치가 아니다. 그것은 인간사회의 진리라고 할 수 있다. 변하는 가운데 변하지 않는 것이 존재한다는 것이 세상의 이치다. 가령, 중세의 정신문화가 완숙한 단계에 이르렀을 때 신본주의가 무너지고 인본주의가 태어났다. 인본주의의 자연권 사상이 무르익었을 때 경험주의, 실존주의, 실용주의가 나타났다.

근현대의 문명은 이러한 경로를 거쳐 관념적 정신세계에서 경험적, 실증적 물질세계로 이동해 왔다. 쾌락주의와 공리주의를 거쳐 실용주의가 일반화됐다. 하지만 그 또한 한계점을 드러내고 있다. 말하자면, 근대와 현대는 전통적인 중세의 절대주의적 가치관을 부정했다. 믿음, 소망,

사랑, 어짊과 옳음, 예의와 지혜라는 가치 체계를 낡은 것으로 치부하고, 상대주의적 가치관을 따라 이로움·효용성·쓰임새·즐거움과 같은 실리적 가치 기준을 새로 만들었다. 하지만 이제 이러한 근현대 세계의 가치관과 물질주의적 세계관도 현대사회를 궁지로 떨어뜨리는 문명사적 질병의 원인이 되고 있다.

중요한 것은 역사의 흥망성쇠를 성찰해 문명이 어디로 향하는지를 아는 것이다. 인류는 문명의 한계를 마주할 때마다 새로운 가치와 문화를 창조해 왔다. 중세에서 근세로 전환될 때 완숙한 정신세계를 지향한 중세 사상은 이성을 태동시킨 산모 역할을 했다. 르네상스는 새로운 사상과 이론의 창조를 요구했다. 그 결과 과거의 정신사회와 전혀 다른 물질사회로의 전환을 가져올 수 있었다.

지금 우리 시대 역시 새로운 변화를 요청하고 있다. 그것은 지금까지와는 다른 사회를 지향해야 한다. 하지만 그것은 정신사회와 물질사회 중 어느 하나를 선택해야 한다는 말이 아니다. 지금 우리에게는 정신과 물질을 융합하고 인간적으로 승화시킨 사회가 요청된다. 물질과 정신을 인격적으로 승화하고 통합하여 조화를 이룬 새로운 세계를 창조해야 한다.

그런 의미에서 현재는 새로운 시대로 나아가기 위한 결실의 시대라고 말할 수 있다. 오늘의 난제들을 제2의 르네상스 시대로 가는 출발점으로 삼아야 할 것이다. 이를 출발점으로 해서 세계를 근본적으로 변화시키는 변신적 변이를 주도해야 한다. 우리 시대는 모든 것의 전면적인 전환을 요구하는 변체적 변화가 필요하다.

제2의 르네상스가 지향하는 새 시대는 인간의 시대다. 그것은 평면적으로 관찰한 부분의 시대가 아니라 입체적으로 관찰한, 여럿이 하나를 이룬 전체의 시대를 의미한다. 자유롭고 평등하며, 정신과 물질을 통정하여 나와 우리, 행복과 가치, 오늘과 내일을 함께 바라보는 시대로 나아가야 한다. 전인적이고 인격적인 인간을 지향해야 한다.

아무리 모든 것을 통합하고 변증하여 이룩한 통정統整된 인간사회라고 하더라도 완전무결할 수는 없다. 모든 사회는 그 나름의 문제를 안고 있기 마련이다. 이는 인류 역사의 고귀한 체험을 통해 우리가 터득한 진실이다. 그렇다면 다가올 미래 시대의 문제점은 무엇일까. 그것은 다름 아닌 인간의 물질적 욕망과 여기에서 비롯된 타락과 향락이다. 아울러 인간들 사이의 상호 불신도 문제다. 또한 인간과 물질, 인간과 기계, 인간과 로봇이 대립하고 경쟁하는 시대가 오고 있다. 우리가 고민해야 할 문제는 어떻게 인간이 물질주의를 벗어날 것인가 하는 것이다. 과학기술의 자기 증식을 통제하고 인간 정신이 과학기술을 지배하는 사회를 어떻게 만들 것인가 하는 것이다. 더 건전하고 더 바람직한 방향으로, 어떻게 참다운 인간사회를 꾸며 나갈 것인지, 그것을 이룰 방법은 무엇인지 고민해야 한다.

다음 장에서는 오토피아를 지향하는 과정에서 등장하는 우리 사회의 과제와 난제가 무엇인지 살펴보려 한다. 주리생성의 철학관을 바탕으로 세상의 원리와 규범을 사유해 보고자 한다. 나아가 우주 실재와 현상까지 종합적으로 두루 고찰하고자 한다. 다양한 논리들을 소개하고 그 옳고 그름을 파헤쳐 볼 것이다.

Oughtopia

4

4장

변증법과 중용사상의 고찰

오랫동안 변증법과 중용사상은 우주 운동과 변화를 설명하는 옳은 원리로 인식돼 왔다. 사회생활에서도 이러한 원리는 유용한 기준으로 사용되고 있다. 자연과 역사를 통찰하는 방식으로도 변증법과 중용은 유의미한 성찰을 제시해 준다. 윤리적 측면에서도 인간 행동을 올바르게 판단하는 좋은 방편이 될 수 있다. 하지만 이 또한 완전한 원리는 아니다. 우리는 변증법과 중용의 사유 방식을 그 자체로 보편타당한 완전한 원리로 보아서는 안 된다. 때에 따라서는 불완전한 원리이자 준칙에 머무를 수도 있다. 우리가 올바른 판단을 하기 위해서는 올바른 철학적 규명이 필요하다. 철학적 규명이란 인식론적 전제를 다시 따져 묻고, 사물과 인간 행위를 판단할 수 있는 기준을 세우는 작업이다. 원리의 안팎을 두루 살펴 변증법과 중용사상을 객관적으로 규명하고 그 장단점을 논해 보려 한다.

아리스토텔레스는 변증법의 근원이 엘레아 학파의 시조 제논Zenon에서 시작됐다고 말한다. 제논은 스승인 파르메니데스의 주장을 따라 있음(ontos)이 유일무이한 실재임을 증명하고자 변증법을 개발한다. 변증법을 통해 자신의 주장을 역설적으로 강변했다. 제논이 사용한 논거에는 다자(manyness)의 부정, 운동의 부정, 허공의 부정이 있다.

다자의 부정은 만약 있음이 하나가 아니라 다자多者로 존재한다면, 그 다자는 무한소無限小이거나 무한대無限大라는 전제에서 출발한다. 무한소는 더 이상 나눌 수 없는 단일한 실체(단원單元)를 일컫는다. 나눌 수 있으면 무한소가 아니다. 무한소의 최종적인 모습은 크기가 없다. 크기가 없으니 아무리 합해도 형태를 이룰 수 없고 결국 크기도 가질 수 없다. 반면 다수多數는 크기를 가지므로 무한히 나눌 수 있다. 무한대는 간격이 없어야 한다. 다수 사이에 간격이 있다면 무한대는 하나가 아니라 여럿이 되어야 한다.

운동의 부정은 발이 빠른 트로이아 전쟁 영웅 아킬레스도 느린 거북을 따를 수 없다는 역설이다. 만약 아킬레스가 거북이 있던 그 자리에 가면 거북도 얼마만큼 전진한다. 다시 아킬레스가 거북이 있던 그 자리에 가면 또 그 거북은 얼마만큼이라도 전진하게 된다. 그러므로 아무리 빠른 용자도 느린 거북을 영원히 따를 수 없다. 또한 날아가는 화살의 포물선을 무한소의 시간으로 나누면, 화살은 날아가는 것이 아니라 공중에 정지한 것이다. 정지해 있는 화살이 날아가는 것처럼 보이는 것은 감각의 착각 때문이다.

허공의 부정은 모든 사물이 허공 속에 있다면 허공 또한 다른 허공 속에 있어야 한다는 것이다. 허공이 다른 허공 속에 있다면 허공은 사실상 있을 수 없다. 제논은 이러한 역설을 통해 '있음'이라는 실재가, 나눌 수 없는 절대성이며 유일성이라고 설명한다. 제논의 궤변만 놓고 보더라도 변증적 사고가 반드시 옳은 것만은 아니라는 것을 분명히 알 수 있다.

변증법은 제논만 생각해 낸 사유 방식은 아니다. 변증적 사유는 소크라테스의 문답법에서도 발견된다. 소크라테스는 문답법을 통해 도덕적 혁신과 시민의 정신적 향상을 강조했다. 그는 지식과 행동이 한결같이 들어맞는 지행일치知行一致를 설파했다. 참된 지식을 갖추면 덕을 지니게 된다는 지덕합일知德合一도 이야기한다. 모두 변증법의 원형이라고 할 수 있는 생각들이다.

플라톤은 소크라테스의 제자로서 스승의 문답법을 변증법적으로 심화·발전시켰다. 플라톤은 우주의 보편적 본질을 휠레hule(질료)와 에이도스eidos(형상)로 구분했다. 우주의 발전 과정은 이러한 질료와 형상이 변증된 엔텔레케이아entelecheia(제2의 질료, 에너지)에 의한 것으로 보았다. 한편, 플라톤에 의하면 우주에는 세 개의 영혼이 깃들어 있다. 가장 아래에 식물적 영혼(to threptikon)이 있다. 동물의 감각적 영혼(to aisthetikon)이 가운데에 있고, 가장 높은 곳에 인간의 이성적 영혼(to dianoetikon)이 있다.

아리스토텔레스는 누스nous가 모든 정신의 가장 높은 존재, 가장 완전한 상태라고 생각했다. 그는 누스를 증명하기 위해 분석론과 귀납법을 포괄한 삼단논법을 사용했다. 아리스토텔레스의 삼단논법은 현대 변증법의 모체라고 할 수 있다. 아리스토텔레스는 형식논리학을 정립하기 위해 세 가지 개념을 전제한다. 동일률(사람은 사람이다), 모순율(사람은 사람이 아닌 것이 아니다), 배중률(모든 사람은 사람이거나 사람이 아닌 것이다)을 바탕으로 삼단논법을 성립시킨다. 이를테면 대전제 '너는 인간이다'와 소전제 '인간은 동물이다'에서 출발해 '너는 동물이다'라는 결론을 만드는 식이다. 대전제의 '너'는 작은 개념이고 '인간'은 매개개념이다. 소전제에서 '동물'은 큰 개념이다. '너는 인간이다. 인간은 동물이다. 그러므로 너는 동물임에 틀림없다.' 이러한 삼단논법은 이 세상의 사물을 추리하는 간결한 증명 방식으로서 일정한 타당성을 지닌다.

그러나 다음과 같은 예를 생각해 보면, 삼단논법의 한계 또한 분명하다. '소크라테스는 신이 있다고 말했다. 소크라테스는 석학이며 나보다 훨씬 위대한 학자다. 따라서 나보다 훌륭한 사람이 신이 있다고 말했으니 나도 신이 분명히 있다고 생각한다.' 다른 예도 생각해 보자. '일반적으로 쇳덩어리는 물에 가라앉는다. 군함은 쇳덩어리로 만들어졌다. 따라서 큰 쇳덩어리로 만든 군함은 가라앉는다.' 예시한 두 개의 삼단논법 모두 논리적인 귀결처럼 보이지만 실상은 큰 오류를 낳을 뿐이다. 삼단논법이 지닌 가장 큰 맹점은 보편성을 기준으로 모든 것을 유추한 데 있다. 세상에는 보편성뿐 아니라 특수성이 함께 존재한다. 이러한 이유로 아리스토텔레스의 삼단논법은 진정한 타당성을 획득하지 못한다.

근대 변증법을 살펴보자. 변증법이라는 말은 수사 기술이라는 뜻을 지닌 고대 헬라스어 레토리케rhetorike에서 유래했다. 레토리케는 대화술(dialektike)의 한 종류다. 상반된 두 대화를 합의에 도달하도록 통합하고 이끌어 가는 화법이다. 소크라테스는 진리와 선이 무엇인가를 탐색하기 위해 이른바 산파법으로서 문답법을 전개했다. 플라톤은 이러한 문답 형식의 변증법을 발전시켜 가장 높은 실재實在인 이데아idea를 구명究明하고 이상 국가를 건설하고자 했다. 이는 앞서 살펴본 우주의 실재로서 '있음'을 역설적으로 변증했던 제논의 사유 방식에서도 발견되는 면이다.

근대 변증법을 정립시킨 철학자는 헤겔이다. 헤겔은 변증법을 우주 모든 존재의 변화 발전의 형식이자 이론이라고 말한다. 모든 사물은 그 현상이 한결같지 않으며 모습이나 모양이 다르다. 헤겔은 이러한 차이가 생겨나는 변화 속에 그 자체를 일으키는 보편자普遍者가 있는지, 일관되게 흐르는 변화 형식이 존재하는지 묻는다. 그에게 보편자란 절대정신이고, 변화의 보편 형식은 변증법이다. 이러한 변증법적 존재의 모순과 절충, 지양은 현실에서 경험되지 않는다. 오직 사유를 통해 얻을 수 있다. 이에 헤겔은 변증법을 존재를 파악하는 유일한 논리적 형식이라고 주장한다.

헤겔의 변증법은 'A'와 'non A'의 대립에서 시작한다. 이는 테제these와 안티테제antithese의 관계로 볼 수 있다. 말하자면, 정립定立과 그것에 대한 부정으로서 반정립反定立이 구성된다. 이러한 대립은 모든 양태 변화 속에서 필연적으로 요구하는 형식이다. A는 non A를 통해, non A는 A를 통해 존재할 수 있다. 이러한 변증법적 사유는 A와 non A 사이를 오고 가다가 나중에는 양자를 통일한 상태로 변전한다. A도 non A도 아닌 종합적으로 통합되고 지양止揚된(통정統整) AB로 나타난다. 변증법은 이와 같은 방식으로 정正 · 반反 · 합合의 운동을 계속한다.

하지만 헤겔의 이러한 변증적 사유도 불완전하기는 마찬가지다. 예를 하나 들어 보자. '원에는 각이 없다'와 '각이 있으면 원이 아니다'라는 정립과 반정립이 성립됐다고 하자. 이를 변증하면 '그러나 원은 직선의 연장인 동시에 직선적 주변을 가진 다각형이다'라는 생각으로 조정된다. 이렇게 되면 원은 각이 아니라 직선적 다각형이라는 모순된 정의가 생겨난다. 모순되는 두 개념을 지양하는 변증적 사고를 이용했지만, 오히려 역설적으로 올바르지 않은 추론이 되고 마는 것이다. 이러한 사유의 오류는 제논의 역설이 자기변호이며 소피스트들의 주장이 궤변이라고 비판한 것과 같은 맥락에서 한계를 드러내는 부분이다.

이론과 실제 사이에는 이처럼 실질적 차이가 있다. 엄격한 의미에서

원은 원이고 각은 각이다. 삶은 삶이고 죽음은 죽음이다. 원은 각이 될 수 없고, 죽음은 삶이 될 수 없다. 한 눈으로 보지 말고 이론과 실제라는 두 개의 눈으로 보아야 한다. 사각형이나 다각형도 직선의 연장이며 원도 직선의 연장이라고 할 수 있다. 하지만 현실적으로 그 모양과 본질은 같을 수 없다. 각이 있으면 각이라 불리고, 각 없이 둥글면 원이다. 이것은 엄연한 사실이자 변함없는 현실이다. 이를 간과한 진리의 규명은 자칫 잘못하면 오류를 낳을 수밖에 없다.

논리학의 본뜻은 모든 것을 사실에 근거해 합리적으로 설명하고 현실적으로 규명하는 것이다. 이를 무시하면 그것은 반反논리가 되고 만다. 현실성을 부정할 때, 논리적 비약이 일어난다. 비약은 현실의 계속이 아니라 초월이다. 이는 논리적 모순으로서 자가당착을 가져올 수 있다. 그것은 삶과 죽음을 같은 것으로 보고 그 둘이 다른 상태라는 것을 보지 못하는 것과 같다. 정신이 물질이고 인간이 신이라는 것을 근거도 없고 이치에도 맞지 않은 비현실적인 말로 증명하려는 행위와 다르지 않다. 이러한 모순마저 형식논리 관점에서 변증법의 공로라고 말할 수 있을까. 그렇다면 그것은 중대한 오류가 아닐 수 없다.

변증법을 주장하는 논자들은 변증법이 이원적 모순을 회피하는 것이 아니라 모순을 통합해 새 존재를 발견하는 것이라 강변한다. 그러나 아버지는 아들이 아니고 아들은 아버지가 아니다. 이 둘의 차이를 부정할 수는 없는 것이다. 친자 관계의 계통이 복잡하다 하더라도 현실적으로 아버지와 아들은 다르다. 아버지와 아들은 각각 독립된 인격체다. 이런 차이를 무시하고 단순히 같다고 왜곡하는 것은 자가당착이다. 이처럼 자기모순을 가진 변증법을 헤겔이 말한 대로 변화 형식 일반으로 절대화할 수는 없다.

헤겔에 따르면, 물질과 우주가 절대정신의 표현이다. 그리고 절대정신이 곧 우주의 실재다. 모든 존재자는 절대자에 의해 창조되고 절대자가 세계를 주재한다. 역사는 신의 섭리를 따라 이루어진다. 역사의 궁극적 목표는 국가에 의해 모든 사람이 자유롭게 살 수 있는 세계를 구현하는 데 있다. 말하자면, 헤겔은 아리스토텔레스의 발전론에 근거해 변증법을 개발하고 변화의 형식을 증명하고자 했던 것이다.

마르크스와 엥겔스는 유물론적 변증법을 주장했다. 이들은 인간을 물질적이고 자연적인 존재라고 단정한다. 사유 자체가 뇌수라는 물질의 작용에서 비롯된다고 본다. 물질이 곧 절대적 존재가 된다. 유물론적 변증법에 따르면, 모든 자연현상이 변증법으로 구성된다. 역사를 창조하는 원동력 역시 정신이 아닌 물질이다. 사회 발전의 원동력은 생산력이며, 창조는 대립하는 두 존재의 부단한 투쟁을 통해 이루어진다. 유물론적 변증법이 사회 발전 과정을 계급투쟁을 통한 전개로 보는 이유다.

앞서 살펴본 것처럼 유심론은 사유의 한계를 지니고 있었다. 맹자는 유심론적 입장에서 인간의 본성을 선善이라 말하고, 순자는 악惡이라 판단했다. 하지만 이 둘의 견해는 편견이라고 할 수 있다. 사물을 입체적으로 보지 못하고 극단에서 바라보기 때문이다. 유물론적 변증법도 마찬가지다. 사물을 한쪽 면에서 바라보는 편견에서 벗어나지 못하고 있다. 특히, 인간을 물질적 확장성과 연장성을 가진 육체적 존재로만 파악하는 것은 잘못된 시각이다. 만일 그렇게 되면 인간은 물질을 넘어선 높은 이상과 목적을 세울 수 없다. 그것은 인간을 다른 동물과 다를 바 없는 존재로 만드는 것이다. 인간의 가치, 존엄성, 당위성 등을 발견할 수 없다. 인간이란 물질적 만족을 넘어 영적·정신적 행복을 추구하는 존재다. 단순히 동물이 지닌 물질적 반사작용이나 지각 작용과 같은 본능적이고 감각적인 작용을 인간 정신으로 볼 수는 없다. 그것은 인간의 정신과 인격을 부정하는 것이다. 만족하는 돼지가 되기보다 만족하지 않는 인간이 되는 것이 더 낫다. 고민 없는 평범한 사람보다는 고민하는 소크라테스가 더 값있고 행복하다.

중요한 것은 유심론이냐 유물론이냐 하는 선택이 아니다. 두 관점 모두 변증법의 논리와 형식을 설명하는 방식은 비슷하다. 정·반·합의 변증법은 이론으로서도 분명 일리 있는 주장이다. 하지만 변증법은 완전하고 보편타당한 만능은 아니다. 유심론적 변증법과 유물론적 변증법은 둘 다 전부가 아닌 부분으로 우주 변화를 판단하려 한다. 이는 편견에서 출발하는 단원론일 뿐이다. 따라서 유물론 또는 유심론에 치우친 사유를 통해서는 입체적 관점을 제시할 수 없다.

가설과 전제가 잘못되면 모든 것이 잘못 설정된다. 부분과 전체를 아우르는 입체적인 시각을 제시하지 못하는 한 보편 철학이 될 수 없다. 우주 실재와 변화를 물, 기, 불로 설명하려는 것이나, 혹은 물질이나 정신 중 어느 하나로 보는 사유 방식은 모두 세상을 일원화할 뿐이다. 세계의 복잡성을 제거해 버린다. 하지만 우리가 사는 현실세계는 절대주의가 아니라 상대주의 세계다.

존재의 변화 형식을 원인과 결과라는 단선적 인과율로 보는 시각이 있다. 이는 원인이 결과를 낳고 결과가 새 원인을 만드는 것으로 세계를 이해한다. 하지만 이러한 일원화된 논리는 세계 변화의 복잡성을 규명할 수 없다. 이 밖에도 세계의 운동을 분화와 통합이라는 두 단계 과정으로 고찰하려는 시각이 있다. 또 있음[有], 없음[無], 생성[成]이 반복하는 세 단계 과정으로 설명하는 방식도 존재한다. 사실, 이러한 시각들은 동서양 모두에서 발견되는 전통적인 세계 이해 방식이다. 현대 변증법이 새로운 형식논리학적 발견이라고 볼 수 없다.

세상에는 변화하는 것과 변화하지 않는 것, 존재(Sein)와 당위(Sollen)가 함께 있다. 하지만 변증법은 변화하는 것(현상적인 것)에 관해서만 성립되는 이론이다. 변화하지 않는 것(보편타당한 진리)에는 적용할 수 없다. 이러한 한계에도 불구하고 변증법을 유일한 관점으로 받아들이려 하는 것은 잘못이다. 변증법에 사로잡혀 모든 사물과 사실, 현상을 변화의 형식으로만 파악해서는 안 된다. 변증법이 우주와 인간과 역사를 설명하는 유일한 관점이 아님을 알아야 한다. 존재의 관계와 당위는 변증법으로 분별하거나 설명할 수 없는 부분이 존재한다. 변증법에 경도되는 것은 제논이나 소피스트 학자들이 역설이나 궤변을 늘어놓으며 관념적 유희를 일삼았던 것 못지않게 우려할 만한 일이다. 변증법적 사유가 만병통치약이라고 생각할 근거는 어디에도 없다. 변증법에 매몰되면 올바르게 세계를 보고 파악하는 눈이 흐려질 수 있다. 변증법은 우주의 본질과 변천의 원리, 나아가 인생과 인류사회의 진로를 파악하는 완전한 사유 방식이 아니다.

이제 동양의 중용사상을 살펴보자. 공자는 중용中庸(the golden mean)을 동양철학의 중심 사상으로 여겼다. 인간이 생활하는 데 가장 가치 있는 덕목으로 중용을 꼽았다. 중용사상은 공자의 손자인 자사子思가 발전시켜 후세에 전해진 것으로 알려져 있다.

『중용』 첫머리에 이런 말이 있다. "천명天命을 따르는 것이 성性이다. 성에 따르는 것이 도道다. 도를 따르도록 가르치는 것이 교敎다."[10] 이것에 이르는 방법은 진실한 마음, 곧 성誠을 통해서이다. 성誠은 중용으로

10 "天命之謂性 率性之謂道 修道之謂敎"(『중용』).

부터 얻어진다. 천인론天人論에 이런 글귀가 있다. "희로애락에 치우침 없는 중中이 천하의 근본이다. 중이 발현되어 상황마다 알맞은 한도를 지키며 살아갈 수 있게 된다. 그런 의미에서 중은 조화를 뜻하는 화和이기도 하다. 조화를 이루면 세상에 막히는 일이 없다. 중과 화를 이루면 천지가 제자리를 얻고 만물이 자란다."[11] 또 이런 말도 있다. "군자는 중용에 살고 소인은 중용을 거스른다."[12]

공자는 중용을 근간으로 하늘을 섬기고 사람을 사랑하라는 경천애인敬天愛人 사상을 교육했다. 중용 개념을 중심으로 하늘[天], 어짊[仁], 진실한 마음[誠]을 이야기했다. "하늘은 세상의 모든 일을 주재한다. 사람이 나고 죽는 것도, 부유하고 귀해지는 것도 모두 운명이다."[13] 이런 맥락에서 공자는 안심입명安心立命을 강조했다. 안심이란 분별과 집착이 불러오는 번뇌에서 벗어나 깨달음에 이르는 마음의 상태를 의미한다. 입명은 깨달음을 통해 어디에도 얽매이지 않는 자유로운 마음이다. 공자는 이러한 삶을 천명天命을 따라 사는 것이라고 생각했다. 이러한 생각에서 보면, 인간은 하늘의 뜻에 따르면 살고 어기면 망하게 된다. 그러므로 공자는 인간이란 하늘의 뜻을 받들고 모든 도덕의 기초이며 근본인 '어짊[仁]'을 실천하며 살아가야 한다고 역설했다.

어짊[仁]이 무엇인지 묻는 제자들에게 공자는 이렇게 답한다. 그가 신임했던 제자 안연顔淵에게는 어짊이 욕심을 버리고 사람이 본래 지녀야 할 예의와 법도를 따르는 마음으로 되돌아가는 극기복례克己復禮라고

11 "中也者 天下之大本也 和也者 天下之達道也 致中和 天地位焉 萬物育焉"(『중용』).

12 "君子中庸 小人反中庸"(『중용』).

13 "死生有命 富貴在天"(『중용』).

말한다. 제자 중궁仲弓에게는 "자기가 원하지 않는 일을 다른 사람에게 하지 않는 것"[14]이라고 말한다. 한편, 증삼曾參은 그런 의미에서 어짊을 "충서忠恕"라는 개념으로 해석할 수 있다고 동료 번지에게 말했다고 한다. 여기서 충忠이란 무엇이든 성심으로 행하는 것이며, 서恕란 남을 자기와 같이 너그럽게 생각하고 배려하는 마음이다.

진실한 마음인 성誠은 마땅하고 옳다는 의미인 의義에서 비롯된다. 보편적으로 합당한 규범과 원리는 모든 행위의 원동력이다. 정성된 것이 하늘[天]의 길이라면 정성되게 사는 것은 인간의 길이다. 공자는 마음을 다하면 움직여지지 않는 것은 없다고 말했다.[15]

이렇게 볼 때, 공자의 중용은 어짊[仁]에서 발전한 것임을 알 수 있다. 따라서 중용은 자연 순리에 따르고 극단을 피하는 중도의 논지를 취한 개념이다. 선하고 옳은 것을 따르는 마음이며, 진실하게 타인과 세상을 배려하는 마음이다.

맹자는 중용을 선善을 싹 틔우는 네 가지 실마리라는 의미에서 사단설四端說을 통해 규명하고자 했다. 말하자면, 맹자는 중용을 이루는 네 가지 덕德을 인의예지仁義禮智로 생각했다. 어짊[仁]은 측은하게 여기는 마음인 측은지심惻隱之心이다. 마땅히 옳은 것을 추구하고자 하는 정의[義]는 부끄러워하는 마음에서 오는 수오지심羞惡之心이다. 인간이 지켜야 할 도리로서 예의[禮]는 사양하는 마음인 사양지심辭讓之心이다. 지혜를 의미하는 지智는 옳고 그름을 가리는 마음인 시비지심是非之心이다.

공자의 제자 증삼은 『대학』에서 중용의 길을 다음과 같이 설명했다.

---

14 "己所不欲 勿施於人"(『논어』 위령공편).

15 "誠者天之道也 誠之者人之道也 至誠以不動子未之有也"(『중용』).

"중용의 길은 밝은 덕德을 밝히고, 백성을 새롭게 한다. 지극한 선善에 머무르게 한다."[16] 그러한 생각을 바탕으로 증삼은 실천윤리로서 "사물에 이르러 앎을 이루고, 뜻을 성실히 하여 마음을 바르게 한다. 몸을 닦고 집안을 정돈하며, 나라를 다스리고 천하를 평화롭게 한다"[17]고 이야기했다.

이렇게 보면, 중용의 참뜻은 중심中心(속마음)에 있다고 할 수 있다. 중용이란 근본적으로 진실한 마음[誠]으로써 치우침 없이 조화[中和]를 이루라는 의미를 담고 있다. 하늘의 뜻을 따라 한쪽으로 기울지 않고 중도를 걸으라는 의미다. 그 점에서 중용은 도덕의 근본이자 인간 행동의 규범으로 제시된다.

이러한 중용의 원리에도 문제는 있다. 상대주의적인 세계에서는 모든 것에 이로운 것과 해로운 것이 함께 존재한다. 모든 존재는 선한 면도 있고, 악한 면도 있다. 어떤 사람에게 좋은 것이 다른 사람에게는 안 좋은 것이 될 수도 있다. 세상을 일원적인 시선으로 단순화해서는 안 된다. 하나의 면만 보고 절대적 기준을 만들어 적용할 때 문제가 생긴다. 세계는 존재와 당위, 나와 뭇 나, 정신과 물질, 하나와 여럿, 필요와 불필요, 이로움과 해로움이 공존하면서 형성된다. 따라서 세상의 근본 역시 모호한 것일 수밖에 없다. 지知와 무지無知, 있음과 없음, 무한과 유한은 서로 분리되지 않는다. 진실과 허망을 완전히 구분해 설명할 수 없는 것이다. 우주의 근본은 유심과 유물이 공존한다. 우주와 세계, 실재와 변화를 이해하고자 한다면 단편적인 생각이나 답을 찾으려 해서는 안 된다. 인간사회의 원리를 알고자 할 때도 마찬가지다. 정신적인 것과 물질적

---

16 "在明明德 在親民 在止於至善"(『대학』).

17 "格物致知 誠意正心 修身齊家 治國平天下"(『대학』).

인 것, 현실적인 것과 이상적인 것 모두를 아우르는 기준을 만들어 접근해야 한다.

노자老子가 말한 도道의 현묘한 의미를 떠올려 보면 좋을 것 같다. 노자는 도의 현묘한 이치를 보이기도 하고 안 보이기도 하며, 알 것도 같고 모를 것도 같다는 말로 표현한다. 노자는 『도덕경』에서 우주를 이러한 도道의 길로 설명한다(1~37장). 이를 바탕으로 인간 생활의 규범인 덕德의 길을 인생관으로 논한다(38~81장). 노자는 없음[無]의 세계를 말할 수도, 이름 지을 수도 없는 것이라고 말한다. 있음[有]의 세계란 말할 수 있고 이름 지을 수 있다. 진정한 삶의 태도는 자연의 길이며, 이는 궁극적으로 있음[有]이 없음[無]으로 바뀌는 허무하고도 적막寂寞한 세계를 깨닫는 데서부터 시작된다. 이처럼 노자는 있음과 없음을 하나이면서 둘인 불이이일不二而一의 관계로 파악했다.

이러한 시각은 인도 철학에서도 발견된다. 인도 철학의 바탕을 이루는 근본 사상은 카르마karma(업), 삼사라samsara(윤회), 비모크샤vimoksa(해탈)이다. 무상無常을 출발점으로 하는 불교의 삼법인三法印도 이와 같은 의미를 지닌다. 삼법인의 관점에서 보면, 모든 운동과 행동을 의미하는 행行에는 변하지 않고 지속되는 상常이 있을 수 없다. 모든 법法은 '나[我]'가 없는 것이다. 몸과 마음에서 괴로움과 번뇌가 사라지고 어떤 것에도 흐트러지지 않는 평정한 마음의 상태인 해탈의 경지(적정寂靜)에 도달하는 것이 곧 열반(nirvana)에 이르는 길이다. 소피스트 학파를 대표하는 프로타고라스Protagoras도 이와 비슷한 견지에서 인간은 영원히 진리를 붙들 수 없다고 개탄했다. 이처럼 성현들은 세상의 이치가 현묘해 인간은 그것을 완전히 다 알 수 없다고 말해 왔다.

이제 중용의 참뜻을 다시 새겨보자. 앞서 논한 대로 중용은 조화이며 중도이다. 보편타당한 것을 따르고 극단을 피하는 것이다. 이는 독립된 인격적 실체로서 사회생활을 하며 함께 살아가는 인간에게 조화의 길을 가르쳐 준다. 조화의 길이 곧 옳은 길이며 보편의 길이라는 의미다. 인간사회가 공영을 이루며 살기 위해서는 이러한 중용의 길을 선택해야 한다. '나'와 '뭇 나' 사이에서 어느 한쪽으로 치우쳐 대립하고 싸우면 안 된다. 그것은 파괴를 부를 뿐이다. 이를 막기 위해 인간사회는 조화의 길이 반드시 필요하다.

중용사상은 인간사회에 옳은 길을 제시해 줄 수 있다는 점에서 의미가 크다. 그러나 진정한 발전과 창조는 조화의 균형을 깨고 돌파하는 가운데 생겨난다는 것도 알아야 한다. 상극과 모순의 과정을 통해 창조가 이루어질 수 있는 것이다. 조화란 안정을 의미할 때가 많다. 하지만 안정이란 어떤 의미에서 발전 없이 한자리에 머물러 정체하는 것이 될 수도 있다. 사실, 진정한 조화를 이루고자 한다면 서로 대립하고 모순된 두 개의 축이 필요하다. 조화는 서로 의도하는 바가 다르고 어긋난 상치相馳로부터 출현할 수 있다. 사실, 모순되고 서로 충돌하는 상태는 존재의 일반적인 운동 형식이다. 중용이 항상 옳은 진리가 될 수는 없다. 중용만 따르면 인간 생활은 침체하게 되며, 결국 자가당착에 빠지는 부정적 상황을 맞게 된다.

중용사상을 절충론이나 중도론으로 이해하는 것 역시 경계해야 한다. 선과 악이 절충적으로 이해될 수 있는 것인가. 물이 지닌 다양한 양상을 생각해 보자. 물은 끓어 100°C가 되면 기체로 변하고, 0°C가 되면 고체인 얼음으로 변하기 시작한다. 단 1°C만 부족해도 물은 끓거나 얼지 않는다. 말하자면, 절충적 태도란 이러한 물의 여러 모습을 무시하고 오로지 끓거나 얼지 않는 상태만 가지고 사물을 판단하려는 것이나 마찬가지다. 이를 신봉하면 중용을 따르느라 변화를 거부하는 세상을 만들 수 있다. 중용이 아무리 좋아도 발전과 창조를 중지하고 포기하는 이유가 되어서는 안 된다.

가령, 돌을 고체라 부르는 사람과 기체라 부르는 사람이 있다고 가정해 보자. 두 의견을 절충해 액체라 부르면 돌의 정체가 밝혀질 수 있을까. 기계적 중도를 중용이라 믿어 이를 인간 생활에 적용하면 안 된다. 그러면 우리는 부지런하지도 게으르지도 않은 삶이 중용의 삶이라고 말해야 할 것이다. 선하지도 악하지도 않은 상태를 올바른 것으로 취급해야 할 것이다. 이러한 발상은 마치 시계가 정확해서도 안 되고 부정확해서도 안 된다고 말하는 것과 같다. 이러한 생각의 그릇됨은 인간 삶에서 중용의 조화를 기계적 절충이나 타협으로 이해할 때 생겨나는 오류다. 이는 앞서 변증법의 한계로 지적했던 부분적 사고방식을 반복하는 것이다.

진정한 중용이란 단순히 중도를 가리키는 것이 아니라 변증법적으로 창조한 합合을 이끌어 내는 것이다. 사물을 존재(Sein)의 성립으로 보지 않고 당위(Sollen)만 따르거나 그 둘을 절충한 조화를 강조하는 시각은 잘못이다. 중용 개념을 보편타당한 절대적인 기준으로 과대평가해서는 안 된다. 중용이란 절대적 가치가 아니라 서로 다른 것을 종합하고 통합해 지양함으로써 새로운 것을 만드는 타협의 과정으로 다시 이해되어야 옳다. '나'와 '뭇 나'를 상대적으로 지양해 '우리'로 통합하는 과정이 중용이다. 이것이 도덕적 가치 기준으로서 사회가 요청하는 중용의 개념이다.

또 중도를 중심 또는 바른 도의 길, 정도正道라고 말하는 이도 있다. 하지만 생각해 보면, 정正과 반反이 없다면 어떻게 중도가 존재할 수 있겠는가. 있다고 해도 가치를 인정할 수 없는 무의미한 제3의 존재일 뿐이다. 이 모든 문제는 중용을 합合이라고 생각함으로써 자명한 해답을 얻을 수 있다. 보편적 견지에서 정正을 바라보면서 화和로 나아가며 상극을 지양해 가는 대화와 타협의 과정이 곧 중용이다. 중용은 정正을 떠나 새롭게 생성된 합合에 이르는 것이며, 이때의 합은 처음과 다른 무엇인가를 창조한다.

동양에서 중용사상은 오랫동안 인간의 길을 가르치고 사회를 안정적으로 만들어 온 기본 바탕이었다. 이 점은 충분한 의의가 있다. 하지만 이러한 장점과 더불어 단점도 인식할 수 있어야 한다. 중용만 고수하다 오히려 무기력하고 소극적인 인간상을 만들기 때문이다. 소극적인 중용사상은 칸트가 말한 실천이성을 부정하도록 만든다. 이는 베르그송이 말한 삶의 약동으로서 엘랑 비탈élan vital[18]을 거부하는 것이다.

중용의 의미를 단지 중간의 의미로 파악하거나, 소인은 중용을 거부한다는 식의 피상적 개념을 반복하는 것은 상대적이고 복잡하게 움직이는 현대사회에 적합하지 않다. 그것은 전통사회에 적합한 행동 준칙일 뿐이다. 아울러 모든 존재와 사건의 변화 형식을 변증법으로 환원해 단정 짓는 것도 잘못이다. 우리는 이러한 사유의 한계들을 잘 알고 난 후, 현대사회에 적합한 행동 규범과 원리를 창조해야 한다.

---

18 베르그송의 엘랑 비탈(élan vital)은 '생의 약동'을 뜻하는 말이다. 현대 생기론자 중 하나인 제인 베넷(Jane Bennett)에 따르면, 베르그송은 생명이란 기계가 아니고 물질은 이론적으로 계산 가능한 대상이 아니며, 언제나 양화, 예측, 통제에서 벗어나는 무언가가 있다고 생각했다. 그리고 그 무언가를 '생의 약동'이라고 불렀다. 베르그송에게 생명이란 언제나 움직이고 이동하기 때문에 예측하거나 측정할 수 없다. 베르그송은 활기가 넘치고 무언가를 촉발하는 이 특질을 생명의 근본으로 보았다. 베르그송은 생명의 근본을 물리적인 힘들의 필연성에 가능한 많은 양의 비결정성을 덧붙이려는 노력이라고 말한다. 또한 그는 물체들을 통과하고 그것들 차례로 유기화하면서 세대에서 세대를 거치는 생의 약동은 절대 잠들지 않는다고도 말한다. 나아가 생의 약동이란 단일하거나 동질적인 것이 아니며, 생명은 요소들의 연합과 축적에 의해서가 아니라 분리와 이분에 의해 진행된다고 보았다. 제인 베넷, 『생동하는 물질』, 문성재 옮김, 현실문화, 2020, pp.200-209 참조.

Oughtopia

5

5장

수론과 인과론의 고찰

우주는 변화한다. 정체되는 법 없이 끊임없이 운동한다. 변화는 어느 하나의 작용에 의해 이루어질 수 없다. 수많은 존재의 상대적 교호 작용을 통해 생성과 변화가 일어난다. 그 점에서 변화를 일으키는 실체는 하나가 아니라 여럿이라고 해야 할 것이다. 우주는 실체들 사이의 같음과 다름이 상호 작용하고 관계 맺으면서 변화한다. 이때 생겨나는 작용들은 형태가 있을 때도 있고 없을 때도 있다.

장자는 일찍이 우주 실체에 관해 다음과 같이 설명했다. "우주의 모든 사물과 사건은 정연한 질서를 갖고 있다. 원리와 법칙, 이법理法이 일관되게 작용한다. 그것은 모든 존재 안에 변하지 않는 이법 혹은 이도理道가 자리하고 있기 때문이다. 자연법칙은 천지가 시작할 때부터 존재하며 쉬지 않고 운행하고 있다. 앞으로도 영원히 끝나지 않고 계속 존재할 것이다."

여기에서 장자가 말한 이법理法을 다르게 부른다면 무엇이라 해야 할까. 이법은 도道, 이理, 로고스Logos, 다르마Dharma(법法), 브라마Brahma(범

梵) 등 다양한 이름으로 부를 수 있다. 이법을 무엇이라 이름 짓건, 그것은 보이는 세계와 안 보이는 세계, 예지계叡智界와 현상계現象界를 일관되게 관통해 작용하는 어떤 것이다. 수론數論은 이러한 존재의 본질과 현상을 추상적 이론이 아닌 구체적인 수數를 통해 설명하는 이론이다. 수론의 설명 방식을 살펴보자.

다양한 수론 중에서도 주역을 대표적인 이론으로 제시할 수 있다. 주역은 주周나라 시대에 나온 역易으로서, 음양설에 따라 우주 만물이 변화하는 원리를 설명하고 풀이한 이론이다. 『주역周易』은 약 5000년 전 태호 복희씨太昊 伏羲氏로부터 유래된 것으로 전해져 온다. 이후 주나라 무왕의 아버지 문왕과 무왕의 동생 주공이 체계화했으며, 공자가 십익十翼을 덧붙여서 완성했다고 알려져 있다.

주역 사상은 중국 남방 문화의 노장사상과 대조적인 세계관을 구축하고 있다. 노장사상이 넓고 큰 이상주의를 내세웠다면, 주역은 실리와 현실을 추구했다. 일종의 공리주의적 학문 경향을 지닌 주역은 인간을 대우주인 자연에 속한 소우주라고 보았다. 자연현상과 인간의 운명을 동일시했으며, 음양설을 통해 인간의 미래를 점치고 판단할 수 있다고 생각했다.

중국 후한 시대 학자 정현鄭玄은 역易의 원리를 이렇게 정립했다. "세상에는 끊임없이 변하는 것이 있다. 이를 변역變易이라 한다. 그러나 그 속에는 변하지 않는 것이 존재한다. 이는 불역不易이다. 변역은 대단히 복잡해 보이지만 그 원리를 파악하고 보면 간단명료한 형식이다. 그것은 대립전화對立轉化의 형식이다." 말하자면 모든 사물, 사건, 현상은 그 자신과 반대되는 대립자가 있다. 있음과 없음이 대립하고 강함과 약함이 대립한다. 이러한 대립자들은 서로 자리를 바꾸는 전화轉化가 일어난다. 있음은 없음이 되고, 없음은 있음이 된다. 모든 것이 이처럼 대립하면서 동시에 전화하는 과정으로 이루어져 있다. 정현은 이러한 현상을 '역간易簡'이라 불렀다.

나중에는 이러한 역경易經을 바탕으로 점을 치는 이른바 복서卜筮 행위도 나타났다. 음과 양은 서로 얽혀 들어 힘이 일어나고 약해지는 성쇠盛衰 작용이 발생한다. 세상의 모든 변화는 대우주와 그 분신인 소우주의 관계 속에서 일어나는 성쇠 작용을 통해 생성된다. 주역에 따르면, 인간사회의 미래도 이러한 음양의 변화를 통해 예측 가능하다. 대자연의 원리와 얽혀 변화하는 여러 현상을 관찰함으로써 인간의 운명을 판단할 수 있는 것이다.

음양 관계를 좀 더 자세히 살펴보자. 태극에서 나온 음과 양은 그 힘이 강해지고 쇠퇴하며 동시에 서로 자리를 바꾸는 성쇠교역盛衰交易 관계를 반복한다. 음과 양이 화·목·토·금·수의 오행五行과 만나 서로 모이고 흩어지면서 하늘과 땅을 이룬다. 이로 인해 세상의 모든 존재가 창조된다. 인간도 이러한 오행 작용을 통해 이루어진다. 이 점에서 주역의 원리는 자연현상을 통일된 하나의 원리가 작용하는 과정으로 파악하는 원자론과 비슷하다. 색온色蘊·수온受蘊·상온想蘊·행온行蘊·식온識薀이 서로 합하고 헤어지면서 만물이 생멸한다고 보는 불교의 오온五蘊 원리와도 유사한 점이 있다.

주역은 양陽을 하나[一]로 보고 한 획(—)으로 표시한다. 음陰은 둘[二]로 보고 두 획(--)으로 표시한다. 천지인天地人이라는 삼재관三才觀에 조응하기 위해 세 개의 양을 묶어 ☰(건乾)으로 표시한다. 이처럼 셋이 모인 삼효三爻는 소성小成이라 부른다. 음도 마찬가지다. 세 개의 음을 묶어 ☷(곤坤)으로 표시하고 이를 소성이라 부른다. 이렇듯 건곤乾坤은 음양을 이르는 다른 말이다. ☰과 ☷을 합한 것은 육효六爻로서, 이 육효를 하나로 묶으면 대성大成이다. 소성에는 건乾·태兌·이離·진震·손巽·감坎·간艮·곤坤이라는 팔괘八卦가 있다. 이것들을 대성으로 만들어 관계를 지을 때는, 음양을 서로 곱하는 상승相乘*작용이 일어난다. 이를 통해 8×8=64괘가 이루어진다.

역경에는 복卜과 서筮가 있다. 거북 모양의 통에다 엽전 같은 것 세 닢을 넣고 주문을 외면서 여섯 번 계속하여 쏟아 놓는다. 복卜이란 그 모양을 보고 괘卦를 정하는 것이다. 서筮는 50개의 시초蓍草(풀대) 혹은 점죽占竹(점대)을 사용해 수를 읽어 길흉을 판단하는 것이다. 점서는 음양오행(화·목·토·금·수), 십간十干(갑甲·을乙·병丙·정丁·무戊·기己·경庚·신辛·임壬·계癸), 사주팔자四柱八字로서의 시간(태어난 연월일시)을 서로 관련지어 길흉을 판단하는 행위다.

역학을 논하는 것이 이 책의 주제가 아니기에 더 깊은 이야기는 하지 않겠다. 다만 짚고 넘어가야 할 것은 단순히 몇 가지 정보를 입력해 미래를 계산하는 것은 장난감 계산기로 미래를 점치는 행위와 다를 바 없다는 점이다. 생년월일시가 같고 이름이 같아도 같은 운명은 존재하지 않는다. 또 같은 사람이라도 매번 다른 점괘가 나올 수 있다. 따라서 주역을 기반으로 운명을 점치는 행위는 많은 문제를 가지고 있다. 점복은 결코 정확할 수 없다. 역학은 자연의 원리와 현상 변화를 파악할 수 있는 여러 가능한 관점 중 하나다. 하지만 전제 요인과 관계 계수를 지극히 단순하고 초보적으로 다루기에 한계가 분명하다. 물론 앞으로 역학을 과학적으로 체계화해 근거를 명확히 제시하면서 우주 변화의 이치를 설명해 낸다면 좋은 일이 될 것이다. 우주 변화를 설명하는 수론으로서 주역에서도 의미를 찾을 수 있다. 인간 삶과 깊은 관련이 있는 이론이라면 무엇이든 연구의 가치가 있기 때문이다.

지금 현대 과학기술은 사이버네틱스cybernetics 같은 놀라운 기술을 빠른 속도로 발전시키고 있다. 과학의 진정한 성장은 물질과 정신을 균형 있게 연구하는 것이 관건이다. 이제까지 물질 중심의 연구가 지배적이었던 것이 사실이다. 앞으로는 거시적으로 우주 원리를 파악하는 연구도 진행해야 한다. 물체의 안팎을 같이 보고, 세상의 모든 물건을 하나의 통일된 전체로 보는 시각이 필요하다. 미래 과학은 정신과 물질의 모든 차원을 입체적이고 유기적으로 살펴봄으로써 우주 존재와 변화의 원리를 규명할 수 있을 것이라 생각한다. 물질현상과 인간의 정신 작용의 상승相乘* 관계를 과학화함으로써 우주의 실재를 정확하게 알고 대비하는 날이 오길 바란다. 언젠가 그러한 과학기술의 발달이 인간 생활에 활용될 수 있기를 기대한다.

여기서 주역을 학문적으로 연구하는 목적도 그러한 이유 때문이다. 과학기술을 통해 우주 원리를 정확하게 파악함으로써 주역을 완성할 수 있다. 현재 컴퓨터의 계산 능력이라면 더 정교한 발전도 기대해 볼 수 있다. 이미 과학기술은 인간의 한계를 뛰어넘어 지구의 대기 변화까지 정확하게 예측해 낼 수 있는 수준으로 발전했다. 이제 우리는 지진, 해일, 태양의 내부 구조와 열, 별들의 운동과 성분까지 과학적으로 밝혀낼 수 있다. 이러한 과학기술을 이용해 과학화함으로써 주역을 더욱 발전시킬 수 있다. 주역을 자연과 우주의 변화를 하늘의 섭리로 풀이하는 수비학數秘學으로 취급하는 대신 하나의 학문으로 발전시켜 현실적으로 이용한다면, 인간의 삶을 고양시킬 이론으로 활용할 수 있다. 공자가 말년에 주역 연구에 몰두한 이유를 생각해 보라. 아리스토텔레스의 철학도 그가 자연과학을 깊이 연구한 결과였다. 마음에 새겨 볼 일이다.

주역은 음기陰氣와 양기陽氣와 더불어 충기沖氣에 대해서도 다루고 있다. 충기란 음기와 양기 같은 또 다른 독립 요인이라기보다 음과 양의 상호 관계 속에서 벌어지는 교호 작용을 이르는 말이다. 충기는 음기와 양기의 상승*작용으로 일어나는 제3의 힘이라 할 수 있다. 주리생성론*에서는 이러한 제3의 힘을 태기太氣라 명명한다. 충기 혹은 태기란 전자기장에 있어서 음전하(−)와 양전하(+)가 합해지면 빛이 나고 서로 작용해 동력이 생기는 이치를 의미한다. 이러한 관점에서 보면 우주 현상은 요인들 간의 단순한 상관관계를 넘어선다. 그렇게 음양이 조화를 이뤄 완전히 새로운 존재가 생성된다.

'시중時中'이란 말이 있다. 원래 이 말은 '변화의 흐름에 따라 산다'는 뜻이다. 지금은 이 말이 변화의 흐름을 탄다는 의미로 더 많이 쓰인다. 변화무쌍한 현상의 본원을 파악해 그것에 올라타 뜻을 이루는 것이 시중이다. 이는 대자연의 공전 속에 개인의 자전을 맞추는 일과 비슷하다. 하지만 시중은 적극적으로 목적에 맞게 환경과 조건을 창조하고 전용하기보다 환경과 시류를 수동적으로 이용하는 것이다. 시중은 획일적인 자연율의 법칙적 지배를 벗어나 화를 피하려는 방법이다. 사실, 이러한 수동성은 주역의 한 결과라고 할 수 있다. 말하자면, 주역은 인간이 우주의 한 부분이며, 인간 안에서도 우주 원리가 작용한다고 본다. 물질세계가 음양 작용의 소산인 것처럼 정신세계 역시 음양의 원리가 내재한 것으로 파악한다. 따라서 주역의 원리 안에서는 독립된 인간의 자유의지란 인정될 수 없다.

이 밖에도 다양한 수론이 있다. 불교의 선구적 역할을 한 인도의 우달라카 아루니Uddalaka Aruni가 창도한 상키야Samkhya도 우주 원리를 수론으로 파악한다. 상키야는 운명이 이미 결정되어 있다는 의미에서 인중유과因中有果를 주장한다. 그에 따르면, 물질과 정신은 보이건 보이지 않건 둘 다 원인에 의해 결정된다. 우주에 있는 모든 존재가 인과관계에 의해 필연적으로 형성된다. 그 중심 원인은 브라마라는 실존이다. 모든 것이 브라마에서 창조되고, 브라마로 되돌아간다고 본다. 이 점에서 모든 존재는 질적으로 다르지 않다. 다만 양적 차이만 있을 뿐이다. 또 브라마란 창조하고자 하는 의지인 리타rita를 지닌다. 이에 따라 브라마는 불을 만들고 불은 물을 만든다. 또한 물은 다른 모든 존재들을 만든다. 불, 물, 흙은 각각 거친 것, 부드러운 것, 그것의 중간 상태로 표현된다. 그리고 자아自我인 아트만이 그 안에 들어가 모든 실체가 생겨난다. 그러므로 우주의 근본인 브라마와 개인의 중심인 아트만은 궁극적으로 하나라고 할 수 있다. 이러한 생각이 범아일체梵我一體 사상이다.

수론은 이처럼 인과관계를 통해 존재의 운명을 설명하는 하나의 사유 방법이라 할 수 있다. 앞에서 살펴봤듯이, 주역은 해와 달, 별, 비, 바람, 구름, 연월일시年月日時, 일식과 월식 등 자연의 모든 운행과 변화 현상을 통해 국가와 인간의 삶을 읽고자 했다.

서양에는 피타고라스 학파의 수론이 대표적이다. 인도 상키야 수론보다 약 1세기 이후에 출현한 피타고라스 학파는 이 세상에서 수數가 유일하게 생멸과 변화를 겪지 않는 지속적인 존재라고 생각했다. 수를 우주의 실재 자체로 사유했다. 피타고라스 학파의 수론에 따르면, 우주의 모든 존재는 무한 속에서 유한한 형상을 얻어 나타난다. 형상은 크고 작음, 길고 짧음, 많고 적음과 같은 수의 조합에 따라 변화한다. 수가 균등하면 조화를 이루고 불균등하면 조화가 깨져 혼돈이 생겨난다. 따라서 자나 저울과 같이 수를 측량하는 도량형度量衡을 사용하면 유한 안에서 무한을 측량할 수 있다. 피타고라스 학파는 이 세상에서 오로지 수數만이 생멸을 겪지 않으며 변하지 않고 늘 그대로 존재하는 우주의 실재라고 주장했다. 수는 언제 어디서나 형태나 수에서 변함없이 질서 정연하며 완전하다. 수에는 유한인 홀수와 무한인 짝수가 있다. 기하학은 1을 점, 2를 선, 3을 평면, 4를 육면체로 본다. 1, 2, 3, 4를 합하면 10이다. 10은 완성된 수로 세상의 모든 것을 의미한다.

피타고라스 학파의 우주관도 살펴보자. 이들은 우주를 완전한 구형이라고 설명했다. 이들에 따르면, 구球의 한가운데에는 중앙불(Central fire)이 있다. 이 중앙불은 태양으로 볼 수 있다. 지구, 달, 별들은 이 중앙불 주위를 돈다. 이러한 우주 형상은 현재 우리가 알고 있는 태양계의 구조와 비슷하다. 피타고라스 학파는 천문학, 의학, 음악도 수數와 관련해 해석했다. 또한 운명도 수를 통해 읽을 수 있어서 미리 수를 파악하면 복을 취하고 화를 피할 수 있다고 믿었다. 이러한 생각 속에서 피타고라스 학파는 영혼의 정화를 위해 금욕과 계율에의 복종을 중요하게 생각했다. 10조 계율을 지키며 아폴론 숭배의 주요 관념인 결신潔身과 원시적 금기(taboo)를 중시하는 종교의식을 거행하기도 했다.

마지막으로 불교의 인과론인 연기緣起, 인연因緣에 대해 살펴보자. 붓다는 현상계의 다섯 가지 구성 요소인 오온과 그것의 연기, 인과를 통해 우주 현상계의 형성과 변천을 설명한다. 오온의 첫 번째는 색온色蘊이다. 색온이란 유형적 물질의 기능과 그 확장성과 연장성에서 오는 열한 가지의 요소를 말한다. 우선 그것은 눈, 귀, 코, 혀, 살갗이라는 다섯 감각기관과 이를 통해 느끼는 시각, 청각, 후각, 미각, 촉각을 포함한다. 나머지 하나는 표현할 수 없는 무표색無表色을 아우른다. 무표색이란 공간과 시간의 제약을 받지 않는 무형의 정신적 요소를 포함한다. 둘째, 수온受蘊은 모든 사실과 현상을 보고 느끼고 받아들이는 감각과 지각의 감수感受

작용을 말한다. 셋째, 상온想蘊은 감각기관을 통해 마주친 대상들을 지각하고 상상함으로써 마음에 하나의 개념이나 관념을 만드는 것이다. 넷째, 행온行蘊은 의지력을 가지고 선택하고 행동하는 것이다. 마지막으로 식온識蘊은 사물을 분별하고 인식하는 것이다. 이러한 색·수·상·행·식의 오온이 모였다 흩어지면서 세상 모든 것이 일어나고 사라지는 변화를 일으킨다. 이것들이 서로 조화를 이루면 힘이 강해지고 조화를 잃으면 힘이 약해진다. 그것은 어두운 방에서 글자를 보는 것에 비유할 수 있다. 오온이 합하면 밝은 불이 켜져 글자를 볼 수 있다. 오온이 흩어지면 불이 꺼져 캄캄해 아무것도 안 보이게 된다. 따라서 보이지 않는 것은 없어서가 아니라 오온이 흩어졌기 때문에 일어난 현상이다.

불교는 이런 오온 작용을 통해 세상이 변화하는 것으로 이해한다. 모든 존재는 삶과 죽음을 반복하면서 윤회한다. 중생의 세계는 인연에 따라 세 개의 세계(삼계三界)로 이루어진다. 동시에 선악의 업인業因에 따라 여섯 개의 세계인 육도가 구성된다. 인간은 이 세계 사이를 돌고 돌면서 윤회를 거듭한다. 여기서 삼계란 욕계·색계·무색계 혹은 과거세·현재세·미래세를 가리킨다. 육도는 천상·인간·축생·수라·아귀·지옥으로 이루어져 있다. 삼계육도를 윤회·전생하는 고통과 그 소멸은 사제四諦로 설명한다. 사제란 고苦·집集·멸滅·도道를 뜻한다. 사제 중에서 고제苦諦는 전생에 지은 나쁜 과업으로 받는 괴로움을 뜻한다. 그런 의미에서 불교가 인식하는 세상은 고苦로 가득 차 있다. 이러한 생각은 어떤 면에서 기독교의 원죄설과 비슷하다. 집제集諦는 중생의 생활이 윤회하는 것이 모두 인연에 의한 것임을 가리켜 이르는 말이다. 이때, 고의 원인은 집이라는 인연으로부터 생겨난다. 이 인연에는 과거세의 무명無明·행行, 현세의 식識·명색名色·육입六入·촉觸·수受·애愛·취取·유有, 그리고 미래세의 생生·노사老死의 십이인연十二因緣이 있다. 집은 여섯 가지 큰 번뇌(탐욕·분노·우치愚痴·기만·의심·악견惡見) 또는 백팔번뇌가 그 근거가 된다. 이러한 십이인연을 통해 업業이 생겨난다. 업에는 마음에서 조작되는 의업意業과 말로 불러들이는 구업口業, 행동으로 야기되는 신업身業이 있다. 멸제滅諦는 고苦와 인과관계를 모두 소멸하는 상태를 가리킨다. 도제道諦는 깨달음을 통해 윤회에서 벗어나 해탈하는 단계를 의미한다.

불교는 물질과 정신의 모든 현상[行]에는 생멸·변화하여 항상적인 것[常]이 없으며(諸行無常), 물질과 정신의 모든 존재에게는 나[我]라는 자아의 실체가 없다고 말한다(諸法無我). 고요한 상태로 돌아가는 적정이 곧 열반(涅槃寂靜)이라고 설파한다. 불교에서는 이를 가리켜 삼법인三法印이라 부르는데, 삼법인을 깨달아야 도제道諦를 행할 수 있다.

사실, 모든 존재는 전생에서 과오를 범할 수밖에 없으며, 이로 인해 업의 원인[業因]을 만들고 그 결과[業果]를 치르게 된다. 불교는 이러한 업이 끊임없이 유전流轉하는 것을 피하기 위해 깨달음에 이르는 여덟 가지 올바른 수행 방법인 팔정도八正道를 실천윤리로 제시한다. 팔정도란 바른 견해(정견正見), 바른 사유(정사유正思惟), 바른 언어(정어正語), 바른 행동(정업正業), 바른 생활(정명正命), 바른 노력(정정진正精進), 바른 깨어 있음(정념正念), 바른 선정(정정正定)을 행하는 것이다. 팔정도를 통해 인간은 해탈(vimoksa)에 이를 수 있다. 불교에서 말하는 해탈이란 자아가 현실 생활에서 벗어나 본성의 자아로 되돌아가 순정하게 되는 상태를 의미한다. 인간은 해탈에 이를 때 비로소 모든 번뇌의 속박에서 벗어나 다시는 유혹에 빠져 업인業因을 만들지 않는다. 이런 경지에 이른 사람만이 열반(nirvana)에 들 수 있다.

이처럼 업·사제·십이인연·삼법인·팔정도·해탈은 불교의 주요 교리라고 할 수 있다. 사제와 십이인연은 붓다가 부다가야에서 아침 샛별을 보고 성도정각 한 후 처음으로 녹야원에서 행한 설법의 내용이기도 하다. 그와 관련된 일화가 있다. 붓다의 열여섯 제자 중 으뜸이라 일컬어지는 사리불의 이야기다. 사리불은 어느 날 왕사성의 거리를 거닐다가 붓다가 사제와 십이인연에 관해 녹야원에서 설법한다는 말을 듣고 그곳을 찾아간다. 이 자리에서 사리불은 석가모니의 설법에 감동해 브라만교를 버리고 불교로 개종하게 된다. 사리불은 공空을 이해했다는 의미에서 해공解空이라고 불리는데, 해공은 인연의 오묘한 진리를 제일 먼저 깨달았다는 뜻을 지닌 말이다. 불교의 중요한 교리 중에 "색色이 곧 공空이요, 공이 곧 색이다[色卽是空 空卽是色]"[19]라는 말이 있는데, 이는 붓다가 해공에게 한 말이다.

또 다른 일화도 있다. 어느 날 선사가 산길을 가다 으슥한 비탈길에서 산적을 만난다. 산적은 스님이라 빼앗을 것이 없음을 알고 선사에게 도대체 불법佛法이 무엇이고 어디에 있느냐고 물었다. 선사는 불법이 바로 마음속에 있다고 답한다. 그러자 산적은 이때다 싶은 마음에 칼을 들어 불법이 담긴 마음을 구경해 보자고 위협한다. 이에 선사는 고개를 숙이고 잠시 침묵하다 이렇게 말한다. "해마다 꽃을 피우는 저 나무를 쪼개본들 그 꽃이 어디 있을까." 그 말을 들은 산적은 감복해 무릎을 꿇고 엎드려 제자가 되기를 청했다고 한다. 불법(Dharma)이란 이처럼 감각할 수 없는 어떤 것이라 할 수 있다.

---

19 『반야심경』에 담긴 이 구절은 이 세상에서 형상 있는 것은 모두 형상 없는 것이 되고(색즉시공), 형상 없는 것은 다시 형상 있는 것으로 나타나게 된다(공즉시색)는 뜻이다. 일체중생이나 우주 만물이 모두 인연화합으로 생긴 일시적 존재이기는 하나, 인연의 상속(相續)에 의해서 공(空) 자체 그대로가 색(色)으로 존재한다는 말이다. 색즉시공의 이치를 깨치면 형상 있는 것에 대한 집착에서 벗어날 수 있고, 공즉시색의 이치를 깨치면 무기공(無記空)에 떨어지지 않아서 현실세계는 존재할 수 있는 최선의 상태임을 알게 된다. 출처: 원불교 불교용어사전.

불교에서 말하는 진정한 깨달음에 이르는 정각正覺은 쉽게 이룰 수 있는 것이 아니다. 불교는 영겁永劫의 시간이 흘러야 비로소 부처가 태어난다고 본다. 서방의 극락세계를 개척한 무량수불 아미타불도 해탈하기까지 모든 중생을 불쌍히 여기는 자비로운 마음으로 마흔여덟 개 본원(四八願)을 일으키는 수행을 쌓았다고 전해진다. 깨달음을 얻기까지 사겁四劫의 시간이 필요하다. 1겁 년(kalpa)이란 길이 400리, 폭 400리, 높이 400리 되는 큰 성안에 작은 겨자씨를 가득 담아 놓고 메뚜기 한 마리가 들어가 1년에 한 알씩 물어내어 성안에서 겨자씨가 모두 없어질 때까지의 기간을 의미한다. 이러한 겁 년이 영원히 계속되는 것이 영겁년永劫年이다. 브라만교나 불교에서 말하는 겁 년이 얼마나 긴 세월인지 알 수 있는 대목이다. 윤회전생의 참뜻도 바로 이러한 무한한 시간에서 바라보아야 할 것이다.

다음은 『백白 야주르베다Yajurveda』 브리하다라냐카Brihadaranyaka에 나온 일화다. 아알타바아가라는 사람이 선철先哲 야즈나발캬에게 이런 질문을 했다. "사람이 죽으면 육체는 썩어 흙이 되고 여러 원소로 분해되는데, 영靈인 아트만atman은 어디로 가고 어떻게 되느냐?" 야즈나발캬는 이렇게 답한다. "친애하는 친구여! 내 손을 잡으라!" 밖으로 나와 선철은 이렇게 말한다. "이렇게 중요하고 심오한 문제를 우리 같은 사람들끼리 조용히 토론해야지, 우매한 대중 앞에서 말하면 무슨 소용이 있는가." 또 다른 일화에서는 우주의 본질과 실재에 관해 어떤 사람이 야즈나발캬에게 끈질기게 묻자, "네티 네티Neti Neti"라고 답했다고 한다. 이 말은 처음도 끝도 없으며 형태도 실재도 없다는 의미다[無始無終 無形無相]. 또 다르게는 신비의 원점을 가리키는 말로도 해석할 수 있다.

불교에서는 사람이 죽으면 육체가 썩어 흙이 된다고 말한다. 죽음을 통해 생명은 최초의 모든 원소로 되돌아간다. 흩어진 원소들이 서로 작용하여 운동을 일으켜 합해지면 물체가 형성된다. 무기물이든 유기물이든 자기 역할을 다한 후에는 일생을 끝마치고 원소로 분해되어 흩어진다. 우주의 모든 원소는 이처럼 영겁의 시간 동안 보이는 것과 보이지 않는 것 사이를 순환한다. 실재와 형상 사이를 도는 실상순환實相循環을 통해 모이고 흩어지는 운동을 반복한다. 이렇게 윤회전생을 수없이 계속하면서 업이 일어난다. 이 윤회의 순환 속에서 형성된 십이인연을 팔정도八正道라는 실천을 통해 극복하면 해탈할 수 있다. 해탈은 존재가 탄생하고, 존속하고, 파괴되고, 사멸하는 삶과 죽음의 순환 과정[成住壞空]을 벗어나는 것이다. 불교는 해탈을 통해 장엄정토莊嚴淨土라는 열반의 세계에 들어갈 수 있다고 이야기한다.

이제까지 불교 교리로서 공과 색의 의미를 명확하게 파악해 봤다. 연기緣起와 업業, 영겁년의 의미도 살펴봤다. 불교의 가르침은 한마디로 '공허하고 무상하니 해탈하라, 그것이 너를 열반으로 들게 하는 길이다'는 말로 요약할 수 있다. 불교는 속세의 삶을 공空에서 출발하며 고해로 가득 차 있는 것으로 본다. 고해가 삶의 근원이라는 깨달음을 얻지 못하는 한, 인간은 허무에 갇혀 방황할 수밖에 없다. 따라서 인과를 통해 윤회하는 생사의 과정을 이해하고 업이 만사의 원인임을 깨달아 수행을 해야 한다. 자비로써 고해에서 모든 중생을 구제해 열반의 언덕으로 건너게 하는 제도濟度가 소중하다는 것을 알아야 인간은 비로소 해탈할 수 있다. 해탈이란 앞서도 말했듯이 흐트러짐 없이 항상적으로 마음이 평정하고 편안한 상태에 도달하는 궁극적인 마음의 경지다.

이처럼 세상의 모든 인연과 괴로움에서 해탈하여 열반에 도달하는 길을 찾는 수행 과정으로서 도제道諦는 불교가 설파하는 중심 교의다. 이는 불교의 인과 사상이 심오한 경지를 개척했음을 보여 주는 부분이다. 하지만 과하면 안 한 것만 못하다는 말이 있다. 불교의 인과론은 사변적이라는 한계가 있다. 이유나 근거 없이 추측에 의해 판단하게 만드는 경향이 농후하다. 이 때문에 불교에서는 실질적인 것에서 벗어나 비약적인 생각으로 나아가는 경향이 있다.

지금까지 나는 우주의 실재와 본질을 동서양 철학 전반에 걸쳐 다루어 보았다. 일원론과 다원론, 유심론과 유물론, 상관상제론*과 생성론, 주역과 같은 결정론, 인도 철학을 대표하는 힌두 철학, 불교 철학, 변증법과 중용사상 등 다양한 철학적 관점을 개관해 보았다. 모든 원리는 그 나름으로 우주 변화 원리를 설명해 주고 있다. 하지만 여전히 미흡한 설명들이 많다. 다음 장에서는 이를 보완하는 원리로서 주리생성론*을 설명해 보려 한다. 이를 바탕으로 전승화 이론을 정립하고 우주 변화 원리를 종합적으로 규명해 볼 것이다.

내가 여기서 전승화 이론을 제시하는 이유는 이 이론의 가치를 증명하는 데 있지 않다. 과거의 철학들은 그 나름의 역사적 현실을 토대로 형성된 것들로 의미가 크다. 하지만 그것들은 지금과는 다른 문명, 다른 여건과 상황, 다른 토대에 그 뿌리를 두고 발전한 철학들이다. 시작이 곧 완성을 의미하지 않는다는 말도 있지 않은가. 앞서 살펴본 모든 철학은 철학을 창조하고 건설했다는 데에서 의의를 인정해야 한다. 하지만 우리는 이러한 철학적 사유를 기반으로 현대 문명사회에 적합한 철학을 완성해 가야 한다.

Oughtopia

6

6장

우주의 생성과 전승화

1. 우주의 생성과 인류문명

앞에서 철학에서 말하는 우주 생성 원리를 살펴봤다. 이번 장에서는 과학적 우주생성관을 고찰하려 한다. 나아가 이러한 철학과 과학의 관점을 종합한 우주관이 무엇인지 논하고자 한다. 그리고 그 해답으로서 철학적, 논리학적, 명상적 추리에 근거를 둔 과거의 수론數論을 극복할 뿐만 아니라 과학과 철학을 통합한 전승화 이론을 새로운 우주관으로 제시하려 한다.

고대인의 우주관

현대적 우주관을 설명하기에 앞서 고대 우주관을 먼저 살펴보자. 고대인은 자연현상을 의인화하는 방식으로 우주를 설명했다. 이들은 인간이 목적을 가졌듯 자연도 목적이 있다고 생각했다. 이 때문에 고대인은 삶을 통해 체험한 환경을 토대로 우주의 원리와 변화 과정을 추리하고 상상했다. 베이컨F. Bacon이 말했던 종족의 우상 만들기와 비슷하게 인간을 기준으로 자연과 우주를 이해했던 것이다.

고대문명의 발상지 메소포타미아 평원에 살던 바빌로니아인들은 인간과 자연, 우주를 어떻게 상상했을까. 이들은 인간이 사는 대지가 대양 한가운데 떠 있다고 믿었다. 대지에는 가장 높은 산이 있고, 눈으로 덮여 있다. 눈이 녹아 흐르면서 티그리스 강과 유프라테스 강을 이룬다. 대양 바깥에는 장벽에 둘러싸인 신의 거처가 있다. 장벽 위로는 큰 지붕이 덮여 있다. 동과 서 양쪽에 구멍이 뚫려 있어 아침에 해가 나타났다가 저녁에 빠져나간다.

이집트인들은 대지의 외곽에 높은 산들이 하늘을 떠받치고 서 있다고 상상했다. 별들은 하늘 지붕에 끈으로 매달려 있고, 인간은 그 아래 산다. 높은 산들은 큰 강에 둘러싸여 있다. 태양은 배를 타고 동쪽에서 남쪽으로 치우쳐 가다 서쪽을 향해 운행한다. 태양이 보이는 이 시간이 낮이다. 북쪽 산으로 태양이 들어가 산에 가려 보이지 않으면 밤이다.

헤브라이인들은 우주가 타원형을 반으로 쪼갠 상층부 하늘과 하층부 대지, 그리고 바다로 이루어져 있다고 믿었다. 지하에는 지하수층이 있다. 이곳을 지나 더 내려가면 지옥이 있다. 천국은 그 반대편 하늘 맨 위쪽에 있다. 하늘과 땅 사이에는 공기가 충만하다. 땅 위에 비와 눈을 간직한 창고, 그 위에 바람과 구름을 간직한 창고가 있다. 신 여호와가 하늘 높은 곳에서 이 모든 것을 주재한다.

인도인들은 세계가 구형이라고 생각했다. 이러한 구球를 반으로 나눠 한쪽은 하늘, 다른 한쪽은 땅이 된다. 땅은 거대한 코끼리 등에 올라타 있다. 코끼리는 거북의 등에, 거북은 뱀 위에 놓여 있다. 자연의 모든 것이 브라만이 만든 창조물이며, 인과와 윤회 법칙을 따라 운행된다. 인간의 땅 한복판에 하늘에 닿을 만큼 높은 수미산(히말라야 산맥으로 추측됨)이 있다. 태양은 낮에 이 산의 동쪽에서 서쪽을 향해 돈다. 산 뒤편으로 태양이 들어가 가려지면 컴컴한 밤이 된다.

이처럼 고대인의 우주관은 현대 과학으로 푼 우주의 모습과 비교하면 소박한 상상과 우화로 가득 차 있다.

현대 과학자들의 우주관

현대 과학은 우주의 창조와 생성을 어떻게 설명하는지 살펴보자. 그것은 원시우주에 대한 설명에서부터 시작해야 할 것이다. 과학자들은 태초의 원시우주가 비어 있는 공간처럼 보이지만 실제로는 다양한 원소들이 가득 차 표류하는 공간이라고 말한다. 원시우주에서는 전자와 양전자, 양성자와 중성자 등 여러 종의 소립자가 서로 생성하고 소멸하는 반응을 계속 일으키면서 빠르게 가속 회전한다. 엄청난 열이 일어나 극도로 압축된 거대한 물체(중성자구中性子球)가 한순간 폭발하면서 팽창한다. 이 과정에서 우주가 탄생한다. 폭발로부터 우주가 생겨난 시간은 겨우 20~30초 정도라고 한다.

1965년 미국 벨 연구소 로버트 윌슨R. Wilson 박사는 우주전파 관측을 통해 무한한 공간에서 생겨난 태초의 물질을 발견한다.[20] 그의 연구에 따르면, 이 물질은 10^{16}과 10^{80}인 원자로 이루어진 거대한 불덩어리(1조°C) 물체라고 할 수 있다. 이 물질이 약 150억 년 전 폭발한 후 팽창

20 이 발견은 벨 연구소의 펜지아스(Penzias)와 윌슨(Wilson) 박사에 의해 공동으로 이루어졌으며, 이 업적으로 1978년 노벨 물리학상을 공동 수상했다.

해 우주가 만들어진다. 윌슨은 우주 공간은 어느 방향이나 절대온도 3°K에 해당하는 전자기파가 흐른다고 본다. 이러한 원시원자설은 오늘날 빅뱅의 증거로 학술적으로 인정받고 있다(윌슨은 1978년 노벨 물리학상을 받는다).

이러한 관측이 이루어질 수 있었던 것은 과학자들의 노력뿐 아니라 전파천문학과 X선·적외선·가시광선 영역의 광학 천문학이 발달한 덕분이었다. 분광학적 분석을 돕는 여러 관측 기술과 기구의 발달도 주효했다. 미국 캘리포니아 주 팔로마 천문대에는 1200만 배에 달하는 집광력을 갖춰 눈으로 확인할 수 없는 암흑 속 천체를 식별할 수 있는 지름 5.1m 헤일 망원경(Hale Telescope)이 있다. 이러한 환경 속에서 인간은 드디어 100억 광년 바깥에 있는 퀘이사quasar를 포착해 사진으로 재현하는 데 성공한다.

현재[1970년대] 관측 가능한 우주 가시거리는 약 150억 광년 정도다.[21] 지금까지 눈으로 확인된 별의 숫자는 겨우 6000여 개다. 사람들은 이를 통해 우주의 크기를 유추해 왔다. 그러나 이 별들은 지구가 포함된 태양계가 속한 '은하계' 중 일부에 불과하다. 천체물리학자들에 따르면 놀랍게도 우리 은하계 안에만 약 2000억 개 별이 있다. 이러한 은하계가 우주에는 무려 2000억 개가 넘는다고 한다.

우주의 경이로움과 신비함은 이것만이 아니다. 과학자들에 의해 확인된 바로는, 티스푼만 한 천체의 무게가 코끼리 2억 마리의 무게인 경우도 있다. 조그마한 물체의 빛이 태양 빛의 10조 배가 넘는 것도 있다.

---

21 2021년 현재 천문학자들이 파악하고 있는 관측 가능한 우주(observable universe)의 반경은 약 470억 광년이다. 이 한계는 망원경의 크기나 성능에 의해 만들어지는 것이 아니라, 우주의 나이와 빛의 속도가 유한하다는 사실에서 비롯된다.

주변의 모든 물질과 빛을 흡수해 삼켜 버리는 천체도 있다.

중요한 것은 별은 물론 은하계까지 모두 생명주기(life cycle)가 있다는 사실이다. 미국의 샌디지A. Sandage 박사에 따르면, 은하계는 130억 년 전에 탄생했으며, 앞으로 300억 년 정도 계속 팽창하다가 노쇠기에 접어들수록 축소하게 된다.[22] 태어나고 쇠퇴하는 데 약 400억 년이 소요된다. 아인슈타인을 포함한 많은 천문학자가 은하계의 일생을 약 800억 년으로 봤다.

2세기에 우주가 영원불변하고 지구가 하늘의 중앙불이라고 생각했던 그리스의 천문학자 프톨레마이오스 클라우디오스Ptolemaios Klaudios의 지구중심설이 오랫동안 인간세계를 지배해 왔다. 그러다가 1543년 코페르니쿠스N. Copernicus에 의해 그 베일이 벗겨졌다. 코페르니쿠스는 "지구는 자전하며 이 우주의 중심은 태양이다. 태양은 왕처럼 행성(떠돌이별) 가족을 거느리고 있다. 지구는 여섯 개의 행성 중 하나다"(『천체의 회전에 관하여』 제1권)라고 말했다. 코페르니쿠스가 이렇게 태양중심설을 주장한 후 우주 연구는 새로운 방향으로 전환됐다.

직접 제작한 망원경으로 천체를 관찰한 갈릴레이G. Galilei도 1609년 태양 표면을 이동하는 흑점을 관측한 후 태양이 자전하고 있음을 밝혀냈다. 그는 목성 주변을 돌고 있는 위성 네 개도 발견했다. 갈릴레이는 코페르니쿠스의 지동설을 지지한다는 이유로 종교재판을 받기도 했다.

그 후 케플러J. Kepler는 모든 행성이 원환 궤도운동을 하는 것이 아니라 타원 궤도운동을 한다는 것을 밝혀냈다.

지구가 포함된 우리 은하계는 그 크기가 얼마일까. 우리 은하계는 약

22 은하계가 아닌 우주 자체의 팽창과 수축을 뜻한 것으로 보이며, 2021년 현재 대부분의 우주론 학자들 사이에서 공통적으로 인정받고 있는 표준 우주론 모형에 따르면 우주는 영원히 팽창할 것으로 보인다.

2000억 개의 별로 이루어져 있으며, 그 지름은 10만 광년이다. 별과 별 사이의 거리는 몇 광년의 거리로 알려져 있다. 빛은 29만 9792km/s의 속도로 달린다. 이 빛이 1년 동안 진행하는 거리인 1광년은 약 9조 4630억km이다. 지구와 태양 사이의 평균 거리는 약 1억 4880만km이며 빛의 속도로 8분 19초 걸린다. 지구와 가장 가까운 켄타우루스 알파 별까지의 거리는 4.37광년이다. 1973년에 발견된 퀘이사 OQ172는 지구와 100억 광년 떨어져 있는데, 이 거리는 지구와 태양 거리의 3분의 1에 해당한다.

인간이 관측한 우주는 전체 우주가 결코 아니다. 과학자들에 의하면 실제 관찰이 가능한 우주 크기는 150억 광년이다. 우리는 이를 우주의 지평선이라 부른다. 그렇다면 우주 지평선이 우주의 끝인가. 천문학자들은 우주 지평선 너머 또 다른 지평선이 있다고 말한다. 이렇게 보면, 우리가 사는 우주의 크기는 얼마만큼 큰 것일까. 과거에는 우주의 중심을 지구라고 생각했다. 과학이 발전하면서 사람들은 태양과 은하계가 중심이라는 것을 알게 된다. 지금은 우주 지평선 너머도 알게 됐다. 우리 은하계는 지름 10만 광년, 제일 두꺼운 중앙부의 폭은 6000광년으로 추정된다.[23] 하지만 이 또한 우주에서 보면 조그마한 섬(island of universe)에 불과하다. 우주의 중심이 어디인지 누구도 알 수 없다.

현재 지구가 속한 은하계와 같은 크기의 은하계가 우주에는 무수히 많다. 우리에게 익숙한 북두칠성 안에도 무려 100여만 개 은하계가 있다고 한다. 인간의 가시계 안에 있는 은하계도 약 2000억 개 정도라고 한다. 은하계 가운데에는 성단 하나만 해도 수십억 개의 별과 성운을 가

23 우리 은하 원반에 있는 별의 분포를 기준으로 하면 지름은 약 18만 광년이 되며, 두께는 정의하기가 다소 어려우나 2만~3만 광년 정도가 될 것으로 보인다.

진 것도 있다. 더 큰 은하계는 수천억 개의 별과 성운으로 이루어져 있다. 은하계의 크기도 다양해서 반지름이 수천 광년부터 수십만 광년에 이르는 것이 있다.

우주에 관한 과학적 지식은 관측기구의 발달로 가능했다. 그런데 지름 100m 전파망원경이 개발된다고 해도 150억 광년 너머를 볼 수는 없다고 한다. 우주에 지구와 마찬가지로 지평선이 있어 그 이상은 가시계를 벗어나기 때문이다. 이는 도플러J. C. Doppler 효과라는 이론으로 설명된다.[24] 동시에 우주 은하계는 고정된 것이 아니라 변화하며 계속해서 고무풍선처럼 팽창한다. 천체가 멀리 떨어지면 떨어질수록 빠른 속도로 그 거리에 정비례하여 폭발적으로 팽창해 나간다. 이것은 허블E. P. Hubble의 원리라고 부른다. 이러한 연구들은 천문학의 기초를 변화시키는 혁명적 성과로서 천체물리학의 탄생으로 이어졌다.

밤하늘엔 무수히 많은 별이 파랗고 검게 빛난다. 거대한 땅덩어리인 그 별들이 그토록 무수히 떠 있는 우주 공간의 크기는 짐작하기 어렵다. 더 놀라운 것은 은하계를 둘러싼 무한한 공간이 빈 곳이 아니라는 사실이다. 우주 공간에는 다양한 분자들이 존재한다. 전파천문학에 의하면 천체는 무수한 실체들이 초고속으로 상대적으로 움직이고 있는 대운동장과 같다. 암모니아, 수소, 청산칼리, 포름알데히드, 물 등 다양한 분자들이 움직이고 있다. 그것의 기본 원소는 수소, 탄소, 산소, 질소 등이다. 사실, 생명을 가진 모든 물체를 구성하는 성분은 99%가 이러한 원소들

---

24 관측 가능한 우주의 크기가 유한한 이유는 앞의 주석에서도 언급했듯이 우주의 나이와 빛의 속도가 유한하기 때문이며, 도플러 효과 때문은 아니다. 아주 먼 은하에서 출발한 빛이 지구에 도달할 때는 적색편이가 일어나서 가시광이 아닌 적외선에 관측되는 것은 사실이나, 이것도 도플러 효과 때문이 아니라 우주의 팽창과 함께 빛의 파장도 늘어났기 때문이다. 도플러 효과도 비슷한 결과를 낳기 때문에 흔히 혼동되는 개념이다.

로 이루어져 있다. 따라서 우주의 구성 물질인 다양한 분자들은 생물적 종자라고 불리기도 한다. 이 분자들에 강렬한 빛이나 전기를 흐르게 하면 생명의 부분품이자 건축재라고 할 수 있는 아미노산이 만들어진다.

이렇게 볼 때, 우주 공간은 만물의 모태다. 우주 대기는 만물의 건축 재료다. 별은 각기 다른 생명주기를 가지고 일생을 산다. 먼지와 가스로 이루어진 성운에서 별이 탄생한다. 별은 오랫동안 회전하며 에너지를 방출하다가 생명이 다하게 된다. 순간적으로 생명이 사라지듯 폭발하면서 소멸한다. 별은 그렇게 일생을 마치고 우주먼지가 된다. 그러나 분자가 되어 떠돌다가 적절한 순간이 되면 새로운 별과 행성이 되어 재탄생한다. 그것은 지구라는 별의 운동도 예외가 아니다. 그 속에 사는 생물이나 인간의 몸도 마찬가지다. 천문학자들은 생명을 이루는 모든 분자가 사실은 언젠가 폭발했을 별의 부분이라고 말한다. 맹자도 이를 꿰뚫어 보았던 것일까. 그는 '인간의 몸에 만물의 성질을 가진 모든 물질이 들어 있다'고 말한다(진심장盡心章 상편). 별을 만드는 성운의 입자들은 서로 연합하여 인력과 척력을 만들고 빠른 속도로 돌면서 뜨거운 열을 낸다. 핵 용광로와 같이 수소가 핵융합 작용을 거쳐 헬륨으로 변하고, 탄소화한다.[25]

태양계의 탄생

태양도 하나의 별이다. 태양계는 지금으로부터 약 50억 년 전 은하계 중심에서 약 3만 광년 떨어진 오리온성좌의 팔 안쪽에서 태어났다. 원시

---

25 이 현상은 우주의 초기 200여 초 동안은 우주 공간에서(수소에서 헬륨으로의 융합), 그리고 별이 생겨난 이후에는 별의 중심부에서(수소에서 헬륨, 헬륨에서 탄소로의 융합) 일어난다.

태양 주변을 가스와 우주먼지가 돌다가 그 입자들이 연합해 인력과 척력이 발생하게 되고 점차 더 빠른 속도로 입자들이 서로를 끌어당겨 뭉쳐짐으로써 태양이 탄생한 것이다.

원시 태양운雲 중심에서 수소 원자가 원자핵융합을 일으켜 헬륨 원자가 되고, 에너지를 발산하는 핵반응이 일어난다. 원자는 붕괴하면서 동시에 점차 빠른 속도로 회전하는데, 이때 성운이 점점 넓적해진다. 무거운 물질들은 중심 안쪽으로 떨어져 뭉쳐지고, 가벼운 물질들은 바깥쪽으로 이동하면서 분열하게 된다. 그렇게 하여 지금의 태양계와 행성들이 형성된다. 이는 태양의 질량과 태양을 제외한 태양계 전체의 질량을 비교하면 알 수 있다. 태양이 전체 질량의 98%를 차지하고, 나머지 행성은 전체 질량의 2%를 차지한다.

지금까지 알려진 바로는 태양이 형성되기까지는 수만 년 이상이 걸렸다. 태양계는 태양과 인력 관계에 놓인 지구·화성·금성·수성·목성·토성·천왕성·해왕성·명왕성 등 9개의 행성과 이 행성 주변을 돌고 있는 달을 포함해 7개 위성으로 이루어져 있다.[26] 태양계의 성분은 주로 수소와 헬륨 가스, 산소·탄소 그리고 소량의 질소를 함유한 우주먼지(star dust) 등으로 이루어져 있다. 이는 성간물질이라고 부르는데 이것들이 모여 별과 성운이 형성된다.

태양의 지름은 약 140만km로 지구의 약 109배다. 태양은 자전하면서 은하의 중심에서 떨어진 곳에서 태양계를 형성해 공전하고 있다. 태양의 공전주기는 약 2억 5000만 년이다. 태양 중심부의 온도는 2000만 도가 넘으며, 수소가 핵융합반응을 일으켜 1초에 5억 9500만 톤의 헬륨

26 명왕성은 2006년 행성의 지위를 잃고 왜행성(dwarf planet)으로 분류됐다.

을 생성한다. 헬륨이 소멸하면서 태양에너지로 전환된다. 태양은 그 수명이 약 100억 년으로 추정된다. 현재의 태양은 약 50억 년을 산 중년 항성이다. 앞으로 50억 년 안에 그 수명을 다할 것으로 예상된다. 태양은 현재 약 50억 년을 더 지탱할 수 있는 수소 원료를 가지고 있다.[27]

태양계의 탄생과 운동 질서를 밝히는 데 케플러의 3법칙이 선도적 역할을 했다. 케플러의 3법칙은 덴마크 브라헤T. Brahe의 화성 운동 관측 자료를 브라헤 사후에 케플러가 정리함으로써 발견한 원리다. 케플러 3법칙은 다음과 같다. 첫째, 모든 행성은 태양을 초점으로 타원궤도를 공전하고 있다. 둘째, 태양에 가까우면 빠르게, 멀어지면 느리게 운동한다. 셋째, 태양에서 먼 곳에 자리한 행성은 공전주기가 길다. 경험적으로 얻어진 이 법칙은 약 100년 후 뉴턴이 만유인력의 법칙을 발견하는 데 도움을 준다. 케플러의 법칙은 태양계의 질서와 천체 운동의 원리를 풀 수 있는 기초가 된다.

허블의 연구 역시 천문학의 혁명을 가져온 중요한 성과였다. 1929년에 정리된 허블의 원리는 이미 잘 알려져 있다. 또한 허블은 윌슨 산에 있는 100인치 천체망원경으로 코페르니쿠스의 태양중심설을 완전히 뒤엎고 우주의 중심이 태양이 아님을 밝혀낸다. 그는 성운 또는 성무로 알려졌던 것이 사실은 단순히 가스의 집단이 아닌 은하계와 같은 별의 집단이라는 사실을 증명해 냈다. 허블은 별 무리를 사진판 위에 현상해 낸 최초의 인물이다.

---

27 태양의 수명은 약 123억 년으로 추정되며, 현재 나이가 약 46억 년이므로 약 77억 년의 시간이 남아 있다. 태양의 수명은 남아 있는 수소의 양 때문에 결정되는 것은 아니고, 수소를 헬륨으로 융합하는 위치가 태양의 중심부에서 바깥 지역으로 서서히 옮겨 감에 따라 태양이 팽창하게 되고, 더 이상 수소를 태울(융합할) 수 있는 온도와 밀도가 태양 내부에 존재하지 않기 때문이다. 또한 수소가 핵융합반응을 통해 헬륨으로 변환된 후 소멸하는 것은 아니며, 에너지의 생성은 수소 핵 네 개와 헬륨 핵 한 개의 질량 차이에서 기인한다.

철학자 콩트A. Comte는 문명이 이렇게 발달했어도 인간은 별의 화학적 성분에 대해 아는 바가 없다고 말했다. 하지만 미국 헐버트 우주연구소의 원로 과학자 프리드먼H. Friedman 박사는 이에 반대되는 시각을 내놓았다. 그는 현재 개발된 천문 광학기구만 가지고도 지구에서 수천 광년 떨어진 별의 내부에서 무엇이 일어나고 있는지 정확히 알아낼 수 있다고 장담한다. 천체물리학 분야의 이러한 놀라운 발전은 대부분 2차 세계대전 이후의 약 30여 년 동안 이루어졌다.

펄사, 퀘이사, 블랙홀

현대 천체물리학은 어디까지 발전했을까. 인간은 1968년 6000광년 떨어진 크랩 성운의 중앙 우측에서 기이한 별을 발견한다. 이 별은 1초에 30회라는 정확한 간격으로 빛의 파동맥파를 내보내고 있었다. 서치라이트처럼 빛을 발산하면서 이동하는 이 별은 맥박을 가지고 있다고 하여 펄사pulsar라 명명됐다. 전파·광파·X선파를 발산하는 펄사는 태양보다 몇 배 큰 별들이 폭발하는 과정에서 생겨난다. 아무리 큰 별이라도 마지막엔 내부 원자가 붕괴하고 원자 내 모든 공간이 축소되어 핵입자만 남는 상태로 변한다. 그런 후에는 입자들이 압축되어 지름 100마일 정도의 불가사의한 밀집성星인 중성자中性子별이 만들어진다.[28] 펄사는 바로 이러한 과정에서 생겨난 별이라고 할 수 있다.

코넬대학 드레이크F. Drake 박사에 따르면, 지구를 중성자별만큼 농축시키면 지름 100m 정도의 크기가 된다. 컬럼비아대학 러더먼M. Ruderman

---

28 중성자별의 크기는 지름 10km 정도로 추정되고 있다.

박사에 의하면, 40억 인구를 중성자별의 밀도로 압축시키면 빗방울만 한 크기가 된다. 중성자별의 밀도는 물의 100만×10억 배 정도로서 이와 정비례하는 인력을 갖고 있다. 이는 지구인력의 1000억 배에 해당한다. 이 중성자별은 1초에 1000만 회 회전한다.[29] 이 별은 일종의 딸꾹질처럼 여러 차례 강력한 폭발과 함께 에너지를 방출한다. 이때 방출되는 에너지는 태양이 1년 동안 생산하는 에너지와 맞먹는다. 드레이크 박사가 전자파 분광선 이론에 근거해 검산한 뒤 1년 동안 방출하는 빛을 계산했는데, 무려 태양의 1만 배에 달한다는 사실이 밝혀졌다.

펄사가 붕괴하는 시간은 아주 짧은 순간에 불과하다. 붕괴 과정에서 발생한 충격파가 폭발하듯 가스층을 공간으로 내뿜는다. 뒤에 남겨진 움츠러든 중성자별은 인력 작용으로 수백만 도의 열을 발산한다. 펄사의 외곽 물질은 원래 수정처럼 단단하여 강도가 강철의 10^{12}~10^{14}배가 넘는다. 미국 국립과학아카데미 발표에 따르면, 지금까지 발견된 펄사의 수는 모두 100여 개다.[30] 만약 펄사를 탐구하기 위해 가까이 접근한다면 별이 방출하는 빛에 모든 것이 타 버리고 만다.

이제 준항성인 퀘이사quasar(quasi-stellar radio sources)를 살펴보자. 과학자들은 퀘이사를 빼놓고 우주를 논할 수 없다고 말한다. 퀘이사는 지구에서 관측할 수 있는 가장 먼 거리에 있는 천체로 강한 빛과 전파를 방출하는 활동 은하로 알려져 있다. 텍사스대학의 휠러J. Wheeler 박사는 퀘이사가 오랜 세월 우주를 밝혀 주는 등대와 같다고 말한다. 전파천문학자들에 의하면, 퀘이사는 공간의 팽창으로 빛의 파장이 길어지

29 현재까지 발견된 펄사 중 가장 빠르게 회전(자전)하는 것은 1초에 약 700회 회전한다. 1000만 회는 1000회의 오기인 것으로 보인다.

30 2021년 현재 1500개 이상의 펄사가 발견됐다.

는 적색편이 현상을 만든다. 지구에서 제일 가까운 곳에 있는 퀘이사는 1968년 매튜스T. Matthews 박사가 발견한 것으로 20억 광년(3C 273) 거리에 있다. 슈미트M. Schmidt 박사가 1973년 발견한 퀘이사 OQ172는 빛 속도의 91%로 우주를 질주하고 있다. 슈미트 박사는 가장 멀리 떨어진 퀘이사는 100억 광년 거리 너머에 있다고 말한다.

퀘이사는 지금까지 350여 개 정도 발견됐다.[31] 어떤 퀘이사는 태양계보다 몇 배나 더 큰 것도 있다. 전체 방출 에너지를 우리 은하계와 비교해 보면 100배 이상 에너지를 발생시키는 것도 있다. 1초 동안 발생하는 에너지가 지구에서 소모하는 에너지를 수십억 년 동안 공급할 수 있을 정도라고 한다. 슈미트 박사는 이러한 퀘이사를 새로운 은하계 생성의 중앙 핵심체로 이해한다.

블랙홀black hole에 관해서도 알아보자. 블랙홀은 항성이 진화의 최종 단계에서 완전히 붕괴하면서 수축과 팽창을 일으켜 생기는 최종 산물이다. 물질의 궁극적 결정체라고 할 수 있다. 블랙홀은 빛을 발산하지 않기 때문에 흑체처럼 보인다. 미국 인공위성 우르Ur 호는 X선망원경을 통해 1970년 초에 600광년 거리에 있는 백조자리 근처에서 단파장(X선)의 전파로 블랙홀을 포착했다. 블랙홀은 그 밀도가 무한대에 가까운 거성이다. 중력도 극도로 높아 근처에 있는 모든 물질을 끌어당긴다. 자신의 빛은 물론 지나가는 빛도 모두 끌어당긴다.

캘리포니아대학 킵 손K. Thorne 박사[32]는 블랙홀의 내부에 대한 정보를

31 2021년을 기준으로 75만 개 이상의 퀘이사가 발견됐으며, 가장 가까운 퀘이사는 약 5.8억 광년 거리에, 가장 먼 퀘이사는 약 130억 광년 거리에 있다.

32 킵 손 교수는 '중력파 검출기 제작과 중력파 관측에 대한 기여'로 다른 두 명과 함께 2017년 노벨 물리학상을 수상했다.

얻을 수는 없지만, 블랙홀이 우주의 갈라진 틈이라고 말한다. 그에 의하면, 블랙홀은 주름살 없는 지극히 미끄러운 구조로 되어 있다. 무엇이든지 그 인력권에 한번 붙잡히면 탈출할 수 없다. 그리고 시간이 흐를수록 블랙홀의 크기는 점점 넓어진다. 오랫동안 블랙홀의 정체를 밝히기 어려웠는데, 주변에 있던 동반성(companion star)의 빛이 블랙홀 쪽으로 휘면서 빨려 들어갈 때 발생하는 X선의 존재를 통해 확인하게 됐다. 동반성의 가스 물질이 블랙홀 인력권에 다가감으로써 나선형을 이루며 돌면서 빨려 들어가는 현상이 포착됐다. 이 과정에서 서로 충돌하여 열을 내며 발생하는 X선을 통해 블랙홀의 위치와 존재를 알게 된 것이다.

블랙홀을 은하계의 중심으로 보는 시각도 있다.[33] 우리 우주와 다른 4차원의 우주세계를 연결하는 통로로 보는 주장도 있다. 신비에 싸인 블랙홀은 태양계가 속한 은하계에만 100만 개 이상이 있는 것으로 추정되고 있다.

천체물리학 분야에서 계속해서 고도의 발전이 이루어지고 있다. 하지만 인간의 깊은 관심 대상인 우주 속 다른 별에 지적 외계 생명체가 존재하는가에 대해서는 알려진 바가 없다. 노벨상 수상자이며 하버드대학 생물학 교수인 월드G. Wald 박사는 우주 전역에 생명체가 살고 있을 가능성을 의심하지 않는다. 보스턴대학 천문학 교수 베렌젠R. Berendzen 박사도 생명체 존재 여부보다 그들이 우주 '어디에' 있는지가 문제라고 말한다. 전문가들은 지적 우주 생명체는 인간과 다른 존재이며 그중에는 인간에 못지않은 능력을 지닌 존재도 있을 수 있다고 이야기한다.

33 대부분의 은하는 중심부에 하나의 거대 질량 블랙홀을 가지고 있다. 블랙홀은 은하 중심부에 놓여 있는 '거대 질량(supermassive) 블랙홀'과 별의 질량과 비슷한 질량을 가지는 '별 질량(stellar-mass) 블랙홀'의 두 가지 종류가 있다.

생명체가 존재하기 위해서는 태양과 혹성[34] 사이의 거리가 중요하다. 거리가 너무 가까우면 생명체는 뜨거운 열에 타 버려 존재할 수 없게 된다. 반대로 거리가 너무 멀면 얼어 버린다. 그처럼 생명체가 생존할 수 있는 적당한 거리란 쉽게 만들어질 수 있는 것이 아니다. 은하계에 태양과 같은 항성은 많다. 우주에 있는 은하계 숫자는 2000억 개로 추정되고 있다.[35] 그렇다면 이 우주에 지적 우주 생명체가 살 수 있는 혹성이 어딘가에 존재할 수도 있다. 하지만 인간의 힘으로는 아직 그 존재를 발견하지 못하고 있다.

2. 지구의 탄생과 인류문명의 창조

지구의 형성과 생물의 탄생

지구는 태양으로부터 약 45억~47억 년 전 떨어져 나왔다.[36] 태양에서 약 1억 5000만km 떨어진 곳에 지구가 있다. 지구는 약 1억 5000만km 반지름을 가진 타원형 궤도를 그리며 태양을 돈다. 태양의 108.7분의 1에 해당하는 지구의 적도반지름은 약 6370km이다. 지구의 지각은 육지에서 약 35km이고, 해저의 가까운 곳은 약 6km로 측정되고 있다.

---

34 혹성은 일본식 한자어로, 우리나라와 중국에서는 행성으로 표기한다.

35 우주 내에 있는 관측 가능한 은하의 수가 2조 개에 이른다는 연구 결과도 있었지만, 2021년 현재는 은하의 수를 수천억 개로 잠정 추산하고 있다.

36 엄밀히 얘기하자면 태양으로부터 떨어져 나왔다기보다, 원시성이 태양으로 수축하는 과정에서 주변에 원시행성계 원반이 형성됐고, 이 원반 내에서 떠돌고 있던 물질들이 뭉쳐서 지구와 다른 행성, 위성, 소행성 등이 만들어졌다.

지구 내부 구조를 보면 지각과 외핵 사이의 중간에 약 2900km 맨틀이 있다. 중심부는 외핵과 내핵으로 이루어져 있는데, 외핵은 주로 철과 니켈이 주요 성분이며 유동 액체 상태로 대류 현상이 일어난다.

탄생한 지 적어도 1억 년까지 지구는 태초 방사성원소의 열로 인해 고온 상태로 존재했다. 그러다가 무거운 철과 니켈은 지구 중심부로 떨어지고, 가볍고 유연한 우라늄, 토륨, 칼륨, 산소, 규소, 알루미늄 등은 상층으로 퍼져 지상에서 화강암과 현무암 같은 성분의 지각을 형성한다. 지구도 태양이나 별처럼 그 성분이 성간물질이다. 수소, 헬륨 가스, 산소, 탄소, 질소 등을 포함한 우주먼지로 구성되어 있다. 우주먼지는 미량의 탄소와 철·규소의 철 산화물(Fe_2O_3), 규소 산화물(SiO_2), 마그네슘이 가미된 규산염($MgSiO_3$), 그 밖에 물과 메탄, 암모니아 등의 혼합물로 이루어진다.

이러한 지구의 성분을 이야기하노라니 인간의 육체에 관한 철학적 설명들이 떠오른다. 그리스의 원자론자 레우키포스나 데모크리토스가 떠오르고, 인간의 육체는 그 성분이 하늘의 별과 같고 동식물이나 깨진 기왓장과도 같다고 말한 중국의 왕양명도 생각난다. 오늘날에는 과거 철학적 사유로 여겨졌던 것들이 과학으로도 증명되고 있다. 인간의 육체가 다른 생물이나 별, 태양, 지구와 동일한 성분으로 구성된 것이 드러나고 있다. 동식물과 마찬가지로 인간 역시 죽으면 미생물에 의해 분해되는 과정을 거치는데, 질소와 가스로 변해 대기로 돌아간다. 불교에서 말하는 윤회의 과정이 어쩌면 이와 같지 않을는지. 이렇듯 진리에 이르는 길은 하나가 아니다. 여러 갈래 길이 있다. 철학적인 사고를 통한 연역적 방법도 있고, 실험과 증명을 통한 과학적이고 귀납적인 방법도 있다.

이제 태초의 지구가 생물이 살 수 있는 별로 변한 때가 언제인지 알아보자. 지구가 탄생한 후 지각이 형성되기까지 수억 년이 걸렸다. 그 후 화산활동이 활발해지면서 지표의 암석에서 용해된 칼슘·마그네슘과 물속에서 용해된 가스가 결합해 퇴적물이 만들어진다. 이산화탄소·수소·메탄 등 가스가 대기권을 형성하면서 원시대기가 형성된다. 지구가 탄생한 지 약 10억 년이 되어서야 지각이 식고 대륙이 생겨난다. 지층에서 물이 나와 대기 중의 가스와 응축하여 해양을 만든다. 비와 바람이 생기고 침식작용도 일어난다. 이런 작용 이전에는 지상에 물이 없었다. 지구의 암석에 보통 0.5~1%, 용암에 12~13%, 많은 경우에는 15%까지 수분이 포함되어 있었다. 이제 비로소 수분이 방출하면서 지구에 물이 생겨난다.

이와 같은 형성기를 거치면서 독립적인 생명 활동을 시작하게 되고, 이후 오늘날 우리가 아는 지구의 모습으로 그 형태를 갖추게 된다. 이때부터 태고대의 역사가 시작된다. 약 37억 년 전부터 시작된 태고대는 아직 원시대기 상태다. 대기는 질소와 이산화탄소가 주성분이다. 9억 년 동안 계속된 태고대 후기가 시작할 무렵, 지층에서 나온 질소와 이산화탄소에 수증기·메탄·암모니아와 소량의 수소가 결합해 대기가 형성된다. 산소는 그때까지 나타나지 않았다.

대기와 지상의 물질이 화합해 산화물을 만들고, 탄소를 흡수하고 산소를 내뿜는 식물이 바다에 나타난 것은 약 20억 년 전 원생대가 시작되면서부터다. 이때부터 식물은 광합성을 하고 이산화탄소를 흡수하고 산소를 배출할 수 있게 된다. 이렇게 해서 현재 지구 대기 중 산소는 약 20% 정도를 차지하고 있다. 가장 오래된 원시 생명체가 출현한 시기는 아프리카 남단 스와질란드에서 발견된 미화석微化石 또는 생물 화석을 통해 약 28억~34억 년 전으로 추정하고 있다. 다세포 진핵생물이 최초로 나타난 시기는 산소가 생긴 이후다. 지구가 완전히 형성된 후 25억~26억 년 동안은 생명체다운 생명체는 지구에 나타나지 않았다. 최초의 다세포생물 화석이 십수억 년 전 지층에서 나왔는데, 하등 생물이 나타난 것도 이 시기로 추정된다. 이렇듯 지구에 생명이 출현하기까지는 기나긴 시간이 흘러야 했다. 이는 인간의 관점에서 구성되는 목적론적인 사고로 접근하면 이해할 수 없는 엄청나게 긴 공백이다.

생명의 탄생과 인간의 출현

지구의 환경조건이 생물이 살 수 있는 곳으로 조성되었을 때, 처음 창조된 생물은 무엇일까. 물을 생명의 어머니라고 한다. 물 없이 살 수 있는 생명체는 없다. 인간은 체내 60%가 물로 이루어져 있다. 나무는 50%, 풀은 70~80%를 차지한다. 그만큼 생명체에서 물은 중요하다. 그러니 최초의 생물이 바다에서 나타났다는 것이 이상한 일이 아니다. 바닷물은 태양에서 방출하는 강력한 자외선을 막아 생물을 보호해 줬다. 태초의 해양 생물과 식물들이 나타나 탄소를 흡수하고 산소를 만든다. 산소가 대기로 올라가 분해되면서 오존층을 만들고, 지구로 들어오는 자외선을 막을 수 있게 된다. 그 결과, 식물과 동물이 육지에서도 살 수 있는 여건이 만들어진다. 이렇게 바다에서 생명체들이 출현해 산소를 만들어 내기까지 육지는 문자 그대로 화산지대나 사막지대와 같이 황량하고 건조했다. 육지는 아직 섭취할 영양물이 존재하지 않는 돌덩어리에 불과했다.

과학자들에 따르면, 지구에 생명체가 출현하는 과정은 다음과 같다.

원시대기는 생명의 물질이 될 메탄·암모니아·수소·물 등으로 가득 차 있었다. 이러한 물질들이 방전, 자외선, 우주선, 열과 운석 낙하 과정을 거치면서 에너지가 생겨났다. 그리고 그 작용으로 물질들이 분해되면서 바다로 떨어지게 된다. 떨어진 물질들이 상호작용을 일으키면서 핵산과 단백질이 만들어진다. 태초의 생명체는 바로 이러한 과정을 통해 탄생하게 된다.

최초의 생명체는 원시 바이러스virus와 같은 단세포체였다. 원시 바이러스는 박테리아보다도 더 원시적인 생물이다. 바이러스의 구조는 핵산과 단백질 껍질로 이루어진 단순한 형태다. 바이러스는 생물과 무생물의 중간적 존재로서 묘한 원시 생명을 이룬다. 태초의 바이러스는 먹이를 외부에서 찾지 못해 자신들을 원료로 삼은 것으로 추측된다. 독립적 생명 활동을 할 수 없는 상태였기 때문이다. 그러다가 바이러스가 다른 생물의 세포에 들어가 생명체를 빌려 자기 기관처럼 명령하고 이용하게 되면서 자기 증식할 수 있게 된다. 이때부터 이제 모든 생물이 원시 상태에서 벗어나 진화를 시작한다. 그리고 마침내 세포가 분화하고 다세포생물이 출현하게 된다.

이러한 발전은 오랜 시간을 두고 서서히 진행됐다. 적자생존의 원리에 따라 시행착오를 무한히 겪으며 생명체의 진화가 이루어졌다. 그런데 여기서 주목할 것이 있다. 아무리 원시 상태였다 해도 모든 생명체는 삶의 의지를 품은 존재였다고 볼 수 있다. 유전자가 이러한 생명의 역사를 잘 말해 주고 있다. 모든 생명은 어려움을 뚫고 환경에 적응하며 살길을 찾아 오늘에 이르렀다. 그러므로 의지를 품은 것은 인간만이 아니었다고 할 수 있다. 원시적인 미생물 역시 고등 생물과 마찬가지로 유전적으로 적응하고 증식했던 것이다. 이러한 생명 의지가 있었기에 지금의 지구 생명이 만들어질 수 있었다. 따라서 비록 원시 상태이긴 해도 높이 평가할 만한 생명의 창조 과정이라 보아야 한다. 그러니 이보다 훨씬 더 고차원적인 인간의 의지 작용이야 말할 것도 없이 중요하리라.

단세포가 수십억 년의 진화를 계속한 뒤 나타난 인간은 어떤 생명체인가. 인간의 모든 세포는 46개의 핵산 염색체가 들어 있다. 인간은 100조 개의 세포가 모여 이루어진 존재다. 인간이라는 생명의 복잡하고 정밀함은 가히 말할 수 없이 놀랍다. 인간은 아미노산 20종과 뉴클레오티드 4종, 글루코스·지방산·인산·리보스·데옥시리보스 각 1종 등 도합 29종의 부분품으로 형성된다.

인간 생명을 이루는 DNA, RNA를 이야기하기 전에 미생물이 식물로, 그리고 동물로 발달하는 과정을 먼저 살펴보자. 고생대부터 바다 생명체의 개체 수가 증가하게 된다. 식물은 이끼류와 함께 남조·홍조 등의 해조류와 산호류가 자라난다. 동물은 무척추동물인 삼엽충, 달팽이 등이 크게 번성했다. 약 4억~5억 년 전인 고생대 중엽부터 등뼈를 가진 경골어硬骨魚가 출현한다. 그때부터 바다 동물이 육지로 올라오기 시작했다.

지구가 생긴 지 42억 년 동안 사실상 육지에는 어떠한 동물도 존재하지 않는다. 그때까지 지구는 지표면이 바위산과 사막만 있는 황량하고 생물이 살지 않는 별이었다. 그러다 육지에 처음 식물이 번성하고 그것을 먹을 수 있는 곤충이 나타난다. 이후 그것을 먹는 거미류가 출현한다. 맨 나중에 이것을 먹고 사는 양서류가 바다에서 육지로 올라온다. 최초의 양서류가 지상으로 올라온 시기는 식물이 상륙한 때로부터 약 5000만 년이 지난 시점이다. 네 발을 가지고 폐로 호흡하는 폐어肺魚에서 비로소 육지 생명체가 진화하게 된다. 생물학자들은 생물들이 육지로 올라온 이 사건이 지구 역사에서 생물 탄생만큼 획기적인 사건이라고 말한다.

고생대 말기부터 중생대까지 양서류가 전성기를 이룬다. 석탄기石炭紀라고 불리는 이 시기 동안 지구상에 공룡이 출현한다. 체중 80톤, 신장 30미터나 되는 거대 공룡은 무려 1억 6000만 년 이상이나 지상에 군림했다. 거대 동물들이 자연 변화에 적응하지 못하고 멸망한 후 뒤를 이어 나타난 것이 파충류다. 학자들은 파충류를 조류와 포유류의 선조라고 말한다. 포유류는 모든 면에서 뛰어난 생명 능력을 지녔는데, 공룡 이후 지구 위 강자로 살아가게 된다.

그 후 약 1억 년이 지난 6000만 년 전, 비로소 영장류(dryopithecinae)가 출현한다. 인간과 비슷한 동물은 인도의 라미비렉스의 화석과 아프리카에서 나온 화석을 통해 약 1000만 년 이전에 출현한 것으로 추정된다. 그 모습은 원숭이에 가까웠다고 한다. 인간과 더 비슷한 동물은 아프리카 케냐에서 리키L. Leakey가 발굴한 화석의 연대 측정 결과 약 320만 년 전 처음 등장한 것으로 추정되고 있다. 최근에 에티오피아 아파르 지역에서 미국 클리블랜드 자연사박물관의 도널드 조하슨 박사와 캘리포니아대학 화이트 교수 팀이 발굴한 여인의 두개골은 방사능으로 연대를 측정해 본 결과, 약 400만 년 전 원인猿人의 화석으로 판명됐다.

인간의 조상이 유인원이냐, 처음부터 인간으로서 태어났느냐에 관한 진화론적 설명은 계통 연구를 정확하게 증명해 내기 어렵다. 아직은 인류의 진화 과정을 정확히 밝히지 못하고 있다. 학자들은 이렇게 정확하게 해석할 수 없는 진화 시간을 가리켜 '잃어버린 고리(missing link)'라고 부른다. 아직까지 인간의 기원에 관한 정확한 규명은 이루어지지 않았다. 하지만 인간의 선조가 유인원과 비슷한 존재에서 파생된 것으로 보는 시각이 일반적이다.

인간과 다른 동물의 진화는 어떻게 구별되는가. 영장류는 인과人科(Hominidae)와 원과猿科(Pongidae)가 있다. 300~400만 년 전에 탄생하였다는 호모 하빌리스Homo habilis와 아파르인은 오스트랄로피테시네Australopithecine에 속한다. 그 후 출현한 호모 에렉투스Homo erectus 자바인이나 베이징원인은 이미 언어와 불을 발명했다고 추정되고 있다. 인간이 불을 언제부터 사용했는지는 아직 명확하지 않다. 1976년 중국에서 발표된 바에 의하면 170만 년 전, 원모원인元謨猿人(중국 윈난 성 원모현에서 발굴된 화석인류)이 불을 사용했다는 주장이 있기는 하지만 정설은 아니다. 불을 사용하게 되면서부터 원인들은 나무에서 살다 지상으로 내려와 정착한다. 이들은 도구를 본격적으로 만들어 수렵 생활을 했다.

이후 호모 사피엔스Homo sapiens라고 할 수 있는 네안데르탈인, 무스테리안인, 크로마뇽인이 등장한다. 이들이 나타난 시기는 약 35만 년 전이다. 이들은 동굴 생활을 하고 목기, 석기, 골각기를 만들어 사용했다. 옷도 만들어 입고, 동굴 안에 벽화도 그렸다. 비로소 인간다운 생활을 시작한 인류가 나타난 것이다. 골격이 지금의 인간과 비슷한 구인舊人은 지금으로부터 약 10만 년 전에 나타난다. 이들은 두뇌 용적, 머리 형태, 눈 위의 융기 등이 현 인류와 비슷했다. 이들이 사용한 타제석기는 더 정교해졌다. 집단을 이루어 서로 협력하면서 수렵 생활을 한다. 이때부터 매장 문화도 생겨났다. 약 4만 년 전에는 비로소 현생인류인 신인新人이 나타났다. 이 시기는 여러 종류의 타석기를 만들어 쓰는 신석기시대로 이행하던 시점이다.

인간의 정착 생활과 문화의 창조

신석기인은 일정한 장소에 정착해 가축을 기르고 농경 생활을 영위했다. 토기를 만들어 사용하고, 구석기와 달리 채집 생활에서 벗어나 일정한 곳에 정착해 생산 활동을 하며 생활했다. 생물학자들에 의하면, 구석기시대의 고·중·후기에 걸쳐 약 300만 년 동안 인류는 원시 채집 생활을 하다가 적자생존 원칙에 따라 도태의 과정을 겪게 된다. 따라서 인류가 인간답게 살게 된 것은 채 1만 년이 안 된다고 볼 수 있다. 더욱이 문명을 창조하여 살게 된 것은 불과 5000~6000년에 지나지 않는다.

인간이 동물과 다른 생활을 할 수 있게 된 이유는 무엇인가. 그것은 인간의 식성이 다양하고, 직립 생활을 하고, 도구를 사용하며, 언어와 문자를 사용함으로써 다른 동물과 비교해 지혜가 발달했기 때문이다. 조직적으로 협력 관계를 이뤄 집단생활을 한 것도 한 원인이다. 이러한 여러 이유 때문에 인간의 생활이 향상되고 문명이 발달할 수 있었던 것이다.

이렇게 해서 티그리스 강과 유프라테스 강의 메소포타미아문명, 나일 강의 이집트문명, 인더스 강과 갠지스 강 문명, 황하문명 등 세계 4대 문명이 일어난다. 문명을 이룩한 인간은 집단적 협력 관계를 통해 분업을 시작했다. 신분을 구별하고, 기호문자도 발명해 사용하게 된다. 도시를 건설하고, 문화생활을 창조해 영위했다. 거대한 신전을 만들면서 건축술도 발달해 간다. 원시종교가 생겨나고 신화가 탄생했다. 그 후 고등종교가 출현하게 되는데, 이는 지금으로부터 약 2500여 년 전이다. 고등종교가 나타나면서 원시종교를 개혁했다. 문명이 태동하면서 인간의 사상과 종교와 도덕과 모든 제도가 생겨났다.

인류는 이러한 험난한 여정을 거쳐 이제 지구를 일일생활권으로 축소할 수 있을 정도로 문명을 발전시켰다. 현재 인류는 정보를 빠르게 교환하고 비슷한 삶의 형태로 살아가고 있다. 과학기술이 발달하면서 지구 밖 우주를 연구하고 달을 탐사할 수 있게 됐다. 미국과 소련이 경쟁적으로 파이오니어Pioneer, 비너스Venus, 마리너Mariner, 바이킹Viking과 같은 우주선을 화성과 금성으로 쏘아 올렸다. 그러나 이와 동시에 인류를 자멸시킬 정도로 무서운 무기도 개발해 냈다.

지구에 생명이 탄생한 지 30여억 년이라는 장구한 세월을 지나 약 99%의 생명이 도태되어 갔다. 이제 인간만이 고도의 문명을 이루어 지구에 살고 있다. 이는 무엇을 의미하는가. 단지 인간 생명의 승리를 자축하면 그만일까. 그러므로 계속해서 지구를 정복하기 위해 투쟁을 이어가야 하는 것인가. 아니다. 진실한 눈으로 세상을 똑바로 보고 인간관을 다시 세워야 할 때다. 지구의 자연과 생명체들과 공존 공영하면서 인간다운 삶을 사는 새로운 창조의 길을 향해 나서야 한다. 우리 인류는 이러한 문제를 깊이 생각하고 새로운 다짐을 해야 한다.

3. 생명의 연구와 태양계의 종말

생명이란 무엇인가. 생명은 생물의 영적 현상이나 의식 작용 또는 지각 활동을 포함한다. 생명현상은 육체를 떠나서는 존재할 수 없다. 육체 없이는 활동의 기반을 형성할 수 없다. 하지만 그 반대도 마찬가지다. 이렇듯 정신 작용이 정지하면 육체의 기능도 정지한다. 정신과 육체는 하나이며 분리되지 않는다. 그것은 하나의 생명이 지닌 두 차원이다.

생명체가 지구상에 출현한 것은 약 30여억 년 전으로 거슬러 올라간다.[37] 최초의 생명체는 광합성 물질로 창조된다. 과학자들은 원시대기의 수소(H_2)·물(H_2O)·암모니아(NH_3)·메탄(CH_4), 소량의 황화수소 등이 우주 광선, 자외선, 뇌방전雷放電, 운석 낙하 등으로 발생한 에너지와 광합성 반응을 일으켰다고 설명한다. 처음엔 간단한 아미노산 같은 생명의 부분품이 만들어진다. 그리고 이러한 부분품들이 지구 표면의 해양, 호수 등과 같은 수권水圈에 함유된 탄수화물과 일차 유기화합물 등과 결합하면서 생명체가 출현하게 된다. 쉽게 말해, 아미노산이 모여 코아세르베이트coacervate와 같은 일종의 대사 작용을 일으키는 유기체가 결합해 생명체가 생겨난 것이다.

지구상에 있는 모든 생물은 핵산과 단백질로 구성되어 있다. 핵산은 유전자이며, 이는 DNA와 RNA로 나뉜다. 박테리아와 같은 하등 생물은 한 개의 DNA를 가지고 있다. 고등 생물은 여러 개를 가지는데, 인간은 46개의 DNA로 구성되어 있다. DNA의 기능은 첫째, 유전정보를 장악함으로써 새로운 세포를 늘리는 자기 증식을 하는 데 있다. 둘째, 영양 섭취를 위한 여러 활동을 지시한다. 셋째, 살아가는 데 필요한 모든 활동을 지시한다. RNA는 DNA가 지시한 명령을 세포 내의 모든 부분에 전달하는데, 이를 통해 생명 형성에 필요한 제조 원료가 운반된다.

생명체를 이루는 유전자의 구조는 두 줄의 가는 나선형 사다리꼴 모양을 하고 있다. 그 나선형 줄에는 아데닌(A)·구아닌(G)·티민(T)·사이토신(C)이라는 네 개의 염기鹽基가 있다. A는 T와, G는 C와 서로 마주해 나란히 구성되어 있다. 마주한 것과 짝을 이뤄 사다리꼴 모양의 구

37 지금은 38억 년 전에서 43억 년 전에 생명이 출현했을 것으로 추정한다.

조가 만들어진다. 이 사다리꼴 구조는 생명체가 자기를 복제하는 자기 증식에 가장 적합한 형태로 알려져 있다. DNA 복제는 상호 보완적인 두 개의 가닥이 분리되면서 시작된다. 분리된 두 가닥은 각각 다시 두 가닥으로 분리된다. 가닥에 붙어 있던 염기가 그 짝이 되는 염기를 가지고 있는 뉴클레오티드와 결합해 새로운 가닥을 만든다. 이러한 간단한 자기 복제를 통해 두 개의 세포가 형성된다.

A·G·T·C라는 네 개의 염기는 유전정보를 지닌 문자와 같다. 그 문자 중 셋이 합하여 하나의 언어를 형성하는데, GAC라든가 AAT와 같은 것이 바로 그것이다. 박테리아, 식물, 동물, 인간 등 모든 지구 생물이 이러한 유전 언어를 가지고 있다. 생물학자들은 이러한 사실을 근거로 지구 위 생명체가 모두 하나의 조상에서 분화됐다고 추정하기도 한다.

영국의 유전학자 헉슬리T. H. Huxley는 유전이 생물학적 개량 과정이었다고도 말한다. 중요한 것은 생물이 오랜 세월 진화하면서 적자생존을 겪으며 지금과 같은 상태에 도달했다는 점이다. 18세기 뷔퐁G. de Buffon은 환경론적 시각에서 유전자와 신체를 환경 적응 과정으로 설명했다. 그에 의하면, 모든 생물은 유전자질의 본래 기능에 근거한다. 그러다가 차츰 환경에 따른 정신적 욕구를 가지게 되고 신체의 생리적 변화를 가져온다. 예를 들어, 황새의 부리나 기린의 목이 처음엔 지금과 같은 모습이 아니었다고 추정할 수 있다. 오랜 세월에 걸쳐 환경에 적응하려는 정신적 욕구가 생리적, 육체적 변화를 가져온 것이라는 시각이다. 눈이나 발을 사용하지 않으면 퇴화하는 것과 같은 방식으로 생명체가 진화해왔다는 의미다. 이를테면 그것은 한 팔만 계속해서 사용하면 신체적 불균형이 형성되는 것과도 같은 이치라고 볼 수 있다.

트레비라누스G. R. Treviranus도 유기체설을 주장하면서 뷔퐁의 이론을 뒷받침한다. 생물학자 라마르크J. de Lamarck도 이와 같은 맥락에서 기능설을 주장했다. 그에 따르면, 새로운 의욕과 충동이 새로운 습성을 형성하며 그것이 지속되면 제2의 천성이 만들어진다. 예를 들어, 망치질을 오래 한 사람의 팔과 손은 그러지 않은 사람과 다른 형태로 변형되는 것을 알 수 있다. 습성에 맞춰 새로운 신체적 기능이 발달하고 형태도 변화하게 되는 것이다.

독일의 근대 물리학자 헬름홀츠H. L. Helmholtz의 실험 연구에 의하면, 인간의 감각은 외부의 자극에 따라 진동vibration을 받아들인다. 1초에 5만에서 10만 회 진행되는 진동은 음향으로 나타나 청각을 자극한다. 4500억에서 8000억 회 진동하는 것은 광선으로 나타나 시각을 활성화한다. 다양한 색은 강하거나 약한 광선으로 시각에 적용된다. 1초간 4500억 회 이하로 진동하면 적외선, 8000억 회 이상이면 자외선으로 각각 나타나는데, 이에 대해서는 시각이 반응을 하지 않는다. 헬름홀츠는 시각·청각·후각·미각·촉각 모두 자극의 강도 차이에 의한 양적 차이에 불과하다고 본다.

아인슈타인은 시간과 공간, 그리고 운동이 상대적이라는 상대성이론을 편다. 그에 의하면, 우주 안에 존재하는 모든 입자 사이에는 중력(10^{-38}), 전자력(10^{-2}), 강력(10^{0}), 약력(10^{-13})의 네 가지 힘이 작용하는 통일장統一場이 이루어져 있다. 특수상대성이론에 따르면, 시간과 공간은 다른 것이 아니고 같은 것이다. 빛도 에너지이며 질량의 덩어리도 모두 에너지다. 아인슈타인은 물질, 에너지, 빛이 동일하다고 봤던 것이다. 아인슈타인의 상대성이론과 통일장이론에서 보면 인간의 모든 감각 역시 에너지의 파동으로 설명할 수 있다.

이러한 아인슈타인의 이론은 현상계의 일체 변화가 어디서 오고 어떻게 이루어지는지에 관해 의미 있는 관점을 제공해 준다. 아울러 다윈의 자연도태설과 진화론, 네덜란드의 드 브리스H. De Vries의 돌연변이설 등도 생명현상을 이해할 수 있는 시각이다.

이러한 연구들이 발전하면서 생명 탄생 과정에 대한 연구도 함께 새롭게 연구되고 있다. 학자들은 아미노산 20종과 뉴클레오티드nucleotide 4종, 글루코스($C_6H_{12}O_6$) · 지방산(RCOOH) · 인산(H_3PO_4) · 리보스($C_5H_{10}O_5$) · 데옥시리보스($C_5H_{10}O_4$) 각 1종씩 합쳐 모두 29종이 광합반응을 일으키는 과정에 주목한다. 이러한 생명 연구는 분자생물학에서 더욱 중요한 학문의 대상이 되고 있다.

미국의 밀러S. Miller 박사는 1955년 실험을 통해 생명 탄생 과정을 증명하는 데 성공했다. 그는 플라스크 관을 위와 아래에 장착하고 그 사이에 두 개의 작은 유리관을 연결한 장치를 만들어 생명 탄생 과정을 실험했다. 이 장치는 아래쪽 플라스크 관에는 원시 해양수海洋水를, 위쪽엔 메탄(CH_4) · 암모니아(NH_3) · 수소 가스 등 원시 지구 대기를 넣어 만들었다. 실험 방식은 아래쪽 관에 열을 가하고 위쪽은 차게 만드는 방법이었다. 이는 과거 화산활동이 활발했던 지구환경을 재현하기 위한 것으로, 밀러 박사는 가열을 통해 발생한 수증기가 위쪽 관으로 이동하도록 만들었다. 그리고 위쪽에는 금속 침을 꽂고 고압전기를 흘려 넣었다. 이때 금속 침에서는 번갯불과 같은 불꽃방전이 일어나도록 만들었다. 이는 원시대기에서 일어났던 낙뢰 효과를 재현한 것이다. 이런 조건에서 아래쪽에서 올라온 수증기는 이 금속 침에 닿아 방전 반응을 일으키게 된다. 이 과정에서 수증기가 결정을 이루어 물을 만들어 냈는데, 이는 장치 아래의 원시 해양수로 떨어지도록 만들어졌다. 밀러 박사는 이런 방식으로 원시대기 상태에서 비가 내리는 원리를 재현했다. 실험 결과 아래쪽 해양수에서 글리신($C_2H_5NO_2$)·글루타민산($C_5H_9NO_4$)·아미노산·요소·유기산 등 생명의 부분품이 합성돼 생명이 창조되는 과정을 증명해 낼 수 있었다.

그 후에도 많은 과학자들이 다양한 방식으로 생명 합성 실험에 성공한다. 열·자외선·알파선과 베타선의 방사선, 또는 태양의 빛을 이용하는 실험들이 진행됐다. 이러한 실험 결과 단백질을 구성하는 각종 아미노산, 핵산을 구성하는 염기와 당(리보스), 그리고 유기산 탄화수소 포르핀($C_{20}H_{14}N_4$) 등이 생명 구성의 주요 원재료가 된다는 것을 확인했다. 과학적 실험을 통해 생명 탄생의 진실이 하나하나 밝혀지고 있는 것이다.

생명 세포 연구 분야도 빠르게 발전하고 있다. 밀러 박사의 실험 연구에 앞서, 1936년 옛 소련의 생화학자 오파린A. I. Oparin은 단백질과 아라비아고무에 수용액을 결합해 만든 코아세르베이트 연구를 진행한 바 있다. 1959년 폭스S. Fox도 아미노산을 이용해 마이크로스피어Microsphere를 합성하는 비슷한 연구를 진행했다. 이 밖에 자세한 사항은, 이 책의 주제가 아니므로 덧붙이지 않겠다.

이제 인간의 지식과 과학기술은 인간의 생명 자체를 만들어 낼 수 있을 정도로까지 발전했다. 가령, 생명과학 기술은 인산(P)과 당(S)에 염기 A·G·T·C 중 어떤 것을 배합하느냐에 따라 유전자질을 조작할 수 있는 단계에 이르렀다. 이러한 유전자조작이 실현되면 생명의 형태와 종류, 능력, 건강, 체구, 피부색, 지능도 마음대로 선택해 태어나게 할 수 있다. 사실, 현대 과학의 발전 정도는 가공할 단계에 이르렀다고 말할 수 있다. 1978년, 1979년 시험관아기 출산이 성공했다. 만약 앞으로 DNA 연구가 더 발전해 완성되면 인간이 인간을 인공적으로 생산하는 날도

머지않았다. 이렇게 되면 그것은 또 다른 인간 문제를 낳을 것이다. 인간이라는 존재는 무엇이며, 인간의 존엄성은 과연 유지될 수 있는지 등 복잡한 문제들이 생겨날 수밖에 없다.

실제로 1976년 8월 미국 코로나 박사 그룹이 인공 합성한 유전자를 살아 있는 세균에 이식하는 데 성공했다는 소식이 전 세계인을 놀라게 한 일이 있었다. 하지만 이러한 과학기술은 잘못 조작되면 무서운 미생물 병기를 만드는 데 이용될 수도 있다. 인간에게 불치병을 옮겨 인류가 멸망할 수도 있다. 더 나아가 DNA 조작으로 만들어져 이성적 판단력이 없는 인조인간이 나타나 인류를 심각하게 위협하지 말라는 법이 없다. 이대로 비판 없이 과학기술을 개발한다면, 미래는 그 누구도 예측할 수 없게 된다. 소설 속 프랑켄슈타인 같은 존재에 대해 다시 음미해 볼 필요가 있다. 다행히 코로나 박사 그룹은 연구를 중지했지만, 인간은 호기심 때문에 결코 이러한 유전자 연구를 포기하지 않을 것이 분명하다.

우리는 누구를 위해 과학기술을 개발하는가에 대한 문제의식을 항시 생각해야 한다. 과학기술을 발전시키는 것은 인류문명 발전을 위해 소중한 과업이다. 하지만 과학의 자기 증식은 철저히 경계하지 않으면 안 된다. 인간은 도덕적이고 정신적인 존재다. 인간적인 인간으로 살아갈 수 있어야 값있는 삶이다. 그래야 인간을 존귀한 존재라 부를 수 있다. 우리는 기계적인 유기체를 로봇이라고 부른다. 본능에만 의존해 살면 동물의 삶이라고 경멸한다. 그렇게 말하면서 우리 자신은 왜 동물처럼 본능 생활에 젖어 살아가는 것일까. 우리가 탐욕에 눈멀어 과학기술의 자기 증식을 방치하고 있는 것은 아닌가. 이러한 고민을 하지 않는다면 인간 역시 차원 낮은 존재와 다를 바 없다. 정신적 삶을 알지 못하는 인간은 초목 같은 존재다. 값있는 삶을 추구하지 않는다면, 인간이 꽃과

풀을 따라 춤추고 뛰노는 나비나 메뚜기와 과연 무엇이 다르겠는가.

인간은 만물의 영장이다. 영장의 구실을 하기 위해 독립된 실체로서 살아가는 존재다. 그런 인간이 마땅히 걸어가야 할 길은 무엇인가. 자아완성을 추구하고 인류사회의 보편의지 속에서 자기의 뜻을 사명으로 받아들이는 것이다. 그것을 구현하기 위해 자아를 실현하고 그러는 가운데 참다운 인생의 의의가 발현되도록 만들어야 한다.

인간의 정신적 가치 생활을 무시하는 사회는 비참하고 살벌하다. 외롭고 쓸쓸하고 무의미하다. 물질적 · 육체적 · 감상적 욕망만 느끼고 다른 의의와 보람을 느끼지 못한다면 인간사회는 어찌 될까. 인간은 아마도 약육강식하는 동물처럼 가련한 존재가 되고 말리라. 인간은 하늘에 떠 있는 별이나 심산유곡에 홀로 피었다 지는 녹음방초, 산야를 누비는 사슴이나 곰처럼 살 수 없다. 우리는 인간만이 누릴 수 있는 배움과 느낌을 생각해야 한다.

인간은 물질적이면서 정신적인 실존재다. 그러한 이중적 속성과 특성을 인간이라는 존재의 외연外延으로 바라보는 종합적인 시각이 필요하다. 이를 바탕으로 인격적인 인간의 참된 길을 따라나서야 한다. 뒤르켐E. Durkheim은 인간을 종교적 동물이라고 말했다. 그러나 사실 어떤 면에서 인간은 종교마저 버릴 수 있는 존재다. 하지만 어떤 인간도 정신생활을 버릴 수는 없다. 물론 이 말은 물질이 인간의 행복을 위해 필요하다는 것을 거부한다는 의미가 아니다. 당연히 진리를 구하는 과학기술은 인간에게 지혜를 주고, 생활 수단을 개선하고, 삶에 편익을 제공한다. 그렇지만 그러한 편익만으로 인간의 삶을 가치 있게 만들 수는 없다. 인간을 존귀하고 가치 있게 만들고, 보람을 부여하는 것은 언제나 그렇듯 정신적 영역이다.

고독하고 헤어나기 힘든 일을 겪을 때, 천재지변과 같은 시련에 부딪힐 때, 인간은 자기도 모르게 신을 찾아 호소한다. 번민에 빠져 영혼이 흔들릴 때마다 인간은 자신의 허약함을 지각하게 된다. 이에 따라 본능적으로 신에 의지해 호소하게 된다. 무엇보다 인간은 자아 완성과 실현을 바라는 존재다. 갈망과 소망을 지니는 한, 인간은 정신적이고 종교적인 존재일 수밖에 없다. 문제는 어떻게 종교의 세속화를 막고 문명의 타락에서 인간 자신을 구하느냐 하는 것이다. 종교를 단지 대상 종교나 기복의 수단으로 삼으면 안 된다. 참된 종교는 완전을 추구한다. 선의를 몸소 실행하며 사사로움을 떠나 마음을 비운 무아무념無我無念의 삶이 참된 종교의 길이다.

이제 이러한 생각을 토대로 천체진화론을 다시 살펴보자. 특히, 태양계의 종말에 관한 천체물리학자들의 말을 되새겨 보려 한다. 천체물리학자들에 의하면, 우리 태양계의 모체는 은하계의 오리온성좌의 성운에서 나왔다. 그 성운이란 성간물질로 이루어져 있으며, 태양도 수소 성분으로 이루어진 먼지와 가스의 응결체다.

태양은 다른 모든 별과 마찬가지로 생명주기를 가지고 있다. 생명주기가 다하면 태양은 생을 끝마치고 소멸하게 된다. 약 50억 년 전 탄생한 태양은 내부의 핵연료가 이미 반가량 타 버렸다고 알려져 있다. 태양의 생명은 앞으로 약 50억 년 정도 지속될 수 있는 것으로 추정되고 있다. 30억 년이 지난 후 태양은 그 중심에 있던 수소가 대량 소비되어 외곽이 팽창하면서 부풀어 오르게 된다.[38] 수소 핵융합이 거세지며 더 뜨거워지고 그러다 결국 태양은 적색거성으로 변하게 된다.

38 현재는 이러한 현상이 약 50억 년 후에 일어날 것으로 추정하고 있다.

이러한 태양의 크기가 지금보다 약 100배 확장되면 빛의 밝기는 오늘의 약 1000배가 될 것이다. 이렇게 되면 태양 가까이 위치한 화성과 금성은 그 내부까지 완전히 녹아 버리고 만다. 핵연료가 모두 고갈된 태양은 먼지가 되어 하늘로 날아가 흩어진다. 한동안 타다 핵심체만 왜소하게 천체를 떠돌게 되는데, 그나마도 남은 잔여 연료를 다 소모하면 다시 원소로 분해돼 영원히 자취를 감추게 된다. 태초의 지구와 같이 물과 바다가 없는 불덩어리가 되었다가 처음 태어나기 전 모습으로 돌아가게 되는 것이다. 결국 먼지와 가스로 변하고 만다. 이처럼 거대한 태양도 소멸되는 것이 우주의 변화 원리다. 공수래공수거空手來空手去가 생명 존재의 본질이 아닌가 하는 생각마저 든다.[39]

태양이 적색거성에서 백색왜성으로 변해 가는 동안 지구는 어떤 모습일까. 물론 지구 또한 소멸할 수밖에 없다. 태양이 소멸하는 과정에서 지구도 황량한 잿더미로 변하고 만다. 우선 지구 내부의 납이 완전히 녹고 바닷물이 전부 증발한다. 인간의 소멸은 말할 것도 없이 모든 생명이 사라지게 된다. 이러한 소멸을 피해 인간이 살 수 있는 유일한 길이란 생존 가능한 태양계 밖의 다른 별을 찾아 떠나는 방법밖에 없다.

미국 국립과학아카데미(National Academy of Science) 학술지에 게재된 논문 「1970년대의 천문학 및 천체물리학」에 따르면, 언젠가 지구도 희미한 재 덩어리로 변해 생명이 없는 별이 된다. 백색왜성이 된 태양의 주변을 돌다 시간이 흐르면 처음 지구가 태어나기 전 모습으로 돌

39 태양은 진화의 마지막 단계가 되면 외피(envelope)에 있는 물질을 성간물질(기체와 티끌)의 형태로 우주 공간에 환원하고, 중심부는 백색왜성으로 진화한다. 백색왜성은 탄소와 산소가 주성분인 축퇴성(degenerate star)으로, 전자의 축퇴압에 의해 크기가 유지되는 천체다.

아가고 만다.[40] 이렇게 타들어 가 광도가 낮아진 항성으로 변한 왜성矮星은 우리 은하계만 헤아려도 전체 별 중 10%나 된다고 한다. 이처럼 별도 삶과 죽음을 되풀이한다. 무한한 시간 속에 태어나고 죽는 일을 반복한다. 결국 별이라는 존재 역시 허무한 실체인 것이다.

그렇다고 모든 별이 다 이렇게 단순히 생겨났다 사라져 버리는 것은 아니다. 지름이 태양보다 큰 육중한 별들은 타 버린 후에도 적극적인 진화 과정을 거치기도 한다. 초신성超新星(Supernova)이나 펄사 또는 퀘이사로 변해 생명을 유지한 뒤, 우주 잿더미로 변한다.

지금까지 우주 생성에 관한 과학적 설명을 살펴봤다. 현재 과학기술은 놀라운 경지에 도달했다. 물론 지금 밝혀진 것이 불변하는 진리는 아니다. 가령, 현대물리학은 아인슈타인의 상대성원리와 하이젠베르크W. K. Heisenberg의 불확정성원리에 입각한 비결정적 확률론에 근거하고 있다. 이러한 근거들이 수정되면 지금까지 세워 온 우주에 대한 가설도 달라질 수밖에 없다.

과학기술의 힘은 의심의 여지 없이 계속해서 발전하고 있다. 이제 누구도 인공위성이 전송하는 우주 중계를 의심하지 않는다. 인간이 달을 탐색한 이후로 과학기술에 대한 믿음은 더 확고해졌다. 과학 지식이 확장되면서 사람들은 컴퓨터 기술력은 물론 핵무기의 파괴력이 어느 정도인지도 알고 있다. 인류의 삶이, 과학의 금자탑이 이룩한 결과라는 사실은 부인할 수 없다. 과학의 발달은 인간에게 그저 피안彼岸으로 여겨졌던 우주의 변화도 전망할 수 있게 만들었다. 인류는 우주가 어떻게 만들어졌고, 우주 공간은 어디까지인지 알아 가고 있다. 우주를 구성하는 물

---

40 최근의 연구에 따르면, 적색거성으로 부풀어 오른 태양은 77억 년 후엔 지구의 공전궤도보다 커지게 되어 지구를 집어삼키게 되고, 결국 지구는 태양의 중심부로 포획될 것으로 추정된다.

질은 물론 별들의 생태에 대해서도 지식을 쌓아 가고 있다. 우리 태양계의 탄생 기원과 방법은 말할 것도 없고 지구인의 기원까지 밝혀냈다. 지구인이 어떤 경로로 이 우주에 생겨나 문명을 형성하고 발전시켜 왔는지도 규명할 수 있게 됐다. 이처럼 과학을 통해 밝힐 수 있는 우주 생성의 원리는 그야말로 과거와 비교할 수 없을 정도로 확장됐다.

이렇게 이번 장에서는 우주 생성 과정을 다원적 시선으로 개관했다. 객관적 · 과학적 실험을 기반으로 이루어진 과학적 설명을 통해 세상의 본질과 현상을 규명해 봤다. 앞 장에서는 주관적 사유에 의한 우주관과 인간관도 논의했다. 이러한 두 관점을 통합해 이해하면 우주 존재의 변화와 원리에 입체적, 총체적으로 접근할 수 있다. 우주에 대한 보다 높은 차원의 유기적이고 종합적인 안목을 기를 수 있다.

다음 장에서는 이러한 안목을 토대로 이 세상의 실재가 무엇이고 그 변화와 생성 관계가 어떻게 이루어지는지 살펴보려 한다. 전승화 철학을 정립해 우주와 인간의 존재 원리를 구체적으로 논의해 보고자 한다.

Oughtopia

7

7장

전승화의 이론과 실제

앞에서 우주 생성과 지구, 생물, 인간의 탄생 과정을 개괄적으로 살펴봤다. 인류의 역사와 문화 전반에 관한 논의도 함께 고찰했다. 이를 위해 여러 종교가, 사상가, 철학자, 과학자의 식견들을 들어 봤다. 중요한 것은 이러한 논의들이 진정한 앎이 되기 위해 무엇이 필요한지를 고민해야 한다는 것이다. 지식의 발견과 확장이 실제 인간 삶에서 의미 있는 것으로 실현되기 위해서는 종합적인 성찰이 요구된다.

우리가 사는 이 세상은 커다란 판도라의 상자와 같다. 선과 악, 옳음과 그름, 재앙과 희망이 언제나 혼재해 있다. 이 때문에 사람들은 사물과 존재의 정체를 바로 알지 못하고 삶의 근간을 제대로 붙잡지 못한 채 살아간다. 존재의 일부를 근본이라고 믿고 부분이 곧 전체의 진리라고 단정하곤 한다. 참으로 유감스러운 일이 아닐 수 없다.

어떤 의미에서 인간은 지금까지 부분만 보고 생각하며 살아왔다고 말할 수 있다. 인간이 전체라고 생각해 온 것들은 대우주의 관점에서 보면 사물의 한 현상에 불과할 때가 많다. 우주의 시선으로 보면 인간이란 존재는 아주 작은 부분에 속한다. 그러므로 우리는 전체와 부분, 근본적인 것과 지엽적인 것, 이 둘을 함께 보는 눈을 키워야 한다. 부분을 전체로 오인하는 잘못을 저질러서는 안 된다. 개별자의 특성과 속성을 이해하기 위해서는 그와 연결된 전체와의 상호 관계를 바로 이해해야 한다. 이러한 시각이 곧 이 책에서 설명하고자 하는 전승화* 이론의 요체이자 출발점이라고 할 수 있다.

앞서 보았듯이, 우주의 원리는 막연하고, 단선적 인과율로 단순화할 수 없다. 불교에서 말하는 윤회로도 다 설명해 내지 못한다. 목적을 가진 섭리에 의한 운행으로 축소해 이해할 수도 없다. 이 세상 모든 것 안에는 이치가 내재해 있으며 모든 존재의 운동은 바로 그러한 이치를 따라 행해진다. 사물의 겉만 보면 그 양상이 불규칙해 보이고 예측할 수 없어 신비롭고 기이해 보일 수 있다. 하지만 내부를 들여다보면 그 불규칙해 보이는 양태 사이에 일정한 원리와 원칙이 존재한다는 것을 알 수 있다. 무질서해 보이는 현상 안에 운행의 질서가 존재한다. 모든 변화 운동에는 원인이 있으며 그에 상응하는 결과가 나타난다. 원인과 결과가 서로 꼬리를 물고 순환한다.

이러한 원인과 결과의 순환 운동은 물질들 사이에서도 일어나고 물리 운동, 정신과 의식 작용(인간의 정신 활동)에서도 일어난다. 그러므로 우주의 질서엔 기적이란 존재하지 않는다. 우연이나 기적이라 여겨진 것도 그것의 근원을 알면 그 또한 필연의 일부라는 것을 깨닫게 된다. 무한한 변화 속에 불변하는 그 무엇이 일관되게 흐르고 있다. 옛사람들은 이러한 불변하는 질서를 일컬어 도道, 이理(Logos), 법法(Dharma), 범梵(Brahma)이라 불렀다. 이러한 원리를 인격화하면 천天, 신神, 불佛, 범梵이라 부르고, 그러지 않을 때는 진리, 도리, 원리, 법칙이라 부른다.

이 모든 법칙 운행은 같은 존재만으로 이루어지지 않는다. 거기에는 항시 다른 존재가 전제되어 있다. 이렇게 서로 다른 존재들이 상호 관계를 맺음으로써 세계가 형성된다. 실제의 세계는 단순히 하나의 실재가 주재하는 절대세계가 아니라, 상대세계로 존재한다.

같은 맥락에서 원인과 결과를 단선화하는 형식적 인과 운동으로 세계의 운행을 풀이해서는 안 된다. 우리가 살아가는 세계는 서로 다른 존재들이 복잡하고 다원적인 상호 관계를 맺으면서 통일적인 운동을 진행하기 때문이다. 하늘이 있으면 땅이 있고, 낮이 있으면 밤이 있듯, 모든 존재는 같음 가운데 다름이 있고, 다름 가운데 같음이 존재한다[同中異異中同]. 세계 내 모든 법칙 운행은 크고 작음, 넓고 좁음, 옳음과 그름, 선함과 악함이 짝을 이뤄 공존함으로써 이루어진다. 남녀노소, 이합집산 등이 복합적으로 작용한다. 이렇게 대립하는 관계 속에서 주체와 객체, 주체와 주체, 객체와 객체가 조우하는 3차원적인 상승相乘*작용이 복합적으로 이루어진다.

이러한 의미에서 '실재'는 하나가 아니다. 하나의 실재는 언제나 이미 다른 실재를 전제하고 있다. 그 둘은 서로 조화를 이루기도 하고, 상극하기도 한다. 이러한 이중적 관계를 맺으면서 실재의 변화 운동이 일어난다. 우주의 모든 존재가 조화와 대립이라는 상관관계를 이루면서 하나의 통일적 유기체로서 상호 작용하게 된다.

이러한 원리를 좀 더 명확하게 풀어 보자. 우선, 동중이同中異 이중동異中同으로 설명할 수 있다. 조화 안에 대립이 존재하며 대립하는 가운데 조화가 생성된다. 또한 그것은 유즉무有卽無 무즉유無卽有로도 설명할 수 있다. 있는 것이 곧 없는 것이 되고, 없는 것은 다시 있는 것이 된다. 다시 말해, 모든 존재는 서로 다른 속성들이 만나 상호 관계를 형성한다.

존재들이 맺는 관계는 근본적으로 동질同質 혹은 이질異質 사이의 상호작용을 통해 이루어진다. 이러한 같거나 다른 것들이 만나 결합해 새로운 무엇인가가 생성된다. 이 점에서 모든 존재의 상관관계는 단순한 더하기나 빼기로 파악할 수 없다. 그 이상으로 배가되거나 비약할 수 있는 상승相乘 관계가 발생한다. 서로 다른 실존들은 통합과 분열, 조화와 충돌, 상관相關과 상극相剋 운동을 동시에 일으킨다.

이때 통합과 조화의 계열은 새로운 것을 태어나도록 만든다는 의미에서 생生의 차원이다. 힘이 강해지는 성盛의 상태라고 할 수 있다. 다른 계열인 분열과 상극의 과정은 힘이 약해지는 쇠衰 또는 힘이 소멸하는 멸滅의 상태다. 우주의 모든 실체는 사실상 이러한 힘의 두 과정이 교차하면서 형성된다. 강해지면 약해지고, 태어나면 소멸하는 과정을 이어간다. 이러한 형식 운동이 무한히 반복되면서 세계가 변화하고 유전流轉한다. 상극하는 두 실체는 이원적 상호작용 안에서 계속 움직인다. 하지만 서로 다른 이 두 개의 지향을 단절적인 관계로 분리해 이해해서는 안 된다. 이 둘은 한 존재에 공존하는 두 개의 표면이자 관념이라고 해야 할 것이다. 우주의 실재와 운동은 이처럼 하나의 측면 안에 두 개의 양상이 존재하는 일면양상一面兩相의 통일체로 바라보아야 한다.

세계란 이미 창조된, 그러므로 고정된 어떤 것이 아니다. 세계 자체는 언제나 창조되어 가는 과정으로 존재한다. 이러한 세계에 대한 이해는 근본적으로 우리가 사는 우주에 대한 이해에서 비롯된다. 우주는 극소와 극대 사이의 반복 운동을 형식으로 취하면서 생멸과 성쇠의 작용을 되풀이해 오고 있다.

기원전 5~6세기경 인류 역사의 대전환기라 할 수 있는 축軸의 시대가 있었다. 이 시대 사람들은 세상의 이치를 수론數論을 통해 구체적으로 파악했다. 주역이 대표적이다. 하지만 수론은 존재(Sein)의 원리로서 자연율을 필연적인 것으로 보았기 때문에 세계 운동을 원인·결과로 획일화해 살펴보려 했다. 심지어 자연뿐 아니라 인간 삶까지도 그러한 방식으로 풀이하려 했다. 인과 질서를 계산해 인간의 미래까지 예측하려 했다. 이러한 생각은 크나큰 잘못이며, 수론의 한계라고 할 수 있다.

이를테면 주역은 중국을 천하로 보고 황하 지역에서 일어나는 현상을 우주 보편으로 파악했다. 인간의 정신생활마저 일종의 물리적 현상의 외연으로 바라봤다. 이는 전체와 부분의 특성과 속성을 무시하고 부분을 전체로 착각한 결과다. 우주의 스케일은 거시적이면서 동시에 미시적인 시선으로 바라볼 때 그 진정한 운동 원리를 파악할 수 있다. 사물과 현상에 대한 이해는 전체로 확대함과 동시에 부분으로 심화하는 이중 과정이 존재해야 한다. 더욱이 수론적 원리는 초보적인 현상 이해 방식에 불과하다. 과학문명이 발달한 지금은 인류에게는 수론보다 더 깊이 있게 자연현상을 꿰뚫어 볼 수 있는 능력이 있다.

특히, 주역의 수론은 인간존재의 다양한 사회적 관계와 주체적 활동에 대해서는 충분한 설명을 할 수 없다. 한나라 때 역학자易學者들은 시간을 그 무엇보다 중요하게 생각했다. 이를테면 인간의 운명이 사주四柱라고 하는 탄생 연월일시를 통해 결정된다고 주장했다. 인간사회를 이루는 공간과 환경 또는 환류環流*, 실체實體* 등을 고려하지 않고 인간의 삶을 결정론적 관점으로 이해하려고만 했다. 이에 따라 수식으로 패턴을 만들어 내고, 이를 통해 우주와 자연의 모든 현상 변화를 알 수 있다고 생각했다. 일식·월식 현상이나 별빛이 변하고 달무리나 무지개가 뜨는 것도, 비바람이 불고 홍수가 나는 것도 단순한 자연의 기상 현상 변화로 보지 않았다. 태극太極·지극地極·황극皇極이라는 삼재관三才觀에 비추어 해석하고자 했다. 음양오행의 작용과 십간十干을 관련지어 운명적으로 정해진 길함과 흉함을 점치기도 했다. 천제, 기우제, 풍년제 등 제사가 생겨난 것도 그 때문이다. 이러한 운명론적 사고 속에서 주역을 천의天意나 범신이라 부르며 잘못 믿는 일도 벌어졌다.

비록 주역이 자연의 통일적 현상과 기능을 설명할 수 있는 시각이긴 하지만, 우주의 원리를 자연율에 의한 음양의 성쇠 작용으로만 논할 수는 없다. 주역을 세상의 창조 과정을 풀이한 원리가 아닌 길흉화복을 점치는 미신적 설계로 파악하는 것도 잘못된 생각이다. 주역을 세속적인 하등 종교로 여겨 세상 모든 곳에 신이 있다는 식의 미신적 사유를 강화해서는 안 된다. 천신, 해신, 산신과 같이 자연현상을 의인화하는 것도 잘못된 해석이다. 미신적 존재를 만들어 숭배하면서 제사를 지내는 행위는 주역의 원래 뜻과 맞지 않는다. 이러한 잘못된 행동 속에는 화를 면하고 복을 구하려는 인간의 욕망이 자리하고 있다. 주역이 학문이 아니라 미신으로 취급돼 온 이유도 여기에 있다.

이러한 현실적 문제와 별개로, 주역은 우주 변화 원리를 과학적으로 설명한 다양한 수론 중 가장 뛰어난 이론이라고 할 수 있다. 자연법칙을 음양오행설이라는 원리로 푼 것이나, 우주를 하나의 통일체로 파악하고 그 변화와 유전의 원리로 해명한 것은, 비록 단순한 계산법이긴 해도 평가할 만한 가치가 있다. 주역이 설명하는 우주 질서와 법칙을 현대사회에 적용하되 보다 나은 삶을 창조하는 방편으로 사용하는 것을 고민해야 한다. 주역의 원리를 발전시켜 우주 법칙을 발견할 수 있다면 더할 나위 없이 좋은 일일 것이다.

이 책에서 제시하고자 하는 전승화全乘和 이론*은 이러한 문제의식에서 출발한다. 우주의 원리와 현상 작용을 깊이 탐색해 진리를 규명하고

자 한다. 이러한 규명을 통해 인간관계의 근본을 밝히고 생활을 뜻있고 풍성하게 할 수 있다. 개인적 차원에서는 마음을 수양하고 합리적인 지혜를 얻을 수 있다. 사회적 차원에서는 더욱 값있고 보람 있는 행복한 삶을 영위할 수 있는 내일을 대비할 수 있다.

1. 전승화의 이론

전승화의 개념

전승화란 전全·승乘·화和, 그 글자 그대로 세상의 모든 일과 모든 사물이 서로 관련하고 작용하면서 통합을 이룬다는 의미다. 세상의 모든 실체와 현상이 전승화 과정을 거쳐 만들어진 역사적인 산물이다. 우주 역시 이와 같은 이치로 파악할 수 있다. 전승화 이론은 우주를 독립적인 사물 개체가 아닌 무수한 입자의 구성체로 본다. 우주의 모든 현상은 성질이 같거나 다른 입자와 분자가 관계를 맺고 상호 작용하면서 생겨난다. 크고 작은 모든 실체가 유기적 통일체라는 관계 아래 존재한다.

실체와 현상은 아무 원인 없는 우연이나 기적 속에서 이루어지지 않는다. 반드시 특성과 속성에 의한 작용이 생겨나야 실체와 현상이 이루어진다. 원인-결과, 결과-원인의 법칙에 따라 모든 것이 존재한다. 그러한 인과들이 서로 얽혀 관계를 맺고 영향을 주고받으며 생성 작용이 형성된다.

인과관계는 하나가 아니라 여럿이다. 수많은 인과 속에서 무수한 복수의 관계가 이루어지면서 우주의 모든 존재가 형성되고 움직인다. 우주의 모든 존재와 관계들은 같거나 다른 작용으로 이루어져 있다. 서로 동질적이거나 이질적인 작용을 일으키면서 상호 관계를 맺는 것이다. 이러한 작용 속에서 모든 실체와 현상이 유기적인 통일체를 이뤄 변화하고 창조된다. 그러므로 모든 것이 전승화 과정 속에 놓여 있다고 말할 수 있다.

이처럼 모든 존재란 상호 관계와 이를 통해 형성되는 생성 작용을 통해 이루어진다. 상관상제관계相關相制關係*는 이유 없이 이루어지지 않는다. 막연한 상호작용도 존재하지 않는다. 성질과 원리, 이치에 따라 상호 관계가 이루어지고 작동한다. 이러한 관계가 전개되는 근본 바탕은 의지적 실천과 작용이라고 할 수 있는 주리主理와 주의主意에 있다. 전승화 이론은 이러한 관계를 파악함으로써 우주의 현상은 물론 그 본체까지도 구명하고자 한다.

주리생성론*이 하나의 원리라면, 전승화 이론은 그러한 원리의 기능과 작용을 규명하는 이론이다. 쉽게 말해, 전승화 이론은 우주의 모든 사물과 현상을, 계속해서 이어져 내려온 역사적 파동으로 이해한다. 모든 존재의 파동은 원인이 결과를 낳고 결과가 또 새 원인이 되는 순환 운동의 결과물이다. 모든 실체와 현상 변화는 이러한 역사적 파동이 사물의 특성과 속성과 결합해 관계를 맺고, 일정한 이치에 따라 전개되면서 생겨난다. 그러므로 영원히 진행되는 인과의 순환 운동 속에 현재가 존재한다고 말할 수 있다. 영원한 현재로서의 역사적 현실 위에서 우주의 모든 작용이 일어난다. 전승화란 바로 이러한 작용 전체를 일컫는 말이다.

기체의 의미

기체基體*란 시간과 공간과 같이 독립된 원형적 범주를 이루고 있다. 모든 기체는 성질과 계열이 다르게 구성되어 있으며 상호 단절적이다. 역경易經인 주역은 음陰과 양陽이라는 두 개의 기체를 우주의 구성 요인으로 파악한다. 음양을 토대로 우주 현상을 우宇와 주宙라고 하는 공간과 시간의 두 차원으로 설명한다. 이러한 주역의 이차원적 구성 원리와 달리 전승화 이론은 시간과 공간뿐 아니라 실체實體*와 환류環流*라는 기체를 포함해 4차원의 우주론을 제시한다. 주역이 정립된 시기에는 지금과 같이 과학이 크게 발달하지 않았다. 시간과 공간을 우주의 전부로 보고 인간도 자연의 분신인 소우주로 이해하던 때다. 생물계(실체)의 독립된 생활환경(환류)이라는 개념을 살펴보기 어려웠다.

인간과 동물은 단순히 공간을 차지하고 살아가는 존재로 축소할 수 없다. 모든 생명체가 자연에서 비롯된 존재라는 사실은 틀림이 없다. 하지만 생명체를 자연율이라는 거대한 톱니바퀴에 속한 존재로만 취급할 수는 없다. 인간과 동물은 무기물과 같은 존재가 아니라 정신과 지각을 가진 독립된 존재로 이해되어야 한다.

인간은 동물과 달리 독립된 자연적, 역사 문화적 자기세계(환류)를 가진 실존재(실체)다. 물질적인 존재이면서도 정신적으로 독립된 존재다. 그런 이유로 우주는 자연계와 생물계로 구별할 수 있다. 여기서 자연계는 시간적 세계인 시계時界와 공간적 세계인 공계空界를 포괄해 이르는 말이다. 생물계는 생계生界와 환계環界로 구분된다. 생계란 생명 존재를 유지하기 위해 살아가는 인간, 식물, 동물과 같은 생명 실체로 이루어진 세계다. 환계는 인간이 만든 역사 문화적 환경으로서의 환류環流를 일컫는다. 인간존재는 시간과 공간 안에서 유기적 실체로 살아가면서 스스로 노력해 생활 터전이라는 특수 환경을 형성한다.

주역이 강조하는 우주의 구성 요인인 시간과 공간만으로는 존재와 현상에 관한 복잡한 물음에 답할 수 없다. 인간, 동물, 식물 등 모든 실체의 통합적인 존재 원리를 파악하지 못한다. 가정과 직장, 국가, 사회, 가치관, 사회관계 등이 얽혀 복잡하게 만들어지는 세계에 대해서도 충분히 해명할 수 없다. 인간의 역사, 문화, 도덕, 법률, 권리, 의무, 종교, 제도, 풍습, 전통 등을 어찌 시간과 공간이라는 이차원적 논리로만 설명할 수 있겠는가. 전승화 이론은 이러한 주역의 한계를 극복해 시간·공간·환류(정신적, 물질적 특수 환경과 조건)·실체라는 4차원적 논거로 우주를 파악하고 설명한다.

여기서 4차원이란 무엇인가. 아인슈타인도 에너지 운동 법칙에 관한 4차원 이론을 제시한 바 있다. 하지만 그것은 전승화 이론에서 이야기하는 4차원(시간·공간·환류·실체) 중에서 시간과 공간만을 원용한 개념이다. 아인슈타인의 4차원 개념은 사실상 공간을 점·선·면 또는 전후·좌우·상하 등 세 개 국면으로 구분한 3차원에 시간 차원을 더한 것이다. 전승화 이론으로 본다면 이러한 분할은 원형原型적 차원(original dimension)과 국면적 차원(sectional dimension)을 혼동한 결과라고 할 수 있다. 만일 아인슈타인의 논리대로 공간의 국면적 차원을 구분한다면 시간 역시 과거·현재·미래라는 세 국면으로 분할해야 할 것이다. 그렇다면 이것은 4차원이라 부르기 어려워진다. 이처럼 범주의 원형적 차원과 국면적 차원을 혼동하는 것은 사리에 들어맞지 않는다. 이 점에서 아인슈타인의 4차원과 전승화 철학의 4차원 개념은 혼동될 수 없다.

사기체의 개념

우주는 시간·공간·환류·실체, 네 개의 기체*를 중심으로 작동한다. '시간'은 영속성을 갖는다. 처음과 끝이 없다. 과거와 현재와 미래를 무한히 잇는 시간 가운데에서 실체實體인 사물의 변화와 생멸이 이루어진다.

'공간'은 장소와 위치를 의미하는 장위성場位性을 지닌다. 동서남북, 상중하, 대소·장단·광협을 이루어 사물과 현상의 존립과 변화의 터전을 만든다.

'환류'는 미리 마련된 여건성을 의미한다. 모든 실체는 자연적·문화적·인위적·정신적 환경을 이룬다. 모든 실체와 실체들 사이에 상호 관계가 형성되면서 생성의 바탕으로서 환경이 구성된다.

'실체'는 실존성을 가지며 자존自存하고 자립自立해 살아간다. 존재의 형태는 무한소와 무한대, 낮은 차원과 높은 차원, 그 사이에 분포한다. 특성과 속성을 중심으로 상호 관계를 맺으며 작용하는 것이 특징이다. 실체들은 분리하거나 결합하고, 모였다 흩어지며, 탄생과 소멸을 겪는다.

사기체四基體가 상호 관계를 맺을 때는 다시 아래와 같은 복합 관계를 형성한다.

사기체의 상호 관계와 복합개념

시간과 공간 관계는 실상實相 관계
시간과 환류 관계는 변화變化 관계
시간과 실체 관계는 생멸生滅 관계
공간과 환류 관계는 여건與件 관계

공간과 실체 관계는 형상形相 관계

환류와 실체 관계는 목적目的 관계

시간·공간·환류·실체라는 네 가지 기체들은 각각 고유한 범주를 지닌 단순개념이면서 동시에 기체들 사이의 상호 복합 관계를 맺는다. 가령, 시간과 공간이 결합하면 우주 안에 실재와 그것의 상相으로서의 형상이 나타난다. 인간이 살아가는 환경은 시간의 흐름 속에서 끊임없이 변화한다. 생명을 지녔거나 지니지 않았거나 존재하는 모든 개체와 집단은 태어나고 죽는 생명 과정을 겪게 된다. 공간과 맺는 다른 기체들의 관계도 같은 방식으로 생각해 볼 수 있다. 물리적인 공간 속에서 모든 개체와 존재들은 자신의 삶에 적합한 환경을 만든다. 그렇게 만들어진 사회, 역사, 문화적 환경이 개체의 생존을 위한 삶의 여건으로 작용한다. 동시에 개체들은 공간을 부여받음으로써 비로소 하나의 형태와 모습을 갖춰 살아갈 수 있다. 또한 모든 존재는 자신의 의지와 목적을 통해 주어진 환경으로서의 환류를 변화시키고 창조할 수 있다. 이처럼 우주의 모든 존재와 그 변화는 시간·공간·환류·실체의 네 가지 기체들이 서로 얽혀 상호 관계를 맺는다. 각 기체들은 서로 분리되어 있지만 그와 동시에 서로 조합해 다층적인 복합개념을 형성한다.

사기체는 다시 아래와 같이 여덟 기체로 그 성격을 구분해 살펴볼 수 있다.

팔기체*의 구분

시간은 연속적 시간(역사적 시간)과 찰나적 시간(순간적 시간), 공간은 보편적 공간(무한적 공간)과 특수적 공간(유한적 공간), 환류는 자연적 환류(자연적·현상적 환류)와 사회적 환류(인위적·문화적·역사적 환류), 실체는 개별적 실체(개별적 무기실체와 개별적 유기실체)와 집합적 실체(집단적 무기실체와 집단적 유기실체)로 구분한다.

환류의 개념과 작용

환류環流란 물리적 환경(physical environment)과 인간의 지적 생활권(noosphere)을 가리키는 시류時流를 결합한 말이다. '환경'은 실체를 둘러싼 주위의 인위적인 자연 환경과 사회 환경을 말한다. 이는 자연적·인위적·사회적으로 이루어진 공간 또는 공간체體로서 추상적 기하학적 공간 개념과 구별된다. '시류'는 정신적·문화적·역사적·사회적 현상 속에 일관되게 흐르는 인간의 지적 활동 전체를 가리킨다. 시대사조나 관습·대기大氣·사상과 같은 것을 지칭한다. 시대정신이나 주류 풍습과 취향 등 정신적 흐름의 여건을 가리킨다.

인간은 자연적, 사회적 생활을 하면서 자기세계를 구축한다. 자신이 딛고 일어서서 살 터전과 집, 의지하고 생활해 나갈 수 있는 인간적 특수 환경을 만들어 살아간다. 인간은 개인이나 집단을 막론하고 아무것도 없는 텅 비어 있는 공간에서 살 수 없다. 인간이 살아가는 환류는 일차적으로 인간과 관계있는 자연적 공간, 자연물을 인위적으로 이용한 환경을 포함한다. 나아가 보이지 않는 정신적 범주로서의 환류가 존재한다. 이는 인간 자신이 생활 규범을 마련하고 문명세계를 만들어 살아가는 환경을 일컫는다. 이런 의미에서 환류는 허공과 구별된다.

실체의 개념과 작용

실체實體란 이 세상에 존재하는 모든 실재(substantial existence)를 의미한다. 실체는 무한소에 가까운 것도, 무한대에 가까운 것도 있다. 소립자로 존재할 수도 있고 복합물인 물체로 존재할 수도 있다. 별이나 은하계, 더 나아가서는 전 우주까지 때에 따라서는 하나의 실체 개념으로 파악할 수 있다. 또 실체는 시간을 공간에서 분리해 독립적으로 인식하도록 만드는 역할도 한다. 실체가 없다면 시간은 독립된 존재로 인식될 수 없다. 실체가 변화하는 과정을 통해 시간의 존재를 경험할 수 있다.

이러한 실체는 생명력의 유무에 따라 무기실체無機實體와 유기실체有機實體*로 나눌 수 있다. 다시 말해, 무기실체는 무기물을, 유기실체는 유기물을 포괄하여 이르는 말이다.

또한 실체는 그 내적 성질을 통해 구분해 볼 수도 있다. 그것은 모든 실체가 그 나름의 생명주기와 고유한 특성, 공통된 속성을 지니고 있기 때문이다. 이 말이 의미하는 바는, 무기실체든 유기실체든 모든 실체는 그 나름의 이치와 작용을 통해 구별할 수 있다는 것이다. 예컨대, 무기실체는 무기물로서 자율적인 생명현상을 지닌다. 고유한 생명주기와 성질을 가지고 있다. 그러한 속성이 무기실체를 이루는 하나의 법칙, 이理적 차원이라고 할 수 있다. 세상의 모든 물리현상이란 결국 저마다 고유한 법칙 속에서 생겨난다고 보아야 한다. 같은 관점에서 유기실체란 유기물로서 조건반사적인 본능 작용과 지각 작용을 지닌 생명체로 볼 수 있다. 이처럼 모든 실체는 물질적 실재이면서 동시에 그 안에 나름의 이치와 속성을 지닌 이理적 존재라고 할 수 있다. 각 실체는 물질적 차원뿐 아니라 저마다의 이치와 법칙 속에서 생명현상을 이어 가는 고유한 이치와 성질性質을 형성하고 있다. 전승화 이론은 실체를 구성하는 이 두 개의 분리되지 않는 차원, 다시 말해 물질성과 이理적 속성을 각각 물실체物實體와 이실체理實體*라 명명한다.

쉽게 말하면, 물실체는 인간의 육체에, 이실체는 정신에 비유할 수 있다. 중요한 것은 무기실체라 할지라도 물질로서의 물실체뿐 아니라 그 나름의 이치와 법칙인 이실체 작용이 있음을 아는 것이다. 무기물은 생명력이 없는, 죽어 있는 사물死物처럼 보지만 본질은 그렇지 않다. 무기실체 역시 그 나름대로 성질을 가지며 자율적이거나 타율적인 이치에 따라 존재한다. 다른 생물체와 마찬가지로 고유한 성질을 중심으로 이치에 맞게 일관되게 작용하고 있다. 바로 이 지점에서 자연계의 생물, 무생물 모두가 같은 분자로 구성되어 있다는 분자생물학의 주장도 떠올려 볼 수 있다.

실체가 지닌 고유한 성질이란 실체를 구성하는 특성과 속성, 그리고 상관성을 포괄하여 이르는 말이다. 물질이 재료라면 성질은 기능 또는 현상을 불러일으키거나 다른 것에 영향을 주는 힘인 작용력作用力이라고 할 수 있다. 쉽게 말해, 물질은 움직여지는 것으로서 눈에 보인다. 성질은 보이지 않으며 물질을 움직이게 하는 힘이다. 실체의 성질은 고유한 속성뿐 아니라 다른 성질들과 관계 맺으면서 형성되는 역학적인 상관성을 통해 이해할 수 있다. 이러한 시각에서 도달할 수 있는 중요한 사실은 어떤 물질도 홀로 존재하지 않는다는 것이다. 물질이 자율적이고 독립적으로 자기 운동만 한다면 우주의 생성 변화는 일어날 수 없다.

전승화 이론은 이러한 물질이 운동하게 하는 이치와 속성을 일컬어 이理라 부른다. 이는 물질을 움직이게 하는 힘이자 그것들 사이의 관계를 의미한다. 그러므로 이란 본질적으로 관계를 맺는 서로 다른 존재 또는 차원 모두에 존재한다고 보아야 한다. 이란 어느 하나에만 내재해 있고 다른 쪽에는 없는 것으로 보아서는 안 된다. 예를 들어, 음양의 원리를 표현하는 태극太極(☯) 모형처럼, 모든 존재가 서로 짝을 이뤄 존재한다고 할 때, 서로 다른 두 존재 모두에게 이치가 내재해 있다. 동물의 암수나 인간의 남녀 존재를 떠올려 보자. 이理란 수많은 구슬을 연결해 엮은 하나의 원환과 같다. 이는 어느 한 존재나 차원에 있는 것이 아니라 모든 사물과 존재 안에 깃들어 있다.

이러한 이가 사물 안에 있을 때는 성질, 법칙, 원리와 같은 이치가 된다. 생명력은 식물의 이다. 본능이나 감각은 동물의 이다. 인간에게 이란 근본적으로 감성과 이성이다.

인간존재 안에서 이가 어떻게 작동하는지 알아보자. 인간은 행동하기에 앞서 지각하고 판단한다. 의식이 모든 행동을 유발하고 인도한다. 행동한 후에 지각하고 사유하는 것이 아니다. 심지어 동물도 그렇게 할 수 있다(이러한 의식과 행동의 관계는 3장 '주리생성론과 제2의 르네상스' 참조).

힌두교의 브라마Brahma라는 실재, 인도 철학의 황금알(Hiranyagarbha), 불교의 법(Dharma), 기독교의 말씀(Logos), 유교의 성誠(Sincerity), 실존철학의 삶의 의지, 생물학의 유전자질, 물리학의 에너지 등 모두 우연히 만들어진 말들이 아니다. 이를 인식하는 방식은 계시나 명상, 과학과 학문적 탐구 등으로 다를 수 있다. 하지만 어떤 방식이건 모두 다 인간의 의식 작용에 의한 결과라 하겠다.

이러한 근본 과정은 막연히 생각해서는 접근할 수 없다. 입체적인 통찰을 통해서만 확인할 수 있는 것들이다. 거듭 강조하건대, 우주의 근본원리는 이理에 의한 생성 작용 위에서 이루어진다. 주리主理 과정이 곧 우주 변화의 근본 힘이다. 따라서 주리생성론*을 통해 이러한 우주와 삶의 근원에 대한 바른 통찰을 얻을 수 있다.

이러한 맥락 속에서 이실체理實體라는 개념을 다시 설명해 보자. 이실체란 식물에서는 생명력으로 발현한다. 하지만 식물의 생명력은 독립된 지각 작용이 아니다. 조건반사적 기능 작용에 가깝다. 동물에게 존재하는 이실체란 본능과 감각일 것이다. 동물은 식물에 가까운 하등동물과 인간에 가까운 고등동물로 구분할 수 있다. 하등동물은 단순한 지각 작용 또는 본능이나 충동적 감각에 의지해 살아간다. 고등동물은 인간과 비슷하게 감정을 느끼고 사유 행위까지 할 수 있다. 하지만 동물은 인간과 달리 의식이 자기 증식하지 못한다. 동물은 감각 생활을 떠나서는 생존할 수 없다.

인간의 이실체는 동물과 그 차원이 다르다. 인간은 의식 생활을 하며, 정신생활을 통해 고등 지각으로서의 감성感性을 느낀다. 그뿐 아니라 사고의 자기 증식이 가능하다. 사고가 자율적으로 발전하면서 사상을 체계화해 나아갈 수 있다. 인간이 만물의 영장이라 불린 것도 인간존재가 단순히 지각이나 감각 작용에 의존해 살아가지 않았기 때문이다. 인간은 감성과 영적인 정신을 활용해 폭넓은 삶을 영위하며 살아간다. 이런 까닭에 인간은 때로 야수처럼 차원 낮은 행동을 하기도 하고, 천사처럼 차원 높은 행동을 하기도 한다.

높은 차원의 선한 삶은 인간이 경험을 쌓고 교육과 자기 수양을 통해 선과 악 사이의 거리를 좁힐 수 있게 되면서부터 가능해졌다. 인간의 성장 과정을 보라. 어린 아기는 동물과 같이 본능적 생활을 하지만 점차 더 많이 보고 배우고 느끼면서 성숙한 인간으로 인간답게 살아가게 된다.

마음 가는 곳에 행동이 뒤따른다는 말이 있다. 비록 단순한 표현이지만 이 말에는 큰 의미가 담겨 있다. 이실체理實體와 물실체物實體*가 상호 관계를 맺고 있지만, 이실체의 역할과 비중이 대단히 크다는 것을 알 수 있다. 인간 행동은 대부분 본능적, 감각적, 즉흥적, 충동적인 것을 제외하면 모두 차원 높은 이실체의 주도에 의해 이루어진다. 따라서 실체를 구성하는 요인을 이실체와 물실체의 균등한 관계로 이해할 수 없다. 이실체는 물실체와 더불어 단순히 실체를 구성하는 반쪽으로 계산해서는 안 된다. 이실체의 비중이 더 클 수 있다.

그러나 인간의 정신은 육체에 깃들어 작용한다. 아무리 이실체의 역할과 기능이 중요하다 해도 그 또한 실체를 이루는 한 부분이다. 물실체와 짝을 이루는 대위개념對位概念으로 이실체를 이해해야 옳다.

인간의 이실체는 단순 의식과 의지적 의식으로 나뉜다. 단순 의식에는 감각적 의식, 본능적 의식, 충동적 의식이 있다. 의지적 의식에는 좀 더 적극적인 상상적 의식, 의지적 의식, 오성적悟性的 의식이 있다. 이러한 의지적 의식은 행동 원인과 목적이 어디에서 오는가에 따라 다시 둘로 나눌 수 있다. 주체에서 행동의 원인과 목적이 의지적으로 형성되면 자기 자신이 원인이 된다는 점에서 자인적自因的 의지라 부를 수 있다. 반대로 타인에 의해, 타인의 목적을 지향함으로써 생겨나는 것은 타인적他因的 의지다. 자인적 의지가 의식적으로 행한 적극적인 의지라면, 타인적 의지는 의식의 작용 없이 타율적으로 일어나는 의지다. 따라서 자인적 의지는 선택적이고 능동적이다. 타인적 의지는 주체 스스로 선택하지 않으므로 수동적일 수밖에 없다.

이실체는 인간의 행동을 유발하고 인도한다. 이러한 이실체가 작용한다는 것은 의식적이고 의지적인 작용이 일어난다는 것이다. 이러한 이실체가 다른 기체들과 어떤 관계를 맺는가에 따라 일의 결과가 달라진다. 의지적 이실체가 삶을 어떻게 주도하고 선도하는가에 따라 모든 것이 달라질 수 있다. 사실상 미래란 바로 이러한 의지적 의식 작용에 의해 결정된다고 말해도 과언이 아닐 것이다. 그만큼 이실체의 역할은 인간 생활에서 참으로 중요하다.

바로 이 점이 전승화 이론에서 제시한 다른 기체들과 이실체가 변별되는 부분이다. 시간·공간·환류와 같은 기체들은 이실체와 같이 적극적인 선택과 변동을 만들어 내지 못한다. 시간·공간·환류는 하나의 여건으로서 존재한다. 자체적으로 변화하고 다른 기체들과 관계도 맺지만 의식적이고 선택적인 실체의 작용을 일으키지는 않기 때문이다.

이실체의 작용이란 한마디로 어떤 일을 할 것인지, 말 것인지를 선택하고 결정하는 것이다. 이러한 선택의 결과로 미래가 변화할 수 있다. 상황을 선택하고 행동을 결단하는 모든 과정은 이와 같은 이실체의 작용으로 이루어져 있다. 어찌 보면 인간이란 존재는 언제나 이미 이러한 의지적 선택권을 가지고 살아간다. 인간은 자신이 살아갈 삶과 환경을 능동적으로 선택하고 결정할 수 있다. 인간의 운명이란 것도 사실은 이러한 의식적·무의식적 선택을 통해 창조해 가는 과정으로 보아야 한다.

이실체의 행동 원인은 하나가 아니다. 이실체가 작용하는 원인은 자유의지에 의한 것만이 아니다. 필연적인 것도 있고 어떤 일의 연속적 계기에 의한 것도 있다. 인간은 무의식적으로 선택하기도 하며, 잘못이나 오해로 인해 이실체의 방향성을 정하기도 한다. 이제 이실체의 행동 원인의 복잡성 속에서 전승화 이론을 파악해 보자.

승화의 종류

시간·공간·환류·실체라고 하는 네 개의 기체들은 서로 상호 관계를 맺으며 서로에게 작용한다. 이러한 관계의 복잡성을 승화乘和*라고 명명한다. 승화가 일어나는 형태와 작용은 수數, 관계의 형식, 힘의 세기, 변화의 유무, 중심 실체의 기준으로 개념을 정리해 볼 수 있다. 우선, 수의 관점에서 사기체 간의 관계를 살펴보면, 단일성과 복합성을 기준으로 단승單乘 혹은 복승複乘으로 나눌 수 있다. 관계의 성격을 중심으로 보면 조화와 충돌로 구분되는데, 이는 화승和乘과 극승剋乘으로 개념화할 수 있다. 힘의 세기인 강도를 중심으로 할 때는 강승强乘과 약승弱乘으로 구분할 수 있다. 변화의 유무를 기준으로 판단하면 변화가 있으면 가변승可變乘, 없으면 불변승不變乘으로 설명할 수 있다. 마지막으로, 관계를 이루고 있는 중심 실체를 기준으로 하면 이승理乘, 물승物乘, 자승自乘으로 나눌 수 있다. 이제 각각의 개념을 개괄해 보자.

단승과 복승

승화가 단일한가, 복합적인가에 따라 단승單乘과 복승複乘으로 구분할 수 있다. 단승은 단일 기체 내에서의 관계와 작용이다. 여기서는 이理×이, 이×물질, 물질×물질의 관계가 형성된다. 복승은 두 가지 이상의 기체가 단승과 같은 관계 작용을 동시에 맺는 과정이다. 인간의 실제 사회는 이러한 두 개의 승화, 다시 말해 단승과 복승이 동시에 함께 작용함으로써 구성된다.

화승과 극승, 강승과 약승

조화하는가, 대립하는가에 따라 승화의 양상은 화승和乘과 극승剋乘으로 구분해 살펴볼 수 있다. 화승은 기체 간 서로 결합해 더하기 이상의 것을 만들어 내는 상승相乘*작용이다. 그것은 빼기(−)나 나누기(÷)와 같이 줄어드는 것이 아니라 더하기(+)나 곱하기(×)와 같이 늘어나는 형상이다. 반면, 극승은 감산의 과정이다. 빼기와 나누기의 작용이 일어난 것과 같다. 화승은 서로 조화를 이루어 힘이 강해지면서 일어나는 현상(성盛)이다. 보태고 더하는 것이기에 힘의 상승작용이 일어난다. 극승은 이와 달리 서로 상극하는 것이기에 힘이 약해지고 깎이는 현상이 생겨난다.

승화 과정은 이러한 조화와 대립의 관계 속에서 그 힘의 세기가 어떻게 일어나는가에 따라서도 구분할 수 있다. 힘의 세기가 강해지는 관계는 강승强乘 작용이 일어날 때다. 강승이란 조화(和)를 이루든 상극(剋)을 이루든 상관 작용의 힘이 강렬하게 나타나는 현상을 의미한다. 곱하기(×), 나누기(÷) 작용이 여기에 속한다. 반면, 힘의 세기가 약해지는 과정은 약승弱乘의 작용에 의해서다. 더하기(+), 빼기(−)와 같이 힘의 작용이 약한 관계에서 일어나는 승화 작용을 일컫는다.

가변승과 불변승

관계가 다른 실체에 영향을 주어 변화를 가져오는가, 아니면 불변하는가에 따라 가변승可變乘과 불변승不變乘으로 나뉜다. 가변승은 기체 간 상관관계와 작용이 실체에 영향을 미치는 현상을 의미한다. 불변승은 그 관계와 작용이 행해지기는 하지만 실체에 영향을 미치지 못할 때를 가리킨다. 기체들 사이에서 일어나는 모든 관계와 작용은 이렇게 설명할 수 있다. 기체가 지닌 특정한 영향권 내외부에 영향을 미치느냐, 못 미치느냐에 따라 승화 작용이 달라진다.

이승, 물승, 자승

승화는 그 중심이 무엇인가에 따라서도 구분할 수 있다. 이실체*가 중심이 되면 이승理乘, 물실체*가 중심이 되면 물승物乘, 자실체*가 중심이 되면 자승自乘으로 구분한다. 앞서 말한 바와 같이 실체는 정신적 작용을 의미하는 이실체와 물질적 실재를 의미하는 물실체로 구분된다. 이러한 두 개의 실체는 시간, 공간 위에서 사회, 역사, 문화적 환경으로서의 환류와 결합하면서 작동한다. 따라서 작용을 주도하는 실체가 무엇인지를 살펴보면 전승화 과정을 좀 더 명확하게 설명할 수 있다.

이승은 이실체가 중심이 되어 시간·공간·환류와 상관관계를 이루는 과정이다. 이실체×시간, 이실체×공간, 이실체×환류, 시간×공간, 시간×환류, 공간×환류 등 여섯 가지 관계 작용이 있다. 물승이란 물실체가 중심이다. 물실체×시간, 물실체×공간, 물실체×환류, 시간×공간, 시간×환류, 공간×환류 등 여섯 가지 관계 작용이 있다.

이러한 작용 외에도 자아와 타자 중 어디에 중심이 있는가에 따라 승화 개념을 설명할 수 있다. 인간은 '나'와 '나 아닌 존재'로 나눌 수 있다. 사기체 관점에서 보면 이는 각각 자실체自實體와 타실체他實體*라 부를 수 있다. 쉽게 말해, 자실체란 자아를, 타실체는 타아他我를 뜻한다. 모든 존재는 근본적으로 자아와 타아 사이에서 이실체×이실체, 이실체×물실체, 물실체×물실체의 관계를 맺으며 끊임없이 교호하며 살아간다. 그런데 이때 일어나는 교호 작용은 본질적으로 자아를 중심으로 지향하는 바가 내부인지 외부인지에 따라 내향 작용과 외향 작용으로 이루어진다. 이러한 작용을 일컬어 자승自乘 과정으로 설명할 수 있다.

자승 개념을 보다 잘 이해하기 위해 인간의 삶을 예로 들어 보자. 우선, 자실체의 내향적인 작용을 살펴보자. 정신(이실체)×정신의 관계가 바로 그것이다. 인간은 이러한 내향적 작용을 통해 상상이나 명상을 수행할 수 있다. 이와 더불어 정신×육체(물실체)가 교호하는 과정도 존재한다. 여기에는 정신이 육체에 강하게 작용하거나 육체가 정신에 강하게 작용하는 두 가지 경우가 존재한다. 이를테면 특정한 부정적 정신 작용이 육체에 작용할 수 있다. 근심과 공포가 몸에 불안·불쾌감을 주는 경우로서 그 결과 육체에 이상이 생기고 질병이 생겨날 수 있다. 반대로 특정한 부정적 육체 상태가 정신에 작용할 수도 있다. 건강하지 않은 육체적 기능 작용이 정신에 작용함으로써 몸이 아프고 불편해지고 우울증과 고통이 생겨날 수 있다. 정신과 육체는 이러한 교호 작용을 통해 서로에게 영향을 주고 변화시킨다. 자승에는 이와 반대되는 외향적인 승화 작용도 일어난다. 육체(물실체)와 육체의 관계에서 생각해 볼 수 있다. 소화가 잘 이루어지지 않으면 신장과 방광을 상하게 한다. 나아가 심장, 폐, 대장에도 영향을 준다. 간과 담을 해칠 수도 있다. 육체 안의 서로 다른 기관들이 상호 길항작용을 하면서 생겨나는 현상이다. 동양의학의 오행설은 이러한 이치로 인간의 병과 치료를 풀어낸다.

이러한 이실체와 물실체의 관계 작용은 이처럼 한 존재의 내부에서만 일어나는 것이 아니다. 앞서 기술한 바와 같이, 모든 실체는 독립적으로 존재하므로 외부의 다른 실체들과 관계를 맺으며 살아갈 수밖에 없다. 따라서 자아가 외부의 타자들과 관계를 맺을 때도, 이실체와 물실체의 승화 작용이 일어나기 마련이다. 다시 말해, 자아와 타자 사이에서도 이실체×이실체, 이실체×물실체, 물실체×물실체의 작용이 일어난다.

실체는 개별적인 존재로 머물러 있으면 소실체小實體*이지만, 집단적으로 결합된 큰 실체를 이룰 때에는 대실체大實體*가 된다. 다시 말해, 소실체란 개별적인 실체로서 분자화된 개체를 가리킨다. 대실체는 집단적 실체로서 그 규모는 가정, 직장, 단체, 국가, 지구, 태양계, 우주 또는 유기·무기실체와 같은 집합적 물체 등으로 확대되면서 구성된다. 소실체와 대실체 사이에도 상관 작용은 일어난다. 여기에서도 앞서 기술한 바와 같이 세 가지 작용, 이실체×이실체, 이실체×물실체, 물실체×물실체의 작용이 일어난다. 예를 들어 해, 달, 별은 대실체의 작용으로서 소실체인 인간의 생활 작용이나 정신 현상에도 영향을 미칠 수 있다.

이렇게 볼 때, 승화 작용은 기체 사이의 관계를 통해 맺는 12종의 작용과 실체들 사이에서 이루어지는 9종의 작용을 그 핵심으로 구명할 수 있다. 이 두 계열의 승화 작용*을 모두 합하면 21종의 상호작용이 일어난다. 이러한 개별적 작용을 승화乘和라 하고, 이러한 작용이 모두 합해진 상태는 전승화全乘和* 작용이라 부른다.

기체 사이의 상관상승 작용

전승화 관점으로 보면 세계를 이해하는 기존의 이원론적 시각을 극복할 수 있다. 다시 말해, 시간·공간·환류·실체 사이의 상호 관계와 그 작용의 복잡성을 드러냄으로써 이제까지 우주 작용을 이원화해 풀어 온 시각들을 넘어설 수 있다. 예컨대, 정신/물질, 사랑/미움, 움직이는 실체/움직이게 하는 힘, 음/양이라는 두 개의 대립 쌍을 만들고 이들 사이의 관계로 세계 변화 원리를 설명해 왔던 철학의 틀을 벗어날 수 있게 된다. 실제로 일어나는 모든 관계란 이원론으로 규정할 수 없는 것이 더 많다. 시간·공간·환류·실체 사이에는 그보다 훨씬 더 복잡한 상호작용이 발생하기 때문이다. 따라서 이 책에서는 가감승제加減乘除와 영(0)이라는 다섯 가지 작용을 통해 기체 사이에서 일어나는 상호작용을 설명하고자 한다. 물론 여기서 말하는 더하기, 빼기, 곱하기, 나누기, 그리고 영의 작용은 결코 균등하지 않다. 그것들 사이에는 무한한 등급 차이가 존재한다. 라이프니츠의 단자설單子說과 같은 방식으로 각각의 작용을 평평한 동일성으로 이해할 수 없다. 더하기로 볼 수 있는 가산 과정만 하더라도 각각의 작용마다 무한한 질적 차이가 존재하기 마련이다. 다만 이 책에서는 이러한 모든 차이들을 일일이 설명하기보다 전승화의 근본적인 작용 원리에 집중해 논의한다.

우주의 모든 것은 서로 관계를 맺어 영향을 주고받는 상관상승相關相乘* 작용을 맺으면서 전승화의 과정을 형성한다. 다시 말해, 사기체가 서로 관련을 맺고 상호 작용하는 상관상승 작용에는 주지한 바와 같이 가감승제영*의 다섯 작용이 일어난다. 기체들은 서로 상관관계(+ 사이클, − 사이클의 양 국면이 있다)를 형성하면서 상호 작용하는데, 바로 이러한 과정을 통해 우주의 모든 사물과 현상이 일어난다.

시간·공간·환류·실체의 사기체가 서로 관계를 맺을 때, 가감승제영의 작용이 일어나고, 이에 따라 다양한 관계 양상이 나타난다. 때에 따라 관계의 작용은 달라진다. 때로는 더하기의 관계를 맺고, 때로는 빼기, 곱하기, 나누기의 관계 작용이 일어난다. 영승零乘(0)의 관계도 일어날 수 있다. 이는 다시 화승(+×), 극승(−÷), 강승(×÷), 약승(+−)의 관계를 맺으며 변화한다. 서로 보태고 깎고, 강하고 약하게 작용을 주고받으면서 기체 사이에 영향을 미친다.

여기서 주목해 볼 작용은 '영승'의 작용이다. 기존의 수론이나 관계론에서는 다루지 않은 개념이기 때문이다. 전승화에서는 이 영승의 작용도 중요한 역할을 한다. 사실, 문자 그대로 본다면 그것은 텅 빈 것의 작용이기에 공승空乘*이라 할 수 있다. 상호작용은 하지만 그 자체로 결과에 직접적인 영향을 미치지 않을 수 있다. 예컨대, 수학에서 영(0)과 비슷하다. 하지만 전승화 작용에서 이야기하는 영은 이와는 조금 다른 개념이다. 수학적 논리로 보면 $\chi \times 0$의 답은 반드시 0으로 계산된다. 전승화 관점에서는 영과의 관계는 무無도 되지만 동시에 연속적으로 작용하는 다른 기체들과의 상승작용으로 작동해 다른 변화를 발현시킬 수 있는 상태를 의미하기도 한다. 수학에서 0의 발견이 과학 발달에 엄청난 영향을 주었다는 것은 모두 알고 있는 사실이다. 전승화에서 영의 존재가 지닌 의미와 그 역할 역시 매우 크다.

주리생성론*은 이 우주에 까닭 없는 것도 없지만 홀로 있는 것도 없다고 본다. 이 관점에서 보면 모든 것이 서로 영향을 주고받으며 영원히 유전流轉하는 삶을 산다. 변화하지 않는 것은 없다. 모두가 특성과 속성을 가지고 자연율이라는 큰 법칙 아래에서 상관관계를 맺으면서 존재하고 또 생성된다. 모든 변화 운동은 일정한 이치에 의하여 움직인다고 볼 수 있다. 변화 운동을 실현하는 것은 보이지 않는 시간이라는 패턴일 것이다. 실체가 시간의 인식을 성립시킨다. 하지만 공간만 있고 시간이 없으면 탄생과 소멸의 변화는 일어날 수 없을 것이다. 시간과 공간은 때에 따라 하나로 인식되기도 한다. 하지만 엄밀하게 따지면 이 둘은 엄연히 다른 실재다.

전승화의 상관상승 작용에 개입하는 영 혹은 공이 지닌 역할도 바로 이 지점에서 찾을 수 있다. 영승零乘의 의미는 복잡하고 미묘하다. 공의 작용은 사기체의 상호작용과 관계 형성에서 발전이 이루어지지 않고 지체되는 순간이다. 하지만 이러한 공전空轉 현상은 새로운 변화의 타이밍을 만들기도 한다. 말하자면, 영의 작용을 통해 지체됨으로써 어떤 변화가 일어날 수 있는 시간을 확보할 수 있게 된다. 시시각각 변하고 움직이는 우주의 조류 속에서 이루어지는 상호작용 속에 만일 영이라고 하는 '비어 있음'의 과정이 없다면 어찌 될까. 우주는 영원히 혼란 속에서 헤어나지 못할 것이다. A와 B가 상관관계를 맺었는데, 처음에 이 둘 사이에 예상했던 성과가 형성되지 않으면 이 상태는 작용의 관점에서 보면 영(0)의 상태다. 하지만 바로 이렇게 성과를 내지 못했기 때문에 A에게 다른 기회가 주어질 수도 있다. 아무것도 발생하지 않았던 영의 작용이 오히려 새로운 C와의 관계를 맺도록 만드는 힘이 될 수 있는 것이다. 이렇게 영승은 새로운 타이밍을 만드는 데 중요한 역할을 한다.

영승 혹은 공승은 무無의 작용이 아니다. 실질적으로 그것은 다른 생성의 기회를 마련하는 역할을 한다. 영(0)은 +－×÷ 못지않게 중요한 작용과 역할을 한다. 그러므로 어떤 관계 속에서 영의 작용이 일어났다고 해서 실망할 필요가 없는 것이다. 오히려 그러한 상황이 기회가 되어 다른 변화를 가져올 수 있기 때문이다. 잃은 것처럼 보이지만 그 반대의 상황으로 변화할 수 있다. 죽을 운명이던 사람이 살 수도 있고, 나쁜 일이 복이 될 수도 있는 것이다. 공승空乘은 이처럼 예상할 수 없는 결과를 만들어 내는 작용을 한다.

산, 실, 상과 사기체의 관계

주역은 우주의 변화를 이렇게 설명한다. 태초에 무극無極을 낳고, 태극이 음과 양을 의미하는 양극兩極을 낳는다. 여기서 음은 공간을 의미하는 우宇를, 양은 시간을 의미하는 주宙를 낳는다. 이와 같이 주역은 시간과 공간이라는 두 개의 요인을 중심으로 이차원적인 원리를 수립하고 이를 통해 우주 만물을 설명하고 있다. 이와 달리 전승화 이론은 이러한 이원론적 시각을 넓혀 4차원적인 복잡성으로 우주의 원리를 풀어내고자 한다. 시간·공간·환류·실체, 이 네 가지 기체를 중심으로 그들 사이의 상호 관계를 통해 우주의 실체를 구명한다.

그것은 우주가 결코 시간과 공간만으로 이루어진 것이 아니기 때문이다. 우주 창조를 설명하는 과학 이론들은 우주의 기원을 빅뱅Big Bang이라고 하는 대폭발에서 시작된 것으로 파악한다. 하지만 과연 실재가 그런지는 다시 생각해 봐야 한다. 이른바 빅뱅은 아무 이유 없이 우연히 발생한 것이 아니기 때문이다. 큰 중성자 불덩어리가 있어야 빅뱅이 일어날 수 있다. 그렇다면 이러한 중성자 불덩어리는 과연 어디서 왔고, 어떻게 형성된 것인가. 빅뱅 이전에 이미 존재해 온 그 근원을 이해해야 한다.

전승화 이론은 주역과 달리 이 우주의 태초 형태를 무극無極 상태로 보지 않는다. 오히려 우주를 무한히 작은 실체들이 편재遍在하면서 흩어져 있는 시공간으로 이해한다. 그런 의미에서 전승화 이론은 무극의 상태로 보이는 우주의 원형적 상태를 산散의 개념으로 파악한다. 산散의 상태로 우주의 운동이 태초부터 있어 온 것으로 생각한다. 겉으로 볼 때 이 산의 상태는 정지한 것처럼 보인다. 하지만 실상은 끊임없는 움직임이 그 안에 있다. 이는 우주가 아무것도 존재하지 않는 무無의 공간이 결코 아님을 의미한다. 우주는 실實 혹은 성질을 내포한 무한히 작은 실체들이 흩어져 있는 실재의 공간이다. 무수히 흩어진 실체들이 그 특성과 속성이 작용하면서 다른 실체와 상호 관계를 맺으면서 변화가 생겨난다. 동질 혹은 이질적인 것들 사이에서 상호 영향을 주고받으면서 관계의 상승*작용이 일어난다. 이러한 작용의 형태는 인력과 척력으로 나타날 수 있다. 이를 통해 실체들은 조화와 충돌을 일으킨다. 움직이는 동시에 정지하는 무수한 실체와 그 힘들이 마주치면서 우주의 모든 존재가 창조되어 왔다. 지금도 우주는 그러한 원리로 운행을 지속하고 있다.

이처럼 산散의 상태인 우주의 본질은 실체의 순환 운동의 한 과정으로 보아야 할 것이다. 흩어짐이라 표현한 이유는 논리적으로 그 상태를 정확하게 포착하는 것이 불가능하기 때문이다. 우주에서 실질적으로 멈추어 있는 것은 존재하지 않는다. 아무런 성질도, 에너지도, 운동도 없는 실체가 존재할 수 없다. 영원한 정적인 존재는 시간이 부여되지 않은 공간일 것이다. 결국, 시간이 없다면 실체와 환류가 발생할 수 없다. 허虛의 공간에 시간이 부여되지 않는다면 어떠한 실체도 생겨날 수 없는 법이다.

그런 의미에서 본다면 주역의 음양 이원론은 재고되어야 한다. 음은 그늘이요 양은 볕이라 일컫는 이러한 이원론에서는 음이 안쪽을, 양이 바깥쪽을 가리키도록 구분된다. 이는 세상의 모든 실체를 안과 밖으로 구분해 볼 수 있다는 의미가 된다. 하지만 보다 근본적으로 생각하면 이러한 이원론적 구분은 바깥을 부정하고 안쪽의 근본을 긍정하도록 이끈다. 그러므로 이원론은 궁극적으로는 안의 근본을 중심으로 세계를 일원화하는 시선이라고 할 수 있다. 근본을 둘 이상 혹은 다수로 보지 않는다. 안을 전제로 다른 세계를 보기 때문이다. 이러한 한계 때문에 음양 이원론은 그 가능성에도 불구하고 이론적으로 폐쇄적인 결과를 낳을 수밖에 없다. 반면, 전승화 이론은 음을 양의 바깥이라 보지 않음으로써 이원론적 일원론을 극복하고자 한다.

이런 맥락에서 전승화 이론은 음을 실재의 참된 본질인 실實로 규정하고, 양은 그러한 실재의 참된 양태를 뜻하는 상相으로 개념화한다. 실實이란 원인으로서의 인因이자 실재를 품은 씨앗이라고 할 수 있다. 상相은 이러한 실재가 나타날 형태로서의 용容이자, 그 실재가 실현되는 데 필요한 육체로서의 체體를 의미한다. 실과 상으로 우주 실재를 파악하는 이러한 생각은 단순히 음양을 하나의 실재에서 비롯된 두 개의 양상으로 보는 시각과 혼동될 수 없다. 실과 상은 음과 양처럼 명확하게 구분할 수 있는 경계가 없다. 실은 상과 같으면서 다르고, 다르면서 같은 상태로 보아야 한다[同中異 異中同]. 다시 말해, 근원은 하나가 아니다. 다수의 근원이 있을 수 있다. 바로 이 점에서 전승화 이론은 현대 과학에서 밝혀낸 우주 원리와 호응한다. 여러 개의 입자로 모든 물질이 구성되었다고 보는 양자물리학의 소립자 이론이나 우주의 원리를 절대주의가 아닌 상대주의로 보는 현대적 해명들과 자연스럽게 조화를 이룬다.

앞에서 가감승제영*의 다섯 작용을 이야기한 것도 이러한 이원화된 음·양, 정신·물질의 단순한 작용을 벗어나기 위함이었다. 우주의 현상 작용은 이원론이 아닌 관계와 작용의 복잡성을 이론적 기반으로 설명되어야 한다.

다수의 근원으로 존재하는 우주의 모습은 어떻게 설명될 수 있을까. 이 말은 이 세상이 시간과 공간만으로 구성된 것이 아님을 뜻한다. 이에 전승화 이론은 시간과 공간 이외에도 실질적으로 존재하는 두 개의 범주, 환류와 실체를 기본 요인(factor)인 기체基體로 제시한다.

여기서 환류環流라는 기체는 실체가 시간과 공간 위에서 자기 존립하는 데 필요한 환경을 의미한다. 실체들이 능동적이고 수동적으로 만들어 온 주변 여건이 곧 환류다. 예를 들어, 인간 생활을 영위하는 데 바탕이 되는 생활의 여건이 곧 환류다. 그러나 환류를 단순히 물리 공간이나 자연 여건으로 파악해서는 안 된다. 인간사회의 환류에는 인간 스스로 자신의 생활에 맞게 자연을 개조하고 건축물을 건조하면서 창조한 삶의 터전이 포함된다. 이를테면 '집'과 같은 사회적 환경이 이에 속한다. 인간은 텅 빈 자연 공간 속에서 살아가고 있는 것이 아니다. 자연에 둘러싸여 살아가면서 동시에 인간의 삶에 적합한 물질적·문화적·사회적·가정적 환경과 여건을 만들어 살아간다. 다시 말해, 인간은 자신이 만들어 놓은 집에서 살아간다.

그렇다고 인간이 주어진 환경 안에 머물기만 하는 것도 아니다. 인간은 자연의 흐름에 적응하면서 정신적인 규범과 목적을 세우고 창조적으로 생활한다. 문화적 풍토, 사상적 조류 또는 마음의 흐름이 인간 삶에서 하나의 환류를 이룬다. 그것은 이를테면 사회적 환경 또는 사회적 시류로서의 여건이라고 할 수 있다.

인간은 사회적 동물이다. 대자연의 터전 못지않은 또 하나의 터전인 사회·문화적 생활환경이 필요하다. 인간은 이러한 환경 속에서 여러 관계를 맺고 자기세계를 구축해 살아간다. 그런 의미에서 인간의 공간은 비어 있는 공간이 아니다. 인간사회는 인위적 세계로서의 환류를 형성하며 그 속에 존재한다. 우주 만물의 변화 원리를 파악할 때, 이러한 환류로서의 요인을 배제하고 설명할 수 없는 이유다.

또한 인간이라는 실재는 독립된 존재다. 단지 대우주의 부속품으로만 이해할 수 없다. 주역은 모든 존재를 거대한 우주 자연에 속한 작은 부속물로서 소우주라 설명하고 있다. 대우주와 소우주를 근본적으로 분리할 수 없는 관계로 설정하는 이러한 시각은 옳다. 실제로 모든 실체는 관계를 맺으며 존재하기 때문이다. 하지만 인간을 우주의 부산물 혹은 부속물로 이해하는 소우주관에 대해서는 수긍할 수 없다. 이는 비단 인간만의 문제가 아니다. 이 세계에 존재하는 곤충이나 동물 등 생명을 가진 모든 존재를 우주의 단순한 부속품으로 바라보아서는 안 되는 것이다.

모든 실체를 대자연율 아래 존재하는 동일한 부속물로 보는 시각은 기계론적 우주관일 뿐이다. 이러한 관점으로는 인간의 본질을 정확하게 바라볼 수 없다. 인간이란 존재는 독립된 생활을 하며 자유와 가치, 의의와 사명, 책임과 신념을 추구함으로써 주체적인 정신 활동을 한다. 무기물과 같이 인간을 우주의 단순 부속품으로 바라보는 기계론적 사고를 벗어나야 한다. 그것은 인간의 본질을 이루는 정신 활동을 결코 규명해 낼 수 없기 때문이다.

대체로 인간은 자연율이라는 대원칙에 순응하며 산다. 하지만 역설적으로 인간은 특별한 이유 없이 독자적인 길을 걸어갈 수 있는 존재이기도 하다. 인간을 소우주로 설명하는 기계론적 우주관은 이러한 인간의 특이성을 충분히 설명해 주지 못한다. 모든 실체를 대자연이라는 하나의 전체에서 나누어진 분체分體로 보아서는 안 된다. 모든 존재를 우주의 부속물로 간주할 수 없다. 독립시켜 바라볼 필요가 있다. 인간은 우주 안에 존재하는 독립적 실체다. 하나의 사실을 창조하는 기체基體의 하나로 보아야 한다.

전승화 과정에서 인간은 하나의 실체이며 주체다. 공간과 시간이라는 우주를 바탕으로 자신의 환류環流의 집을 짓고 살아간다. 이치와 정신과 목적을 세우고 다른 실체들과 관계를 맺으며 살아간다. 그것이 곧 실재로서 인간의 삶의 모습이다.

전승화는 시간·공간·환류·실체라는 네 가지 기체가 가감승제영加減乘除零*이라는 다섯 작용을 일으켜 상관관계를 맺으면서, 이를 통해 모든 존재와 사건이 형성되고 변천해 가는 과정이다. 지금 존재하는 모든 실체 안에는 과거부터 무한하게 축적되어 온 상관관계가 각인되어 있다. 지금의 삶은 과거의 모든 흐름이 변화를 거듭하면서 역사적으로 형성되어 만들어진 결합체이다. 현재는 과거의 모든 관계에 의해 구성된다. 어느 한 부분의 관계로 축소해 설명할 수 없다. 모든 것이 모든 것과 관계를 이루어 존재한다. 이처럼 전승화란 우주의 전일全一적 상관관계 속에서 모든 사물과 의미가 변화하고 유전하는 과정적 운동 전체를 지시한다. 그런 의미에서 전승화란 역사적 관계 안에 존재하는 하나의 절대현실絶對現實이라 할 수 있다. 우리가 살아가는 실재하는 현실, 모든 개별적인 사물의 실태이자 현상, 그것이 곧 전승화다.

전승화를 보다 쉽게 이해할 수 있는 방법이 있다. 한 개인의 삶을 통해 전승화의 작용을 설명해 보자. 과거의 삶을 돌아보면 모든 것이 전승화의 원리에 의해 움직여 온 것임을 알게 된다. 현재의 삶을 만든 것은 결국 과거의 삶일 것이다. 현재의 삶이 무엇이고 어디로 가야 할지 모를 수는 있다. 그렇다 하더라도 과거의 삶의 흔적들을 되돌아보면, 현재의 모든 삶이 과거의 원인에 의한 결과라는 것을 알아볼 수 있다. 원인과 결과라는 질서 속에서 현재의 삶이 구성된 것이다. 인생에 우연이나 요행이란 있을 수 없다. 무의미하고 이치에 맞지 않아 보여도 자세히 들여다보면 다 까닭이 있기 마련이다. 모든 사물과 변화 현상은 역사적인 수

많은 관계의 총화로 이루어진 결과다. 전승화는 바로 질서 정연한 이치를 탐조하고 이해하는 틀이라고 할 수 있다.

이제까지의 논의를 다시 정리해 보자. 동양 사상이 전승화의 관계에 접근하고 있는 것은 사실이다. 하지만 그것은 주로 관계성만 강조할 뿐 인간 정신이 지닌 독립적 역할을 간과하고 있다. 인간은 주어진 시간과 공간 안에서 고유한 사회·역사적이고 문화적인 환경인 환류環流를 형성하며 살아간다. 실재 우주는 동양 사상이 제시한 공간과 시간만으로 설명되지 않는다. 특히, 동양 사상이 자연율로서 천도天道만을 강조할 때, 그 한계는 더욱 분명해진다. 천도를 절대시해, 이를 벗어나는 행위를 금기시하는 행위는 전승화의 일부만을 바라보는 시각이다. 그런 우주관 속에서는 현실의 시중時中만 알고 그것에 순종하는 인간이 만들어질 뿐이다. 사회적으로는 엄격한 자연율에 복종하고 순응하는 사회가 만들어진다. 이는 천편일률적인 결정론이자 기계론적 사고에 불과하다. 그런 사회는 비록 도덕적인 규범이 강력하게 작동할 수는 있지만 인간 개인은 의존적이고 무기력하고 소극적으로 변할 수 있다는 점에서는 한계가 분명하다. 이런 세계에서는 인간의 창조적 역량은 약해질 수밖에 없다. 인간의 적극적 의지와 자유 활동에도 제약이 일어날 수밖에 없다. 삶의 의지도 현저히 약해지기 마련이다.

인간은 자연의 시련을 극복하고 문화를 창조하는 존재다. 이를 통해 인생의 의의와 보람을 찾는다. 물론 이 세계에도 자연의 생존 법칙은 작용하고 있다. 강자가 살아남고 약하고 병든 자는 도태할 수 있다. 이런 현실을 무시할 수는 없다. 그것은 어떤 면에서 대자연의 법칙이기도 하다. 하지만 이 말을 체력이나 권력을 키워야 한다는 말로 잘못 받아들여서는 절대 안 된다. 진정으로 강한 것은 진실하고 의롭고 어질고 성실한 마음이기 때문이다. 참된 삶을 추구하는 지혜로운 마음을 길러야 한다. 그것이 참되고도 옳은 힘이라는 것을 알아야 한다. 이러한 깨달음 속에 바르게 사는 길을 찾아야 한다. 그러한 추구와 노력이 인간의 권리이자 책무라는 것을 깊이 인식해야 한다. 바른 인간의 길을 찾는 것, 전승화의 의미와 목적이 바로 여기에 있다.

2. 전승화와 인간사회

지금까지 전승화의 이론을 중심으로 고찰했다. 전승화의 심원한 범주와 대상을 살펴보느라 부득이하게 어렵게 접근할 수밖에 없었다. 이제 일상생활의 사례를 들어 전승화를 논의해 보려 한다. 우주를 형성하는 네 가지 근본 요인인 시간·공간·환류·실체라는 사기체四基體*를 중심으로 하나하나 설명해 보고자 한다. 우선, '시간'을 중심으로 인간사회의 전승화를 탐색해 보자.

인간사회에서 시간은 매우 중요한 역할을 한다. 인간이 태어나서 살다가 죽는 그 자체가 시간에 속한 문제다. 그뿐인가. 행동하는 모든 일이 시간의 적용을 받게 된다. 삶의 모든 것이 시간이 없다면 이루어질 수 없다. 그 점에서 시간을 바르게 인식하는 것은 무엇보다 중요하다.

사기체의 관계에서 시간은 인간 행동의 성패를 결정하는 근본 요인이다. 모든 여건이 갖춰져도 타이밍이 맞지 않으면 허사가 되는 일이 흔하다. 타이밍이 맞지 않으면 여건들 속에 이루어져 있던 상호 관계가 바뀌게 되는 것이다. 반대로 여건을 모두 갖추지 못해도 타이밍이 잘 맞으면 안 될 일도 될 수 있다. 동양의 대표적인 수론數論인 주역이 다른 모든 것 중에서도 시간을 중시해 왔던 것도 이 때문이다.

'공간'은 모든 형상과 형태가 이루어지는 곳이다. 공간이 없으면 눈으로 볼 수 있는 형체가 형성되지 않는다. 공간적 형식으로 가시화될 때 형체 구별이 가능해진다. 공간을 부여받지 못한 대상은 눈으로 분간할 수 없다. 공간은 만물의 형태를 구성하며 인간사회의 진화와 발전을 가능하게 하는 영역이자 토대이다. 시간이 만물의 생존과 변화를 성립시키는 것이라면, 공간은 만물의 형태를 구성하고 존립하도록 만든다.

'환류環流'는 시공간적으로 구성되며 실체와 관계를 맺으며 특정한 환경이 구성되는 과정이다. 앞서 언급했듯이 그것은 정신적, 물질적, 역사·문화적 환경을 의미한다. 시간과 공간이 하나로 존재하듯, 공간과 환류 역시 분리할 수 없다. 환류는 인간사회와 직접적인 관계를 맺어 형성된 소규모의 정신적·물질적 공간이다. 환류는 추상적 공간이 아니라 실체가 생존하기 위한 구체적인 삶의 바탕이다. 실체는 환류 안에서 삶의 의의와 보람을 찾는다.

마지막으로, '실체'는 시간과 공간 속에서 태어난 우주의 분신이며 통일적 유기체의 한 부분이다. 모든 유기적 실체는 독립적으로 존재하며 자기세계를 가지고 있다. 각자의 생명주기가 있고 스스로 존립해 살아간다. 자율적으로 성장하고, 진화하면서 자기 증식한다. 고등한 실체일수록 자기 증식의 폭이 넓은 자기세계가 확고하다.

이러한 네 가지 기체들은 상관관계를 형성하면서 존립한다. 서로에게 영향을 주는 상승*작용을 일으키면서 다양한 현상 변화를 자아낸다. 이러한 기체들 사이의 관계를 드러내는 사례를 가정해 쉽게 설명해 보자.

역사에서 우연적인 사건이란 없다. 우연히 발생한 것처럼 보이는 사건도 자세히 들여다보면 실상은 다르다. 모든 사건들은 기체들 사이의 상호 관계가 만들어 낸 결과다. 가령, 시간 관계에서 타이밍이 맞지 않았다면 이루어지지 않았을 법한 역사적 사건들이 있다. 고구려와 수나라가 싸울 때, 고구려가 시간을 두고 인내했다면 싸움 없이도 수나라의 항복을 받아 낼 수 있었다. 만일 슈바이처 박사가 아프리카에 가지 않았다면 그가 '평화의 사자'라 불릴 수 있었을까. 공간의 이동이 슈바이처를 역사적 존재로 만들었다. 환류가 역사적 현실을 만드는 사례도 있다. 서양 현대 철학을 종합 집대성한 칸트를 예로 들어 보자. 칸트의 철학이 형성된 데에는 절대왕정 체제가 붕괴하고 입헌군주제가 발아하고 산업혁명이 일어난 18세기의 역사·문화적 환경으로서의 환류가 있었다. 실체의 중요성도 예를 들어 보자. 만일 에디슨과 같은 과학자가 없었다면 인류의 문명은 크게 달라졌을 것이다. 지금 인류가 고루 누리고 있는 편리한 문명의 이기들은 인간이라는 실체의 노력 덕분이다.

우주의 모든 것이 쉬지 않고 시시각각 변화하고 유전하며 상승*한다. 이러한 흐름 속에서 네 가지 기체들이 저마다 자신의 역할을 한다. 그러는 가운데 변화가 일어난다. 인간의 능력으로는 헤아릴 수 없는 거대한 상관관계가 존재한다. 사기체가 서로 얽혀 새로운 것들을 생성시키는 작용과 흐름은 헤아릴 수 없을 정도로 복잡하고 현묘하다. 기체들이 관계를 맺는 요인(factor)은 사실상 무한에 가깝도록 많다.

실제 삶에서 전승화의 과정이 어떻게 발현하는지 더 구체적인 사례를 들어 좀 더 심층적으로 다뤄 보자.

첫째, 죽을 것이 살게 되는 경우가 있다. 가령, 친구들이 모여 등산을 하려 하는데 갑자기 A가 심한 복통을 느껴 약속 장소에 나타나지 못하게 된다. 결국, A는 산에 오르지 못하고 나머지는 산을 오른다. 그런데 갑자기 심한 폭풍우가 발생해 산에 오른 친구들이 조난된다. 결과적으로 조난된 친구들은 사망에 이르지만, A는 이 참변을 피하게 된다. 복통 때문에 약속을 지키지 못한 것이 A를 살린 요인이다. 사고가 발생하기 전 A는 복통 때문에 고통스러웠지만, 역설적으로 바로 그 때문에 사고를 모면할 수 있었다.

둘째, 살 것이 죽게 되는 경우가 있다. 어느 날 B가 해외여행을 목적으로 공항으로 이동하고 있었다. 공항으로 가던 중 차 사고가 난다. 이로 인해 B는 예정된 비행기를 놓치고 다음 비행기를 타게 된다. 그런데 그가 탄 비행기가 기체 고장으로 추락해 탑승객 전원이 사망하게 된다. 이 경우 B의 목숨을 앗아 간 것은 자동차 사고였다고 말할 수 있다.

셋째, 물적 존재인 물物실체가 현실을 변화시킬 수도 있다. 물승物乘 관계가 주도하는 경우를 살펴보자. 가령, 임무 수행 능력이 탁월하고 국가 정치 환경을 잘 이해한 C가 있다고 하자. 어느 날 C가 국제 회담에 참석하기 위해 길을 나서다 교통사고를 당하게 된다. C의 의지와 상관없이 이 사고로 C는 신체에 상해를 입게 된다. 그런데 이 사고로 C 개인의 삶만 변한 것이 아니다. C가 맡은 국제 회담에도 차질이 생긴다. 회담이 결렬되고 국가 간 전쟁이 발발하는 것을 막지 못한다. C가 당한 사고는 개인을 넘어 국가 차원에서 큰 문제를 만든다. 이러한 사건의 중심에는 사람뿐 아니라 차라고 하는 물실체가 있었다는 것을 기억하자.

넷째, 지적·정신적 작용으로서의 이理실체가 현실을 변화시킬 수 있다. 이승理乘 관계를 예로 들어 보자. 앞서 말한 물승物乘 맥락에서는 물적 존재가 가진 영향력이 주요 요인으로 작용했다. 이승 맥락에서는 정신적 작용과 의지가 영향력을 발휘한다. 가령, D는 경쟁의식과 적개심이 많은 사람이다. 능력 있고 착한 사람 E를 시기하고 질투한다. 결국, D는 E를 험담하고 상해를 입히는 모략을 꾸며 E에게 영향을 줄 수 있다.

이런 예도 들어 볼 수 있다. 어떤 사람은 원한 바가 아니었음에도 모두가 선망하는 위치에 추대될 수도 있다. 추대된 사람의 의사가 아니라 타인의 의지가 중심이 되어 현실을 만들어 낸 경우다. 이승理乘의 세계에서 이理실체들 사이의 관계는 이처럼 복잡하다.

다섯째, 자기 자신이 행한 일과 무관한 일이 현실을 변화시킬 수 있다. 타인의 오해와 착각, 실수로 빚어지는 일들은 얼마든지 있다. 노력 없이 요행이나 제삼자 덕분에 우연히 이익을 보는 때도 있을 수 있다. 고래 싸움에 새우 등 터진다는 말처럼 자신이 직접 관여하지 않았는데도 영향을 받는 일도 있다. 인생에는 이처럼 자신의 행동과 무관하게 벌어지는 일들이 얼마든지 있다.

여섯째, 길흉화복은 인간의 의지로 결정할 수 없다. 좋은 일과 나쁜 일, 행복한 일과 불행한 일은 끊임없이 변화한다. 좋은 일이 나쁜 결과를 낳을 수도 있고, 불행이라 여겼던 일이 행복을 가져올 수도 있다. 인간의 모든 일이 언제나 자기 뜻대로만 되지 않는다.

삶의 전승화 과정을 설명할 수 있는 중국 한나라 때 일화가 있다. 북방 흉노와 호족의 침입이 잦던 시절의 이야기다. 한나라 변경에 한 노인이 살았다. 어느 날, 노인이 기르던 암말이 달아나 호족 땅으로 들어가게 되는 일이 생긴다. 한족과 호족은 왕래가 금지돼 있던 상황이기에, 노인은 감히 말을 찾으러 호족 땅에 가지 못한다. 동네 사람들이 노인을 위로하는데, 오히려 노인은 이 일이 어쩌면 복이 될 수도 있다고 대답한다. 며칠 후 노인의 말이 돌아왔는데 또 다른 준마 한 필과 함께였다. 동네 사람들이 다시 몰려와 경사라고 말하자, 노인은 어쩌면 화가 될 수도 있다고 답한다. 얼마 후 노인의 아들이 그 준마를 타다 떨어져 골절상을 입게 된다. 동네 사람들이 노인을 위로하자 이번에도 노인은 어쩌면 복이 될 수 있다고 말한다. 얼마 후 북방의 호족이 국경을 침입하는 사건이 발생하자, 마을의 건장한 청년들이 군인에 뽑혀 전쟁터로 나가게 된다. 그 청년들은 대부분 전사하게 된다. 하지만 노인의 아들은 다리가 부러졌기에 징집을 피할 수 있어 목숨을 구한다. 이후 노인과 아들 가족은 소박하지만 행복한 삶을 살았다는 이야기다.

여기서 얻을 수 있는 교훈은 간단하다. 재난이 복이 되고 복이 재앙이 될 수 있다는 것이다. 세상의 좋은 일과 나쁜 일은 정해진 것이 아니다. 이에 원나라 희매기熙脢機도 이런 시를 지었다. "인간의 모든 일이 변방 노인의 말[馬]과 같구나. 방 안에 누워 졸면서 빗소리나 들으라." 모든 것이 운명에 따라 진행된다는 생각이다.

그러나 운명만 탓해서는 안 된다. 우주의 모든 현상과 운행, 그리고 변화는 초자연적인 것도, 이론을 초월한 것도 아니다. 인생은 자율적인 의지는 하나도 없고 오로지 다른 존재의 의지에 의해서만 만들어지는 것이 결코 아니다. 전승화에서 보면 모든 존재는 시간·공간·환류·실체라는 네 가지 기체들 사이의 관계의 여건에 의해 만들어진다. 사건과 현상은 사기체 사이의 상호 관계 속에서 서로 영향을 주고받으면서 이루어지는 상승*작용을 통해 구성된다.

사기체는 역사적 현실 위에서 상관관계를 맺으며 예상할 수 없는 사건들을 만들어 간다. 안 될 것이 되기도 하고 그 반대가 이루어지기도 한다. 하찮은 것이라 여긴 것이 크게 되고 큰 것이 하찮은 것으로 변화할 수 있다. 좋은 것이 나쁘게 되고, 나쁜 것이 좋은 일로 변하기도 한다. 죽고 사는 것, 웃고 우는 것, 그 모든 것이 이러한 사기체의 관계 속에서 일어난다. 이런 세상의 이치를 바로 깨달은 사람은 누구를 탓하거나 원망하기에 앞서 우주 변화 원리를 더 깊이 연구하려 들 것이다.

앞서 거론한 여섯 가지 경우들에서, 인간은 그 행위자로서 실체에 해당한다. 공간은 그 사람이 처한 장소와 위치다. 환류는 인간의 생각, 목적, 임무와 더불어 모든 환경, 여건, 계획을 아우른다. 또한 모든 일과 사건은 순간순간의 시간적 흐름 위에서 이루어진다. 이렇듯 온 우주는 시간·공간·환류·실체(실체에는 이理실체와 물物실체가 있다)라는 네 가지 기체들이 관계를 맺으면서 작동하고 변화한다. 모든 일은 이 사기체들이 서로 조합하면서 가감승제영(+−×÷0)의 상승*작용을 일으킴에 따라 이루어진다.

앞에서 예로 든 것들은 지극히 단순한 인과관계를 조명하고 있다. 세상의 이치는 이보다 훨씬 복잡하고 복합적이며 다차원적이다. 그 원인과 결과의 조합을 단순한 인과로 해석할 수 없다. 대부분의 사건들은 무수한 관계의 소용돌이 속에서 구성된다고 말할 수 있다.

더욱이 인간이 살면서 행하는 의식 작용이 일어나는 정신 영역은 관계의 복잡성을 심화하는 또 다른 중요 요인이다. 인간의 삶은 물物실체 영역과 다른 기체들이 맺는 관계를 통해서 변화한다. 하지만 그보다 더 많은 경우에는 이理실체 영역과 다른 기체들 사이에서 만들어지는 관계들이 더 큰 원인으로 작용한다. 중상모략이나 권모술수와 같이 타인의 의지에 따라 우리의 운명이 바뀌는 일은 인간사회에서 흔하게 일어난다.

인간이 다른 기체와 맺는 이 복잡한 관계들은 육체적 안위와 생존에 직접적인 영향을 준다. 정신적 영역에도 적지 않은 영향을 끼친다. 정신적 의지와 의식의 영역인 인간의 이理실체와 다른 기체들이 관계 맺으면서 인간의 정신적 관계가 확대되고 재생산된다. 이러한 관계는 한 사회의 가치 체계는 물론 괴로움과 즐거움 같은 감정 구조에도 매우 큰 영향을 미친다. 나아가서는 육체적 괴로움과 즐거움, 또는 삶과 죽음과도 관련을 맺는다. 정신과 육체는 각자의 고유한 특성을 토대로 자체 내에서 서로서로 반복적으로 영향을 주고받는다.

그러나 무엇보다 중요한 요인은 인간의 의지 작용에 있다. 의지가 일의 형세와 상황을 바꾼다는 말이 있다. 정신적 작용과 변화를 주도하는 이理실체 영역에서 인간은 필연적이고 절대적인 것이라 여겨지는 역사 현실을 변화시킬 수도 있다. 인간의 정신은 역사적 현실을 전면적으로 거부하거나 바꿀 수 있는 힘이 있다.

인간은 때로 자신에게 이롭고 좋은 일도 거부할 수 있다. 객관적인 기대나 평가와 무관한 선택을 감행할 수 있다. 또 때로는 이익도 없고 고통만 있는 일이라도 여러 목적 때문에 수행하곤 한다. 극기와 수양 또는 도전을 목적으로 그렇게 할 때가 있다. 삶의 보람이나 봉사, 희생정신이 동기가 될 때도 있다. 무모한 모험, 자살, 반항, 자아실현, 자기희생 등 객관적으로 보면 이치에 맞지 않아 보이는 행동을 인간은 행할 수 있다. 현실에서는 이런 일들이 얼마든지 가능하다.

정신적이고 의지적인 영역인 이러한 이理실체가 작용하는 과정을 더 살펴보자. 이실체는 이제까지 진행돼 온 흐름을 바꾸거나 형세와 상황을 변혁할 수 있다. 평범한 일상생활에서도 이러한 예는 쉽게 발견된다. 우리가 의지를 품고 행하는 수많은 행위도 그 자체로 개인의 삶에 크고 작은 영향을 끼칠 수 있다. 여행, 이민, 입양, 결혼, 군대 입대, 직장이나 사업의 변경 등 인간의 선택과 행위는 한 실체가 영위하는 공간과 환경을 변화시킬 수 있다. 이런 일상적인 변화들은 실체 수준을 넘어 상대적 시간에도 일정한 변혁을 일으킬 수 있다. 이처럼 인간의 삶은 강물에 떠 표류하는 나뭇잎같이 수동적으로 흘러 생겨난 변화에만 의존하지 않는다. 세상에서 일어나는 모든 변화는 실체가 품은 생각에 따라 직간접적으로 선택된 상황으로 바뀌는 변혁의 과정이라 할 수 있다.

인간이라는 실체 안에는 자유의지라는 이理실체가 들어 있다. 이 때문에 인간이라는 실체를 반은 육체로, 반은 정신으로 이루어진 존재로 단순화할 수 없는 것이다. 인간은 물物실체 영역과 이理실체 영역이 공존한다. 물실체와 이실체로 갈라진 영역들은 어느 한쪽이 다른 한쪽을 지배하는 것이 아니다. 각자 독립적으로 자유자재로 자신의 역할을 하고 있다. 이 물질과 정신의 두 실체가 다양한 기체들과 관계를 맺고 작용하면서 인간의 삶이 이루어진다. 이 점에서 전승화 과정은 물실체와 이실체 영역이 시간·공간·환류라는 다른 세 개의 기체들과 관계를 맺으면서 형성된다고 볼 수 있다. 따라서 사四기체를 근본 요인으로 하는 인과의 흐름은 사실상 팔八기체의 관계 맺음으로 확대할 수밖에 없다. 이실체와 물실체 사이의 상호 관계를 포함해 이실체와 시간·공간·환류, 물실체와 시간·공간·환류의 관계가 정립될 수 있다.

전승화는 여건에 따라 이실체가 중심을 이루기도 하고 물실체 영역이 중심이 되기도 한다. 물실체와 이실체는 각자 독립적 실체로서 상황에 따라 하나의 중심이 되어 삶과 사회를 창조하고 변화시킬 수 있다. 이처럼 인간이라는 실체는 정해진 운명을 따라 수동적으로 사는 존재가 아니다. 수많은 가능성 가운데 삶의 생기를 만들어 약동하는 존재라고 할 수 있다. 수많은 관계가 얽혀 상호 영향을 주고받으며 새로운 것을 창조해 간다. 기실 주리생성주의主理生成主義는 우주 만물의 이치와 법칙을 중심으로 그 실재를 규명하고자 하는 철학이다. 그렇지만 인간 삶에서 특별히 중요한 의미를 지닌 정신적 이실체 영역을 강조할 때는 주리 대신 주의主意를 사용해 주의생성주의라 부를 수 있다.

하이데거에 따르면, 인간이란 자기가 태어나는 환경과 장소를 선택하지 못하며 주어진 여건하에 던져진(피투被投) 존재다. 따라서 실존적 존재實存的 存在인 인간의 문제는 '존재가 무엇인가(What is)'를 규명하는 것보다 '어떻게 존재하느냐(How is)'를 설명하는 것이 더 중요하다. 하이데거의 이러한 생각은 분명 일리가 있다.

이러한 문제는 인간사회에 존재하는 필연과 자유의 관계에 대한 성찰로 이어진다. 이 문제에 관한 많은 논쟁이 있다. 그러나 대부분 방법론과 기초적 이론을 세우는 데 그치고 있을 뿐이다. 전체적이고 종합적인 통찰이 부족하다.

선·악, 유한·무한, 변화·불변 등의 문제들은 답이 하나일 수 없다. 답이 하나라고 생각한다면 그것은 어느 한쪽으로 다른 쪽을 재단해 이해한 것이다. 우주의 모든 것에는 어느 한쪽으로 답할 수 없는 복잡하고 복합적인 원리가 작동하고 있다.

인간사회는 불변적인 것과 가변적인 것이 혼재한다. 인간의 삶은 필연과 자유 모두에 의해서 만들어진다. 만약 모든 일이 필연에 의해 진행된다고 생각해 보라. 그러면 인간은 아무런 노력을 할 필요가 없다. 행동에 대한 책임도 느낄 필요가 없다. 자유의사에 의한 행동과 실천이 아니라 타율적으로 예정된 일을 수동적으로 따른 것에 불과하기 때문이다. 인간을 자유의지를 가진 존재로 대하지 않는다면 인간의 어떤 행동도 결과에 대한 책임을 물을 수 없다. 이런 이유로 인간사회를 예정론, 목적론, 기계론으로 바라보는 시각은 모순을 드러낼 수밖에 없다.

칸트는 이러한 모순을 극복하기 위해 자유가 도덕 행위의 요청적 근거라고 말한다. 자유 없이 도덕은 성립되지 않는다. 인격적인 삶도 마찬가지다. 자유가 없는 삶은 인간에게 결과에 대한 책임 또한 물을 수 없게 된다.

그렇다고 인간의 자유의지만 중시하고 사회적 필연을 무시하는 것도 모순된 시각이다. 인간이 완전히 자유로운 존재라면 인간에게 불가능은 없을 것이다. 하지만 그렇게 되면 더 큰 문제가 생긴다. 나의 자유와 다른 사람의 자유 사이의 충돌을 막을 수 없게 된다. 이러한 모순이 극대화되면 인간은 자신의 자유를 잃는 것은 말할 것도 없고 타인의 자유까지 해치게 된다. 사회 또한 혼란에 빠진다. 이는 자유의 자기부정이자 자유의 가능성 자체를 거부하는 것이라 할 수 있다.

사물의 한 면만 보고 편협하게 판단해서는 안 된다. 그것은 부분을 전체로 착각하는 좁은 소견이자 마음이다. 입체적이고 종합적인 안목으로 전체와 부분을 유기적으로 인식하는 직관과 혜안이 요구된다.

세상에는 필연도 있고 자유도 있다. 어느 한쪽만 옳다고 여겨 다른 쪽을 부정하는 것은 어리석은 속단이다. 이러한 태도는 반드시 버려야 한다. 이는 앞서 살펴본 철학의 두 측면인 유심론과 유물론 중 하나만 옳다고 생각하는 것과 다를 바 없다. 이 세상은 상대적 세계다. 유심이나 유물, 어느 한쪽에 치우쳐 그것만이 절대적으로 옳다고 말하는 것은 큰 잘못이다.

전승화에서는 시간·공간을 절대적인 필연 속의 자유로 본다. 그것은 시간과 공간을 인위적으로 변경할 수 없기에 필연이지만, 인간의 목적과 의사에 따라 이용할 수 있기에 자유라 볼 수 있다. 환류와 실체는 상대적 자유로 구성된다. 여기에는 가변적인 차원과 불변적인 차원이 공존하고 있다.

사실 이理실체의 영역은 인간의 힘으로 조작할 수 있는 자유를 전제한다. 하지만 가만히 들여다보면 인간에게 주어진 삶 역시 완전히 자유로운 상태라고 말할 수 없다. 인간의 행동은 사회에서 요청하는 당위적인 명령에서 자유롭지 않다. 인간존재 자체가 역사적 계기에 의해 만들어지는 특정한 궤도 안에 놓여 있기 때문이다. 인간이 관계를 맺는 수많은 물적 존재로서 물物실체와 환경적 조건인 환류 역시 마찬가지다. 자유와 필연이 공존한다. 세상의 모든 것은 이처럼 상대적인 작용과 관계 위에서 구성되고 있다.

자유와 필연은 얽혀 있다. 자유는 어느 순간 필연을 만들어 준다. 필연에 서 있는 동안 자유의 여지가 생겨난다. 세상의 원리가 현묘하고 불가사의할 수밖에 없는 이유다. 인간은 운명을 거부할 수 없지만, 그 운명이 인간을 지배할 수도 없다.

인간과 더불어 모든 존재는 하나의 독립된 실체이자 주체적 존재이다. 자유와 필연의 관계는 인력과 척력이 작동하는 우주의 공전公轉 원리를 닮았다. 필연은 거대한 공전궤도이며, 자유의지는 이 궤도에 올라타 의지와 자유라는 노력을 통해 자전自轉한다. 끝없이 펼쳐진 바다 위 돛단배를 상상해 보면 어떨까. 우리 모두는 이러한 자유와 필연의 관계를 잘 알고 지혜롭게 인생 항로를 세우고 항해해야 한다.

인간이란 주어진 삶을 살지만, 그와 동시에 독립된 존재로서 책임을 지는 실체자이다. 그러므로 필연적이고 보편적인 당위 안에서 자유의지를 바르게 행사해야 한다. 그것은 자유의지를 보편의지와 통합하고 변증하면서 살아가는 삶이다. 여기서 보편의지란 보편선善을 추구하는 의지다. 인간에게는 더 선하게 살고자 하는 보편의지, 더 나아지려는 보편의지, 더 옳게 행동하고자 하는 보편의지가 있다. 이 세 가지 보편의지를 지향하면서 성실한 마음으로 더 나은 것을 향한 최선의 노력을 다하는 것, 그것이 인간이 추구해야 할 진정한 삶의 모습이다(『문화세계의 창조』 참조).

인간은 가능성을 품고 생활하는 독립된 존재다. 자율적인 참여의 길만이 인간의 참된 권리를 찾을 수 있는 길이다. 자유가 아니면 삶의 보람, 행복, 가치, 의미를 느낄 수 없다.

인생이란 주어진 배 한 척을 타고 바다를 항해하는 것과 같다. 자신이 선택하지 않은 이 배가 인간에게 주어진 필연이다. 배를 움직이는 돛이나 방향타 역시 이미 정해져 있으므로 이 또한 필연이다. 그러나 인간은 주어진 이 배를 자유의지로 움직여 나아간다. 주어진 돛과 방향타를 어떻게 움직일 것인가 하는 문제는 인간의 자유에 관한 문제다.

이를테면 돛은 강한 힘이 작용하는 강승强乘(×와 ÷)이다. 방향타는 약한 힘이 작용하는 약승弱乘(+와 −)이다. 중요한 것은 인생이 이 주어진 배를 어떻게 움직여 나아갈 것인가를 결정하는 것은 인간의 자유의지라는 사실이다. 인간은 주어진 날씨와 풍랑이라는 필연을 헤치고 배를 움직이기 위한 지혜를 스스로 구한다. 바른 방향으로 나아가기 위해 돛과 방향타를 현명하게 운용하고자 한다. 어떤 의미에서 이러한 인간의 성실한 노력이 곧 인간의 자유의지다. 인간이 올바른 길을 찾고자 노력하는 것 자체가 자유의 책무이자 과제라고 할 수 있다.

본질적으로 삶의 의지란 창조적 진화를 지향한다. 인간의 자유의지는 생명의 약동을 만들어 낸다. 이것이 곧 삶의 창조를 만드는 역량이자 바탕이다.

이처럼 인간의 의지 활동은 필연과 자유가 동시에 작동한다. 인간의 의지는 한편으로는 능동적이고 작위적인 자율적 원인에 의해 움직인다. 다른 한편으로는 수동적이고 부작위적으로 타인에 의해 움직여진다. 능동적인 의지 활동은 의식의 주체가 자신의 직감에 따라 의식적으로 뜻을 품고 의도적으로 행동하는 것이다. 수동적 활동은 필연적이고 연속적인 연관 속에서 일어난다.

인간은 이 두 개의 의지 활동인 타인他因적 혹은 자인自因적 수행을 통해 밀고 밀리면서 살아간다. 어떨 때는 알고, 또 어떨 때는 모르고 행동한다. 암중모색하며 길을 찾아 인생을 산다. 인간의 주관적 · 객관적 여건과 목적, 그리고 의사 선택의 연속이 인간의 미래와 운명을 결정한다.

그러나 보다 정확하게 이야기하자면, 인간의 미래와 운명은 인간의 성격과 능력, 주 · 객관적 여건이 얽혀 맺어지는 상관적이고 상승*적인 작용을 통해 이루어진다. 이것이 인간 행위의 전승화다. 자연의 모든 존재와 현상, 생물, 동물, 인간 전체가 이러한 전승화 과정을 통해 살아간다. 모든 존재가 시간 · 공간 · 환류 속에서 특성과 속성을 지닌 나[自]와 나 아닌 존재[他]의 관계 속에서 살아간다. 물실체와 이실체 사이의 상승작용을 통해 존재가 생겨난다. 다만 자연현상과 생물은 이실체 영역이 인간과 달리 단순한 지각 작용에 그친다. 동물은 본능적 감각 작용에 머문다. 인간만이 감성과 이성을 종합적으로 사용하여 현실과 미래의 변화를 결정할 수 있다.

우주의 모든 것은 조합을 이뤄 상호작용을 주고받는 교호 관계를 형성한다. 이것이 곧 전승화다. 비가 오고 바람이 부는 것, 꽃이 피고 지는 것, 사람이 웃고 우는 것, 새가 알을 낳고 귀뚜라미가 소리를 내는 것 등, 어느 하나 그냥 일어나는 법이 없다. 세상의 모든 현상은 우연히 일어난 것이 아니다. 모든 것에는 그럴 만한 까닭이 있다. 복숭아 한 알에도 그 나름의 역사를 통해 이루어진 전승화의 이치가 기록되어 있다.

세상의 모든 실재 자체가 전승화다. 존재하는 모든 것이 전승화의 결과이자 원인이다. 이론이나 인식 영역에서 벗어난 것처럼 보여도 모든 현상과 사물 안에는 숨겨진 이치가 존재한다. 초월적인 자연의 신비라 여겨지는 것 역시 마찬가지다. 모든 존재는 이치와 조리에 의해 움직이는 무한한 관계의 장 안에서 구성된다. 바로 이와 같은 만물의 교호 작용이 곧 전승화다.

다시 주역의 예를 들어 보자. 역학은 인간의 운명을 시간의 운행으로 읽어 낸다. 태어난 시간이 다르면 운명도 다르다. 관상·수상·골상도 모두 운명이 이미 정해진 것으로 전제한다. 또 역학의 가장 큰 한계는 대大실체와 소小실체의 관계를 설명해 주지 못한다는 점이다. 역학은 전체와 부분, 집단과 개인, 뭇 나(우리)와 나의 관계와 차이를 구별해 내지 못한다.

전승화는 대실체와 소실체 사이의 상호 관계성을 인정함과 동시에 이 둘을 엄격하게 구별한다. 모든 실체는 공전과 자전의 원리 아래 상관작용을 한다. 모든 실체들은 크기가 서로 다를 수는 있지만, 어느 한쪽의 일방적인 영향력으로 관계가 형성되지는 않는다. 거대한 바닷속에서 살아가는 생명체들처럼 몸집의 크고 작음만으로 관계 형성의 주체가 판가름 나는 것이 아니다. 서로 영향을 주고받는 상관관계로 이해해야 한다. 따라서 대실체가 소실체에 결정적인 영향을 준다고 단정할 수 없다. 소실체 역시 대실체를 변화시키는 데 결정적인 작용을 할 수 있기 때문이다.

그렇다면 대실체가 소실체의 운명을 결정하는 경우란 어떤 때일까. 예를 들어 보자. 소금을 물에 용해할 때, 소금은 물에 녹아 형태가 사라진다. 약한 동물은 강한 동물에 먹힌다. 인간사회도 마찬가지다. 개인은 더 큰 집단이나 사회에 의해 운명이 변하기도 한다. 개인의 삶은 그가 살아가는 지역의 변화에 무관할 수 없다. 전염병, 지진, 홍수 등 지역사회를 변화시키는 힘들은 작은 개인의 삶에 큰 영향을 줄 수밖에 없다.

국가 단위의 변혁은 더 말할 나위 없다. 전쟁이 일어나면 그 누구도 그 영향력에서 벗어날 수 없다. 모든 개인과 작은 집단(소실체)은 사회, 지역, 국가(대실체)의 변혁에 의해 어떤 식으로든 영향받는다. 계절과 기후, 전통과 풍조 역시 개인의 삶에 큰 영향을 준다는 점에서 대실체의 작용으로 볼 수 있다.

반대로, 소실체가 대실체에 영향을 주는 경우도 생각해 볼 수 있다. 바이러스에 감염된 작은 물고기가 자기보다 큰 물고기의 먹이가 되었다고 가정해 보자. 아무리 보잘것없는 약한 생물이라도 바이러스를 통해 강자를 무너뜨릴 수 있다. 아무리 큰 생명체라도 바이러스라는 작은 존재에 의해 위험해질 수 있다. 이렇게 만물은 상호 관계성의 상관 원칙에 따라 잠시도 쉬지 않고 서로 영향을 주고받으며 생성되고 시간의 흐름에 따라 변하여 바뀌는 변천을 계속한다. 그러한 관계의 흐름 속에서 삶과 죽음의 인과가 끊임없이 이어져 유전流轉한다.

전승화의 관점으로 대자연의 이치도 풀어 보자. 자연율과 자연 기계에는 거짓이 없다. 사막, 남극과 북극에서는 풀이 자라지 않는다. 자라는 곳의 온도와 습도에 따라 식물 종류도 다르다. 음지, 양지, 건지, 습지, 토양과 기후에 따라 각기 다른 식물이 자란다. 숲의 나무는 모두 한 방향으로 자란다. 해와 바람이 잘 통하는 곳으로 뻗어 간다. 그 속에 담긴 원리가 무엇일까.

저차원적이기는 하지만 식물에서도 물物·이理 실체의 작용이 일어난다. 광합성을 통한 조건반사적 실체의 작용이 그 예이다. 동물 가운데 낮에 활동하는 주행성동물과 야간에 활동하는 야행성동물이 생겨난 것도 이러한 활동과 물物·이理 실체 작용의 결과라고 할 수 있다. 세상의 모든 생물이 제각기 자기의 특성과 속성을 바탕으로 환경에 적응하며 삶을 영위한다. 이러한 자동화(automation) 과정을 통해 생명을 가진 모든 실체는 주변 환경과 상관관계를 맺으면서 생장한다.

탈레스를 비롯한 많은 철학자가 모든 존재에게 지각이 있다고 보는 만물유심론萬物唯心論을 주장했다. 이것만이 아니다. 앞서 본 것처럼 무기물도 조건반사적인 작용이 하나의 이치로 배후에 자리하고 있다. 무기물의 작용은 생물에게서는 지각이며 인간에게서는 정신의 영역일 것이다. 그러므로 우주의 모든 존재는 그 자체 성질을 토대로 하여 이치에 따라 태어나고 작용하면서 변화하고 생성한다. 이러한 인식을 출발점으로 우주 운동의 오묘한 심층 이론으로서 수론數論의 원리가 구성된다.

하지만 이런 의의에도 불구하고 대부분의 수론은 한계를 지닌다. 다른 과학 이론과 달리 수론은 인과필연론을 내세워 우주의 모든 사물의 운행을 밝히려 한다. 이는 수준이 복잡한 생명의 운동을 파악하지 못하고 단순하고 피상적인 규명에 머물러 있게 만든다. 단순한 수론이 우주 현상의 심오한 이치를 전체적이고 본질적인 시각에서 규명해 내기 어려운 이유다.

주역은 본질을 일체 신성불가침의 절대적인 실재라고 봤다. 그리고 이 절대적 존재를 하늘[天]이라고 명명했다. 이때 하늘이라는 존재는 인격화된 이신理神은 아니라 자연의 모든 현상 안에 있는 자연율로서 절대적 존재라고 할 수 있다. 따라서 주역의 원리 안에서는 주체의 본질인 실체實體 또는 실재實在의 작용을 영원히 인식할 수 없게 된다.

그러나 전승화에서는 다르다. 앞서 설명했듯이, 우주의 모든 기체는 이실체와 물실체의 양 차원에서 시간·공간·환류가 결합하면서 복잡하게 얽혀 상호 작용한다. 전승화는 이러한 상관상승 작용*을 통해 현상적인 것과 본체本體적인 것을 함께 본다. 사물의 현상으로서의 그 특징과 그것의 본질로서의 완전성(integrity)을 종합적으로 볼 수 있게 한다. 이 때문에 전승화는 전체와 부분을 연역적이면서 동시에 귀납적인 사유를 통해 설명한다. 다시 말해, 전승화는 현상이 본체에서 유출된 것이라 본다. 따라서 본체는 현상의 원천으로서, 특정한 사물과 부분적 현상은 전체 원인과 결과의 통합(unity of cause and effect) 안에서 연역적으로 찾아진다. 본질과 말단, 전체와 부분은 서로 분리할 수 없는 하나로서, 본말일체本末一體의 관계를 이룬다. 또 이러한 연역적 방향과 더불어, 현상의 다양성을 통해 본체의 근원을 찾는 귀납적인 사유도 동시에 일어난다.

시간·공간·환류·실체의 네 가지 기체는 각자의 이치를 따라 서로 결합하고 관계를 맺으면서 새로운 것을 생성하게 만드는 주리생성의 원리*를 따른다. 그리고 이러한 상관관계를 맺으면서 우주의 모든 존재가 변화 작용을 일으킨다. 이러한 작용들이 세상의 모든 형상과 현상을 만들어 낸다. 그러므로 형상과 현상을 거꾸로 거슬러 올라가면 그것을 만든 근원인 본체를 볼 수 있게 된다.

본체의 생성 원리와 이를 통해 발현한 현상은 분리되지 않는다. 현상 안에 본체의 원리가 내재한다. 본체는 현상을 통해 표현된다. 현상을 보면 그것을 만든 근원인 본체를 볼 수 있다. 모든 현상이 생겨나는 근본 원리는 기체들의 관계와 생성을 통해 이루어지는 주리생성의 과정으로 설명할 수 있다. 그리고 이러한 주리생성의 원리 속에서 생겨나는 모든 현상 변화는 그 안에 내재하는 무한한 원인과 결과의 통합 과정을 설명하는 전승화의 법칙으로 풀이할 수 있다.

바로 이 점에서 모든 존재는 우주의 본체에서 비롯된 현상이며 동시에 모든 현상은 그것이 발원한 본체를 지니고 있다고 말할 수 있다. 전승화의 원리가 우주의 본체인 동시에 현상이라고 말할 수 있는 까닭도 여기에 있다.

본체와 현상은 서로 무관한 것도, 서로 다른 이질적인 것도 아니다. 우주 현상이 변화하고 움직이고 있는 것이라면, 진리라고 할 수 있는 우주 본체는 이 현상이 머물러 있는 변하지 않는 근원이다.

이렇게 전승화는 시간·공간·환류·실체라는 네 개의 차원이 상관상승 관계*를 형성한다. 이 네 개의 차원인 기체들이 우주 안에서 자전함과 동시에 공전하면서 정연한 질서 운동을 계속하고 있다. 그러니 전승화를 단순히 역易이나 인과 운동으로 볼 수 없는 것이다. 전승화는 절충이나 중용도 아니며 변증법도 아니다.

전승화는 우주의 모든 존재가 창조되는 원리로서 주리생성*을 바탕으로 이루어진다. 따라서 전승화는 살아 있는 우주 운동이다. 우주의 모든 존재가 그 속에서 태어나고 사라지길 반복한다. 전승화는 이러한 우주 운동의 본체이자 원리, 그리고 그러한 원리에 의해 생겨난 모든 현상을 포괄한다. 우주의 모든 존재는 전승화 안에서 변화하고 유전한다.

우주의 본질이요 현상인 전승화의 원리를 구명하는 목적은 무엇인가. 그것은 대자연과 인간의 모든 일을 더 정확하게 이해함으로써 대세에 쫓기고 떠밀리지 않고 살기 위함이다. 아울러 단순히 진리 구명에만 머물지 않고 다음을 내다보고자 한다. 전승화 이론을 정립하고자 하는 것은 사물을 바르게 이해하고, 이를 통해 더 나은 세계, 더 나은 인생과 내일을 기약하기 위해서다. 전승화를 통해 올바른 계획을 세워 인간사회가 나아갈 방향을 설정할 수 있다. 전승화를 바로 아는 것은 인류사회가 요청하는 진정한 낙원, 오토피아Oughtopia*를 이루는 데 좋은 역할을 할 수 있다.

인생에서 우리가 겪는 많은 실패들은 깊은 사유가 부족해서 벌어지는 경우가 많다. 부분만 보고 전체를 함께 보지 못하는 데 주된 이유가 있다.

전승화를 길잡이로 하여 부분과 전체를 함께 보는 노력을 해야 한다. 전승화 원리를 꿰뚫어 현대 문명세계를 올바로 성찰하고 나아갈 바를 찾아야 한다. 과학기술이 발달해도 인간이 그 기술의 노예가 된다면 무엇 하겠는가. 천하를 얻고도 제 목숨을 지키지 못한다면 무슨 소용인가. 인간이 평화를 얻지 못하는 한 그것은 인간의 생生을 부정하는 것이다.

아울러 인간이란 모두 같은 생명을 타고 태어나더라도 저마다 다른 환경과 여건, 상황 속에서 살아간다는 것도 알아야 한다. 인간은 평등이 아니라 불평등 가운데서 태어나 살고 있다. 인간은 저마다 타고난 환경과 시대가 다르다. 능력, 욕구, 성격도 다르다. 배움과 경험, 지식도 다르다. 인간은 각자 다른 입장에서 살아가고 있다.

그러므로 인간은 같은 것을 봐도 다른 생각을 하고 다른 표현을 한다. 이 세상에 똑같은 것은 아무것도 없다. 어쩌면 이러한 차이는 인간 모두에게 주어진 동일한 조건이라고 할 수 있다. 그런데 바로 이 점에서는 어느 누구 할 것 없이 예외가 아니므로 인간이란 서로 다르면서도 같은 처지라고 말할 수 있다.

우리 생애의 환경과 여건도 이러한 시각에서 바라보아야 한다. 세상에 얼마나 다양한 환경과 여건이 존재하는지 보라. 어떤 사람이 자동차나 비행기를 타고 이 세상을 달릴 때, 어떤 사람은 걷거나 말 혹은 수레를 타고 간다. 그것만이 아니다. 키가 큰 사람과 작은 사람, 건강한 사람과 허약한 사람, 재주가 있는 사람과 없는 사람 등 우리는 서로 얼마나 다른 존재인가. 세상 모든 사람은 다른 삶, 다른 조건 속에서 불공평하게 태어나 살아간다.

하이데거도 말했듯이 인간이란 존재는 다른 실체들과 함께 피투被投된 존재들이다. 누구도 세상에 나올 때 환경과 여건을 선택할 수 없다. 그러나 선택할 수 없는 운명이지만, 모든 운명이 그렇게 가혹한 것만은 아니다. 왜냐하면 우리의 세계가 절대적인 외길의 세계가 아니라 상대적인 세계이기 때문이다. 숙명 속에서도 소생할 수 있는 가능한 길이 트여 있다. 인간은 하나의 실체로 태어난 후에는 자유로운 의사 선택을 하며 살아갈 수 있다. 주어진 환경과 여건도 바꿀 수 있고, 때로는 주어진 상황의 판국까지도 바꿀 수 있다. 이理실체의 길이 트여 있기 때문이다.

바로 이러한 이실체의 길트기를 통해 인간은 인생의 의미와 역할, 가치를 발견하고 창조하는 힘을 얻을 수 있다. 주어진 외길을 달리는 것은 보람이나 가치를 논할 대상이 아니다. 그것은 물리 운동의 세계에 불과하다. 인간존재는 우주사회의 공전 위에서 자신(이실체)의 의지적·선택적 노력으로 자전을 일으켜 살아간다. 공전과 자전을 맞추어 나감으로써 모든 것을 개선하고 발전시킨다. 인간은 이러한 자율적인 활동을 통해 자아를 실현해 가는 존재다. 그것이 인간 삶에서 발견할 수 있는 하나의 희망이다.

한마디로 말해, 인간은 숙명 속에서 자유로운 활동을 허락받은 존재다. 그렇기에 인간은 자신이 한 일에 책임을 지고, 주어진 고난에 도전한다. 역경을 극복하고 보람과 가치를 창조할 수 있다. 그것이 인생의 의미이자 인간의 역할이다. 자유와 창조의 삶이 인간의 임무이며 사명인 것이다.

미래는 결정된 것이 아니다. 모든 것이 기계적인 숙명의 결과라고 말해서는 안 된다. 그렇다면 우리가 해야 할 일은 무엇이고, 어떻게 살아야 할까.

컴퓨터나 인공위성, 자동차 등 인간에게 편익과 오락을 제공하는 모든 이기利器는 인간의 필요에 따라 만들어진 것들이다. 단순한 인과관계에 의한 물질과 물질의 자연적인 집합이나 집적이 아니다. 인간이 만들어 낸 모든 것은 인간을 위한 특정한 목적과 이상을 토대로 설계된 것이다. 인간의 의지 작용을 통해 만들어진 물질적 결정체다. 그렇다면 우리는 이 속에서 무엇을 느끼고 깨달아야 할까.

아무리 강조해도 지나침이 없는 것은, 이理실체의 역할과 힘이 인생에서 얼마나 크고 위대한 것인가 하는 점이다. 우리가 누리고 있는 모든 문명의 이기는, 시간·공간·환류·실체라는 네 가지 기체 중 한 부분에 불과한 인간의 정신 작용의 결과다. 실로 우리가 깨달아야 할 것은 바로 이것이다. 이실체의 힘을 바르게 실현함으로써 보람 있고, 행복하고, 가치 있는 삶을 창조해야 한다. 바른 목적으로 인생을 설계하고, 지금 우리가 살아가는 현실 위에 인간적인 이상사회를 세우기 위해 노력을 다해야 한다.

자연의 거대한 힘에 비교하면 인간은 보잘것없는 초라하고 미력한 존재다. 그러나 인류가 이룩한 문명을 보라. 인류는 대자연의 엄청난 시련에 도전해 지금의 문명을 이룩했다. 많은 희생과 시행착오를 거치기도 했지만, 인간은 대자연의 위력을 이겨 냈다. 신도 감탄할 정도로 찬란한 문화 역사를 창조했다.

밟히고 밟혀도 죽지 않고 끈기 있게 일어서는 풀과 같이, 인간은 자연과의 고된 싸움에서 승자가 됐다. 그러므로 인류문명은 우연도 필연도 아니다. 문명을 이룬 진정한 힘은 인간의 맑은 지혜와 강한 의지다. 밝은 내일을 바라보며 이치에 따라 역경에 굴하지 않는 정신이 있었기에 가능했다. 베르그송이 말한 엘랑 비탈élan vital로서의 순수지속純粹持續이 인간문명을 창조한 생명력이다. 목표를 향해 지치지 않고 노력하고, 그 노력을 성실하게 반복하는 힘, 그것이 인간이 지닌 진정한 이理실체의 힘이다. 미래에 대한 염원 속에서 잠재적 욕구를 형성하고 그것을 이루고자 하는 집념, 그것이 곧 인간이 자연을 극복할 수 있었던 원동력이다.

낙숫물이 바위를 뚫는다는 말이 있다. 강인한 인간의 의지는 비록 사기체* 가운데 하나에 불과하지만, 그것이 지닌 잠재적 힘은 천하를 바꾸어 놓을 만큼 크고 강하다. 마음이 바뀌면 모든 것이 바뀐다. 인간의 마음가짐이 가장 중요하다. 어떤 경우에도 자포자기해서는 안 된다. 절망에서 빠져나와 자기가 나갈 길을 향해 깊이깊이 생각하며 부단한 전진을 계속해야 한다.

인간과 동물의 진정한 차이가 여기에 있다. 동물은 느끼며 생각하며 살지 않는다. 본능적이고 충동적인 상상이나 생각을 할 수는 있지만 깊은 사색을 할 수는 없다. 인간만이 사색을 통해 고차원적인 의지와 계획을 세우고 철학과 윤리·종교를 실현할 수 있는 것이다.

그러나 현대인을 보라. 현대인은 인간의 고차원적인 삶을 저버린 것처럼 행동하며 살아간다. 본능적인 쾌락을 추구하며 충동적인 감각 생활을 멈추지 않고 있다. 이런 사회현상이 심화하면서 인간사회는 점점 더 비인간화되고 있다. 이런 현대인의 삶은 저차원의 원인原人 생활과 다를 바가 없다. 그러므로 인간의 타락을 부추기는 대중문화와 인간들을 우매하게 만드는 감각적 우중문화를 추방해야 한다.

미래는 풀 수 없는 미궁도 아니며, 아름답기만 한 천국도 아니다. 자연의 이치를 바로 알고, 스스로 힘을 길러 자립하고 자활하는 길을 개척한다면, 인간이 소망하는 낙원을 이 세상에 이룰 수 있다. 인간사회를 천국으로 만들 수 있다. 그러나 빗나간 생각을 하고 잘못 행동하면 파국과 자멸에 이르게 될 것이다. 이러한 진실을 우리는 존귀한 역사적 경험을 통해 뼈저리게 느끼며 살아왔다.

그런 의미에서 경험은 가장 위대하고 정확한 실험이다. 역사의 거대한 흐름 속에서 보면 누구라도 자연도태 하거나 자기 멸망의 길을 걸을 수 있다. 이러한 길을 걷지 않기 위해서는 주체와 객체를 알고, 목표를 바로 세우고, 바른 삶을 영위해야 한다. 목적도 없고 이치도 모른 채 그저 세상 시류에 떠밀려 살아서는 안 된다. 모든 일과 사물의 성질을 연구하여 그 이치의 길을 찾고, 주체적이고 능동적으로 이를 삶에 적용해 자기 계획을 실현하며 살아야 한다. 이것이 바로 전승화의 철학이요, 전승화의 목적이다.

전승화는 우주의 신비를 열어 우주의 본체를 밝히고 그 현상을 설명해 줄 수 있다. 값있고 아름다우며 행복하고 보람 있는 삶을 향한 길을 열어 줄 것이다. 인간이 마땅히 소망하고 실현해야 할 이상사회, 오토피아Oughtopia*의 길이 전승화를 통해 밝혀지리라 믿는다.

하지만 이 책에서는 전승화 이론의 핵심 구조만을 다뤘다. 앞으로 그 원리를 더 발전시켜 체계화할 수 있기를 바란다. 첨단 컴퓨터 기술과 전승화 원리를 결합한다면 우주의 신비에 더 깊이, 그리고 더 빨리 다가설 수 있을 것이다. 전승화 이론이 우주의 신비를 밝히는 철학이자 과학으로 자리 잡길 희망한다.

언제나 그러하듯 창조와 완성은 다른 차원이다. 많은 학자가 오토피아를 바라보며 인류사회 재건 사업을 위한 연구에 동참해 주길 바란다. 인류의 소망을 함께 풀어 가길 기원한다.

Oughtopia

8

8장

오토피아

지금까지 우주의 본체인 전승화, 그 변화의 형식인 전승화 원리를 고찰했다. 우주의 본질이 무엇이고, 우주 변화의 원리가 어떠한지 그 윤곽을 살펴봤다. 하지만 지식은 단순히 아는 것에 그치면 안 된다. 더 나은 현실을 위해 선용할 수 있어야 한다. 어떻게 그것을 실현할 수 있을까. 올바른 인생관을 세우고 사회를 발전시킬 방법이 무엇일까.

1. 오토피아를 바라보며

건축물을 세우려면 설계가 중요하다. 바른 삶을 실현하기 위해서도 목표와 방안이 제대로 세워져야 한다. 인간은 목표가 없으면 허탈감에 빠지기 쉽다. 생기마저 잃어버릴 수 있다. 더 나은 내일을 향한 보편의지(universal will to be better)가 마음에 자리할 때 인간은 비로소 강해진다. 부지런히 삶의 활기를 찾고 인내력도 커진다. 세계에 대한 이해가 넓어지고 보다 나은 삶을 위해 협력할 수 있게 된다.

인간은 본능적으로 자기중심적(egocentric)인 존재다. 그러면서도 한편으로는 목적을 생각하며 사는 사유 동물이다. 이성과 지혜로 판단하고 순리를 따르면서 높은 이상을 성취하고자 노력한다. 인간은 의지적 존재다.

인류 역사의 모든 성공적인 장면들은 이렇게 출현한다. 인간은 어둠을 뚫고 밝은 면을 보며 문명을 만들어 왔다. 인류문명은 인간 의지의 상아탑이다. 아무렇게나 만들어진 우연의 산물이 아니다. 목적과 이상 위에 세워진 인간의 작품이다. 모든 문명에는 이러한 인간의 숭고한 노고가 기록되어 있다.

오늘날 우리 시대는 과거와 근본적으로 다른 패턴으로 진행되고 있다. 개인의 시대에서 우리의 시대로, 투쟁의 시대에서 협력의 시대로 나아가고 있다. 여기서 '우리'란 종파와 종족에 갇힌 작은 개념이 아니다. 큰 의미에서 그것은 세계와 인류를 아우르는 개념이다. 인류는 지금 다 함께 평등하고 공영을 이루는 세상을 바라보며 더불어 살아가려 한다. 이 말은 나와 작은 우리 집단을 무시하자는 말이 아니다. 오히려 그러한 미시적 영역에 충실함으로써 더 큰 우리를 지향해야 한다.

세계라는 말을 천하라는 말과 혼동해서는 안 된다. 세계를 하나의 지역이나 나라에 국한하면 안 된다. 20세기 후반부터는 민주 사상이 보편화됐다. 이제 우리는 정신적으로 모든 인간이 하나라는 만민일체 사상을 공유하고 있다. 현대 인간사회는 지리적·경제적으로 상호 의존적인 관계로 변했다. 과학기술, 정보·통신 기술, 교통수단이 발달하면서 세계의 시공간이 축소되어 가고 있다.

여러 의미에서 인간사회는 공동 운명체다. 지구는 일일생활권을 이룬 지구 마을로 변했다. 인류 전체가 하나의 가족이 되어 같은 것을 보고 느끼며, 같은 일을 더불어 도모할 수 있게 됐다. 지구 어딘가에서 발생한 작은 일이라도 이미 우리와 무관한 일이 아니다. 다른 민족, 다른 국가의 일이라도 우리와 관계없다고 무시할 수 없다. 지구에 사는 우리 모두는 정신적이건 물질적이건 서로 영향을 주고받으며 이해관계를 형성한다.

이제 인류가 서로 이해하고 협력하는 삶을 모색해야 할 때다. 협력하지 않는다면 문명의 풍요는 말할 것도 없고 인류의 생존조차 어려워질 수 있다. 과거의 타성에 젖어 아직도 개인과 작은 집단의 이익에만 집착해서는 안 된다. 인류의 공영이 나와 상관없다고 생각해서는 안 된다. 그것은 변화하는 시대를 제대로 인식하지 못하는 것이다.

이렇게 세계의 여건과 상황이 크게 변했다. 이에 적합한 대응책이 필요하다. 하지만 지금까지 나온 대응책들은 대부분 여전히 보잘것없는 수준이다. 2차 세계대전을 치르며 인류는 엄청난 희생을 치렀다. 그 대가로 무엇이 진정한 가치인지 뼈저리게 경험했다. 지구 전체가 통합된 세계이며 다양한 국가와 집단이 힘을 모아야 한다는 교훈을 얻었다. 그런데 또다시 세계가 분열 지향적인 체제로 나아가는 추세다. 인류세계는 지금 구심점 없이 원심력만 작동하고 있다. 국가들은 서로 흩어져 협력하지 않고 충돌과 대립을 일삼던 과거세계로 되돌아가려 한다. 신식민주의(neo-colonialism), 신민족주의(neo-nationalism)마저 거론되고 있다. 세상은 범지구적으로 확대돼 가고 있는데 현실은 그것을 따라가지 못하고 구태에 사로잡혀 있다. 나 자신과 오늘 일만 생각하고 내일 우리의 삶을 생각하지 못한다. 이것이 현대사회의 고민이다. 내일의 위기도 바로 이러한 현실 속에 잠재되어 있다.

나와 우리, 오늘과 내일을 함께 볼 수 있는 밝은 혜안을 얻을 수는 없을까. 우리는 어떤 길을 가야 할까.

인류사회가 가야 할 길은 무모한 핵전쟁을 막고 인류를 파멸에서 구원하는 것이다. 우리는 자기 이해와 사욕에 집착하는 행위를 멈추어야 한다. 미움과 질시를 막고 분쟁을 지양해야 한다. 불신을 거두고 상호 협력하는 인간사회를 만들어야 한다. 건전한 사회 풍토를 만들고 적개심에 의한 계급 혁명이나 이데올로기 투쟁을 중지해야 한다. 우리 모두 마음을 바로잡아야 한다.

아무리 큰 영광이라도 폭력에 호소해 이루려 해서는 안 된다. 번영과 평화는 상호 이해와 협력을 기반으로 할 때 이루어질 수 있다. 평화를 목적으로 하면서 투쟁이나 전쟁을 수단으로 삼아서는 안 된다. 그렇게 이룩한 평화는 평정平定일 뿐 진정한 평화가 아니다. 평정은 상황이 조금만 바뀌어도 분쟁으로 비화할 수 있다. 그러므로 평화를 위한 마지막 전쟁이란 말은 의미가 없다. 전쟁을 영구적으로 포기하지 않는 한 영원한 평화는 실현될 수 없다.

비록 과거의 우리가 지구사회와 온 인류를 내다보지 못한 채 문명을 쌓아 올렸다고 해도, 이제 달라질 수 있다. 나와 우리, 오늘과 내일을 함께 바라보면서 인류의 밝은 앞날을 개척해야 한다. 세계정세가 어둡다고 모든 일을 어둡고 그늘지게 보아서는 안 된다. 부정하고 낙심하는 태도는 자학 행위나 다름없다. 부정만 하면 세상은 자포자기적 파멸로 이어질 수밖에 없다. 이런 때일수록 생의 의지가 약동하는 창조와 개척의 길을 가야 한다.

운명을 한탄하는 것은 약한 마음이다. 현실에 타협하고 순종만 하는 비겁한 사람이 되어서는 안 된다. 하늘의 참뜻을 마음에 품고 고난에 용감히 맞서야 한다. 시련을 극복하고 밝은 내일을 위해 도전해야 한다. 그것이 우리의 소임이다. 전승화의 원리도 이러한 삶을 추구하는 사람에게 바른 지혜를 줄 수 있어야 비로소 인간의 바른 지혜가 될 수 있다.

그렇다면 현재 인류사회가 풀어야 할 난제는 무엇인가. 잠시 생각해 보자. 복잡한 현대 산업사회는 전통사회의 가치 기준과 도덕을 진부하고 무의미하게 만들어 버렸다. 앞으로 다가올 과학기술사회와 정보사회에서 도덕과 양심의 지위는 어떻게 될 것인가.

실증철학이 지배하면서 공리주의, 쾌락주의, 실용주의가 득세하고 있다. 이런 세상에서는 인간 역시 물질 이상의 존재로 취급받지 못한다. 인간을 존중하지 않는 배금주의가 만연한 사회로 변해 가고 있기 때문이다. 현대인은 기술과 진보를 신앙의 대상으로 숭배하면서 그것에 절대복종하는 삶을 당위(Sollen)*로 인식하는 지경에 이르렀다.

현대사회 전반에서 진행되는 이러한 비인간화가 심화하면서 인간의 존엄성도 훼손되고 있다. 현대사회는 로봇이 인간을 지배하는 세기世紀로 변질하고 있다. 앞으로 인간성이 완전히 말살되는 날이 오면 기계와 인간 모두 공멸하고 말 것이다.

이러한 인류사회에 대한 어두운 전망은 특정한 누군가의 생각만이 아니다. 세상을 알고 내일을 내다보는 지성인과 과학자들은 앞날을 두려워하고 있다. 인간의 존엄성이 무너지고 양심이 무의미해지는 날, 신의 권위도 함께 무너질 것이다.

인간을 인공 기술로 조립해 만들고, 유전자조작을 통해 우월한 인자만을 골라 조작적으로 인간을 생산하는 미래사회를 생각해 보라. 유전자조작으로 인간을 자연적으로 부여된 능력보다 훨씬 더 우수한 지능과 체력을 갖춘 존재로 만들어 낸다면 어찌 될 것인가. 그렇게 되면 인간존재에 대한 기본적인 정의마저 흔들리고 말 것이다. 바이러스를 무기물인지, 유기물인지 따져 물었듯 인간도 사람인지, 상품인지, 혹은 생명을 지닌 기계인지 물어야 할지도 모른다.

과거 1억 5000~1억 6000만 년 동안 지구를 지배했던 거대 동물들이 사라져 자취를 감추었듯, 인간도 지구에서 사라질 날이 오고 있는 것은 아닐까. 과학기술로 만들어 낸 로봇이나 기계 인간에게 인간의 미래를 떠맡기는 날이 올까 봐 두렵다. 이런 생각들이 한낱 기우가 되길 바란다. 그렇다면 이러한 두려운 미래를 생각하면서 현재 우리가 마주한 인류사회의 문제점을 더 깊이 성찰해 보자.

첫째, 앞으로 인류는 인간 힘으로 감당하기 힘든 지구적 환경 변화와 마주하게 된다. 자연 자원이 부족해지고 환경문제가 심화할 것이다. 인구문제와 더불어 식량과 생필품 부족 사태가 일어날 수 있다. 환경 파괴로 인한 공해와 오염 문제도 심각하다. 문화적, 경제적 격차가 심화하면서 국민들과 국가들 사이에 양극화 현상이 심화할 것이다.

둘째, 대중사회의 출현으로 가치관이 붕괴한다. 정신이 축소하고 물질이 지배하는 사회가 되면서 다양한 모순들이 발생한다. 생각과 분별력을 상실한 대중의 삶이 일반화된다. 물질주의와 배금주의가 크게 부상하고 감각적 향락주의가 사회를 어둡게 만든다. 범죄가 늘고 퇴폐풍조가 만연하는 사회로 변해 간다. 과도한 경쟁의식과 적개심, 상호 불신으로 인간관계가 왜곡된다. 인간 정신을 가볍게 여기게 됨에 따라 사회 전반에서 인간소외가 일어난다. 그 결과 사회는 대중적 우중愚衆사회로 변질되고 만다.

셋째, 인간의 필요를 뛰어넘는 개발이 실행되고 과학기술이 자기 복제와 증식을 거듭한다. 이로 인해 예기치 못한 문제들이 나타난다. 기계

사회와 정보사회가 출현하고 과학기술주의에 의한 진보 신앙이 지속된다. 인조인간의 출현으로 인간의 존엄성이 말살되고 가족 관계도 파괴된다.

넷째, 지구의 시공간적, 관념적 거리가 축소되면서 지구사회가 출현한다. 하지만 이러한 사회 변화에 대응하지 못해 지구적 혼란은 가속화된다. 이기주의가 심화함으로써 종족·종교·계층·지역 간 배타적인 분열 지향성이 강화된다. 그렇지만 하나의 지구협력사회[41]를 이끌어 갈 세계가치질서世界價値秩序의 출현은 더디게 진행된다. 그러면서 세계는 더 큰 혼돈 상태 속에 빠져들어 헤아릴 수 없이 많은 난제가 혼재하는 사회로 변해 간다.

이러한 시대적 난제 앞에 선 인간은 어떤 존재인가. 인간의 책임은 무엇이고, 어떤 능력과 역할을 가진 존재인가.

인간은 독립된 실체로 살아왔다. 기실 생명을 가진 모든 존재는 독립된 존재다. 따라서 모든 존재가 그 자체로 수단적 존재가 아니라 목적과 의미를 지니며 자립해 살아간다. 그런데 역설적으로 바로 그 때문에 인간사회에서 생명을 지키기 위해 강한 자는 살고 약한 자는 패배함과 동시에 도태되는 약육강식 논리가 정당화되어 올 수 있었던 것이다. 인간은 독립된 존재이므로 자신의 삶을 위한 자유와 책임을 가질 수밖에 없으리라. 그렇지만 인간은 다른 존재와 달리 인격적 존재이기에 종족 번영과 행복 이외에 차원 높은 삶의 의의를 추구한다.

---

41 원저에서 미원은 Global Cooperation Society를 지구협동사회라고 표기했다. 여기서는 지구사회의 공통 규범과 목표를 만들고 공동의 사업을 추진하는 지구공동사회라는 목표를 향해 서로 힘을 합해 돕는다는 의미에서 '협동' 대신 '협력'으로 고쳐 적었다. 또한 사회적으로도 협동 대신 협력이라는 말이 더 일반적으로 사용되고 있다는 점에서 표기를 달리했다. 실제로 미원은 〈새로운 천년을 위한 지구공동사회 선언문〉(「지구공동사회 대헌장」, 『연설문집』, pp.86-87)에서 지구협력사회, 지역협력사회로 표기했다.

자유가 없는 모든 존재에게는 책임이 없다. 독자적 목적과 사명 또한 부여되지 않는다. 자유가 없으므로 독립된 사고와 행동 역시 수반되지 않는다. 자유와 책임은 하나의 수레를 움직이는 두 개의 바퀴와 같다. 자유가 없으면 책임이 없고, 책임이 없으면 자유가 없다. 인간은 자신이 한 일에 대해 현재와 미래를 막론하고 직간접적으로 무한책임을 진다. 이는 인간의 자유에 제한이 없는 것은 아니지만 어떤 의미에서 인간에게는 신이 부여한 절대 자유가 있다는 것을 말해 준다.

구약성서 창세기 1장 28절에 이런 말이 있다. "태초 하느님은 자기 형상대로 인간을 창조하고 축복하길, 생육하고 번성하여 땅에 충만하라, 땅을 정복하고 모든 생물을 다스리라 말했다." 여기서 신의 형상을 본떠 인간을 만들었다는 것은, 외적 모습이 닮았다는 의미가 아니다. 이 말뜻은 인간이 신과 같이 정신생활을 하는 진실한 성품을 지니게 됐다는 의미다.

생육과 번성을 축원한 것 역시 종족 번식은 물론 문화적으로 충만한 삶을 기원하는 말이라 할 수 있다. 말하자면, 인간이 자기 본분을 다해 삶을 발전시키라는 의미다. 땅을 정복하라고 말한 것은 인간이 이 땅의 주인이 되어 선량하게 관리하라는 뜻이다. 모든 생물을 다스리라고 한 것은 만물의 영장으로서 군림하여 이를 지배하여 보살피라는 의미를 담고 있다. 신이 인간에게 이렇게 축복한 것은 신의 그와 같은 뜻이 이 땅에서 이루어져 인간에게 영광이 있으라는 뜻으로 받아들여야 한다.

모든 경전이나 성현의 말씀은 교조적인 고전 해석에만 얽매여서는 그 참뜻을 놓치기 쉽다. 시대와 상황에 맞게 올바르게 해석하고 수용해야 한다. 시대 변천에 따라 생겨나는 해석의 오류를 없게 하는 것이 무엇보다 중요하다.

성서에는 이런 이야기도 있다. "너희는 이 시대를 본받지 말고 오직 마음을 새롭게 하여 변화를 받아 하느님이 선하시고 기뻐하시고 온전하신 뜻이 무엇인지를 바로 분별하도록 하라."(로마서 12장 2절) 참으로 옳은 말이 아닐 수 없다.

진리는 항상 여러 형태로 나타나기에 보는 관점에 따라 달라질 수 있다. 접근하는 길이나 방향에 따라 진리의 정체도 달라진다. 그러므로 자기가 선 위치에서 보이는 것만 옳고 다른 것은 그르다고 말해서는 안 된다. 그것은 진리의 옹호가 아니라 독단이나 편협한 아집이다.

성경을 믿는다고 해서 사서삼경, 불교 경전, 베다, 코란을 무시해서는 안 된다. 고등 종교라 할 수 있는 모든 종교가 내세우는 종교적 진리와 경전의 참 의미는 모두 옳은 말들이다. 신에 대한 이해와 의례에서 차이가 있을 뿐이다. 표현하는 방식이 다를 수는 있어도 종교의 근본은 같다.

모든 종교는 인간들에게 서로 미워하지 않고 적대하지 않으며 진실을 추구하라고 설파한다. 서로 이해하며 돕고 사랑하라고 가르친다. 평화로운 인간관계를 확립해 다 함께 노력해야 한다고 말한다. 그것이 하늘의 뜻이고 평화의 길이다. 그것이 인간 본연의 참된 삶의 길이다. 도덕의 실재자로서 하늘의 참뜻을 바르게 해석하는 일은 실로 중요하다.

플라톤은 『국가』에서 신이 우주를 창조한 이유가 선한 세계를 이루기 위해서라고 말했다. 그가 말한 이상 국가는 선량한 사람이 다스리는 이데아의 나라다. 그는 신神이 곧 선善이 되는 상태를 이데아라고 생각했다. 플라톤이 생각한 이상적인 정치형태는 무엇인가. 이제부터 플라톤을 포함한 서양의 3대 철학과 토머스 모어의 이상국가론을 살펴보기로 하자.

플라톤의 철학이 등장한 시기는 그리스가 민주주의를 모색하던 시대였다. 플라톤은 우매한 대중 선거보다는 교육을 받아 정치가 무엇인지를 아는 현인賢人이 정치하는 것이 바람직하다고 말했다. 올바른 민주적 선거 절차를 따라 현인을 선출해야 한다고도 주장했다.

플라톤의 주장을 들어 보면, 국가고시 제도를 창설해 능력 테스트를 거쳐 바른 지도자를 기용해야 한다. 시험에서 일차로 낙방한 사람은 산업에 종사하게 하고, 이차 낙방생은 군인과 같은 직종에 봉사하게 해야 한다. 최종 합격자만이 지도 계급이 될 수 있다. 지배계급이 될 사람은 35세가 되기 전에 5년간 의무적으로 철학 교육을 받아야 한다. 그 후 15년간은 실제 사회생활을 체험하게 하고 50세가 될 때 비로소 국민의 지도자로 기용될 수 있다. 또한 피지배계급과 달리 지도 계급이 된 사람들에게는 처자와 재산의 소유권을 인정하지 않아야 한다. 성생활도 오로지 우량한 종자를 남기기 위해 특별한 경우에만 허용한다. 지도 계급으로 생활하는 사람에게 사생활을 인정해서는 안 된다.

이처럼 플라톤은 오로지 공공 생활에 봉사하는 마음만을 가질 수 있는 철인哲人의 정치를 이상적인 정치로 생각했다. 철인은 사적인 것을 배제하고 오로지 공적인 일에 봉사해야 한다. 그러는 한 철인은 의회나 여론이 간섭할 수 없는 전적인 권한을 부여받는다. 플라톤의 이상 정치를 철인 독재정치라 부르는 이유도 여기에 있다. 아리스토텔레스도 옳은 정치란 스스로 하겠다고 나서는 사람이 아니라 사리사욕이 없는 철인에게 맡겨야 이루어질 수 있다고 주장했다. 그렇지만 플라톤의 이상국가론은 지금 상식에 비추어 볼 때 비현실적인 주장이 아닐 수 없다.

토머스 모어T. More의 유토피아론도 지금 현실과 거리가 멀다. 법리학자인 모어는 자신의 공상 사회소설 『유토피아Utopia』에서, 르네상스 이후의 휴머니즘 정신이 바탕을 이뤄 종교적 관용이 존재하고 이상적 사회주의를 실현한 이상 국가를 공상적으로 재현하고 이를 찬양했다.

그리스어 Utopia의 어원을 살펴보면, '없음'을 뜻하는 'ou'와 '장소'를 뜻하는 'topos'가 결합한 말임을 알 수 있다. 다시 말해, 유토피아는 어디에도 없는 곳, 어디에도 존재하지 않는 완전한 낙원을 의미한다. 이러한 유토피아 사상은 자본주의가 태동하던 시기 영국의 사회적 현실을 배경으로 출현했다. 당시 영국 사회는 빈부 격차가 극심한 상태였다. 이런 사회 배경 속에서 모어는 사회의 부조리를 해소하고 모든 사람이 평등하게 사는 이상사회를 그려 봤던 것이다.

그러나 모어의 이상국가론은 인간의 능력 차이도 고려하지 않는 완전히 무차별적인 평등사회를 지향했다. 그의 이런 생각은 시대적, 역사적, 사회적 흐름과 배경을 무시한 공상에 그치고 만다. 이에 세간에서는 그의 이러한 생각을 엉뚱한 몽상이라고까지 비판하게 된다. 그만큼 모어가 상상한 유토피아는 비현실적인 구상으로 흘러갔다. 그가 구상한 유토피아의 삶은 마치 어떤 신사가 신사다운 외모를 지키기 위해 강을 건널 때도 구두와 양복을 벗지 않는 것과 같이 비현실적인 모습이다. 모어는 말 그대로 영원히 존재할 수 없는 유토피아를 제시했던 것이다.

선현들은 말한다. 시대가 사상을 낳는다고. 이 말을 기억하면서 다른 사람들의 이상사회에 대한 생각도 들어 보자.

라이프니츠는 단자설을 세워 우주를 설명하고 만물유심론을 주장했던 인물이다. 그는 우주의 질서가 이미 예정된 신의 계획을 통해 만들어졌다고 보는 예정조화설을 주장했다. 그는 목적론과 기계론의 조화를 추구했던 철학자였다. 그에 따르면, 전지전능한 신은 이 세계를 아무렇게나 만든 것이 아니다. 신은 지극히 선한 지선至善의 의지로 가장 좋은 최량의 세계를 만든 존재다. 따라서 적자생존의 원리에 따라 완전할 수록 존재할 가치와 권리도 커진다. 라이프니츠는 현재세계가 완전하고 지고지선한 신에 의해 선택된 것은 인간이 우량하기 때문이라는 논리를 편다.

물론 이렇게 선택된 최량의 세계에도 조화를 깨뜨리는 불선不善이 존재한다. 유한성에서 오는 형이상학적 불선, 재앙과 같은 자연·물리적 불선, 반규범·반윤리적인 도덕적 불선 등이 존재한다. 그렇지만 이러한 모든 불선 역시 선을 위해 존재한다. 불선은 신이 미리 정해 놓은 우주의 거대한 계획의 한 부분이다. 라이프니츠는 모든 것이 신의 예정조화에 의해 결정되는 것으로 보았다.

라이프니츠에 따르면 불선, 불의, 부조리 등은 완전과 선善을 빛내기 위한 것들에 불과하다. 이것은 마치 로마 제국에 타르퀴니우스Sextus Tarquinius의 악정이 없었다면 로마 제국의 융성과 영광이 없었을 것이라고 말하는 것과 같다. 혹은 유다 같은 제자가 없었다면 그리스도가 인류의 죄를 대신해 속죄하고 인류를 구원하지 못했다고 생각할 수 있다. 이것이 라이프니츠가 말한 낙천설의 주장이다.

그러나 이러한 라이프니츠의 생각에는 모든 것에 적용할 수 있는 보편적 선이 없다. 그때그때 상황에 맞춰 아전인수 격으로 적용되는 선과 불선이 존재할 뿐이다. 또한 이 세상 모든 신이 선과 완전에서 비롯하고, 우주의 모든 이치와 다스림이 신의 예정에 의한 섭리라면 우리는 절대주의 세계에서 한 발짝도 더 나아갈 수 없다. 인간을 자유의지로 살아가며 자신의 행동에 책임을 지는 존재로 바라볼 이유도 없다. 신 또한 인간의 행동을 심판할 수 없게 된다. 그러므로 지옥이라는 개념 역시 사실상 불필요하게 된다. 그것은 인간이 행한 선행이나 악행 모두 신의 예정을 따른 것이기 때문이다. 예정조화설을 따르면 인간이 겪는 불선이나 고통의 직접적인 원인 역시 신에게 있는 것이 된다. 그러므로 인간에게는 어떠한 책임도 물을 수 없다. 이러한 논리대로라면 오히려 인간을 괴롭고 슬프게 한 죄를 범한 것은 신이고, 신이 인간에게 보상해야 할 책임을 져야 하는 것이다.

라이프니츠는 신이 원래 지고지선하고 완전하다고 전제한다. 그렇다면 신이 인간을 괴로움과 고통 속에 던져 놓는 예정을 만들 이유는 어디에도 없는 것이 아닌가. 그 점에서 라이프니츠의 신의 예정조화설은 완전한 허구일 수밖에 없다.

또한 더 중요한 것은 이러한 생각이 결국 독립된 실체로서 인간의 자유와 책임을 부정하도록 만든다는 사실이다. 모든 것이 신의 예정에 의한 것이라면 인간은 노력할 필요가 없다. 신에 의지해 신을 찬미하고 기도하며 살아가면 그만이다. 하지만 그것은 진실한 신의 참뜻에 비춰 볼 때 크게 모순되는 결론이 아닐 수 없다.

이제 칸트가 『실천이성비판』에서 말한 정언명법定言命法을 기초로 하는 목적의 왕국을 살펴보자. 칸트의 묘비에는 이런 글귀가 있다. "내가 자주, 또 오래 생각하면 할수록 더욱더 내 마음을 경건하게 해 주는 것이 둘 있다. 하나는 창공에 반짝이는 무수한 별이고, 다른 하나는 내 가슴속에 있는 도덕률(Moralgesetz)이다." 칸트가 말한 정언명법은 행위의 형식, 목적, 결과와 무관하게 그 자체가 선善이며 무조건 지켜야 할 도덕적 명령을 의미한다. 그만큼 도덕률로서 도덕법칙은 절대적이고 보편적인 명령이다. 칸트는 이것이 정언적定言的이고 단언적斷言的인 지상명령이라고 말한다. 이런 정언명법은 무상명법無上命法이라 부르기도 한다. 칸트가 말한 목적의 왕국은 이러한 도덕법칙이 지배하는 세계다.

칸트는 현대 철학을 집대성했다고 평가받는다. 칸트 철학의 핵심은 보편타당성이라는 법칙 위에 선 이성의 자율성이다. 도덕은 당위적 의무이며 공리주의적 판단에 의거하지 않는다. 이러한 사유의 엄밀성은, 칸트가 도덕의 자율성과 관련해 인간의 모든 행위에서 도덕성 그 자체가 목적이 된다고 말할 때 분명하게 드러난다. 도덕은 신을 기쁘게 할 목적이나 행복을 대가로 바라는 마음에서 실천하면 무가치하다. 칸트는 모든 사람에게 적용되는 객관적 법칙과 함께 하나의 주관에 부여되는 내면적인 원칙을 설명한다. 그것은 행위의 주관적인 격률格率로서의 준칙(Maxime)이다. 칸트는 이를 통해 양심의 명령인 정언명법을 정립한다. 칸트가 말한 준칙은 다음과 같다.

첫째, 의지의 격률인 양심의 명령이 항상 보편적 입법의 원리에 타당하도록 행하라.

둘째, 인격이나 다른 사람의 인격을 항상 목적으로 대해야 하며 결코 수단으로 대하지 말라.

셋째, 인격을 소유한 모든 사람은 자신의 준칙에 의거해 목적들의 보편적인 왕국의 입법자일 수 있도록 행동하라.

인간이 이러한 보편타당한 행위규범에 따라 도덕 생활을 해 나가는데 요청되는 것이 있다. 도덕법칙의 대상은 최고선最高善이며, 이는 덕과 행복이 일치된 상태를 의미한다. 이를 이루기 위해 세 가지 실천이성이 요청된다. 여기서 요청이란 선험적이고 무조건적으로 타당한 증명될 수 없는 명제들을 의미한다.

첫째, 자유의 요청. 인간에게 자유가 없으면 도덕은 성립될 수 없다. 인간의 행위가 단순히 어떤 섭리나 인과법칙에 의해 이루어지는 것이라면 인간에게는 책임이 부과될 수 없다. 자유가 없는 인간은 기계처럼 그저 작동되는 대로 움직이기만 하면 된다. 그런 인간에게는 도덕성이나 책임을 부여할 수 없다. 따라서 자유는 도덕이 성립하기 위한 실재근거實在根據일 수밖에 없다.

둘째, 영혼 불멸의 요청. 완전한 덕德에 부합되는 완전한 복이야말로 이성의 궁극적인 최고선이다. 도덕의 완전한 성립을 위해서는 영혼이 불멸하는 것이어야 한다. 만약 인간의 도덕적 행위가 내세와 연관되지 않고 현세에 그친다면 인간사회의 여러 모순과 불합리성은 바로잡을 수 없다. 최고선의 궁극적 승리 역시 불가능해진다. 따라서 도덕 자체의 목적적인 성격과 완전 승리를 위해 영혼의 항구적인 지속, 불멸이 요청된다.

셋째, 신의 존재에 대한 요청. 도덕률의 성립을 위해 인간의 자유의지를 주장하고, 그리고 그것의 완전한 승리를 위해 영혼의 불멸을 주창하게 되면, 필연적으로 인간 행위에서 선악을 인정하고 판정할 수 있는 신의 존재를 요청하게 된다. 도덕 행위가 근본적으로 보상을 요구하지 않는 순수한 동기에서 비롯된 윤리적 가치 행위라는 것은 맞는 말이다. 하지만 그것은 가치판단을 하고 관심을 줄 대상이 없다면 실로 허전하기 이를 데 없는 무의미한 일이다. 순수한 최고선이 옳고 완전하다는 것을 증명하는 최후의 보장을 행할 수 있는 세계의 주재자인 신의 존재가 필요하다.

이처럼 칸트는 인간의 도덕을 성립하게 하고 그것의 완성과 구현을 실현하기 위해 궁극적으로 신의 존재가 필요하다고 주장한다. 그에게 도덕과 종교는 서로 다른 것이 아니다. 의무가 이성의 명령이고, 도덕이고, 신의 명령이다. 따라서 칸트가 생각한 도덕은 어떤 면에서 이미 종교라고 할 수 있다. 다시 말해, 칸트는 초감각적인 절대의 세계에서 연역적으로 도덕의 근거를 찾는 것이 아니다. 요청적으로 현상세계에서 초감각적인 실재를 귀납적으로 끌어냈다.

합리적 우주론을 펴면서 현상계와 예지계 사이의 큰 모순을 풀기 위해 고심했다. 칸트는 이율배반의 형식을 통해 유한과 무한, 일자와 다자, 자유와 필연, 유신有神과 무신無神 사이에 존재하는 네 가지 근본 모순을 지양하려 했다. 순수이성과 실천이성을 바탕으로 모순을 지양하는 도덕적 추구와 실천을 역설한다.

칸트가 말한 목적의 왕국을 실현하기 위해서는 선이 악을 이길 수 있어야 한다. 그러므로 악을 이기는 선의를 가진 사람들이 필요하다. 이들이 전 인류에 퍼져 도덕적 사회, 도덕적 국가를 이루어야 한다. 이렇게 볼 때, 칸트는 이 세계에 일종의 보이지 않는 교회를 지으려 한 것이다. 칸트는 보이지 않는 교회 안에서 모든 인간이 가장 이상적인 집단으로서 서로 하나가 되어 순수이성을 신앙으로 삼은 사회를 상상한 것이다. 하지만 이런 곳에서는 신이 입법자이고 국민은 그 신을 따르는 종복에 불과한 존재가 된다. 칸트가 지향한 목적의 왕국은 바로 이러한 맥락에서 인간의 자유의지, 영혼 불멸, 신의 존재에 대한 세 가지 요청이라는 가설을 세웠던 것이다. 그것은 칸트의 이상국가론에서 가장 큰 문제점이다. 그의 이론에 공명하면서도 그러한 억지 요청은 수긍하기 어렵다.

칸트가 왜 최고선인 덕을 이룬 도덕적 사회와 국가를 주장했는지 모르지 않는다. 당위(Sollen)적 삶의 관점에서 볼 때 공감할 수 있는 부분이 분명 있다. 하지만 인간의 자유의지는 단순히 도덕의 성립을 위해서만 존재하지 않는다. 도덕의 완전성을 실현하기 위해 영혼 불멸이 전제되어야 하는 것도 아니다. 신이 없으면 인간의 도덕 행위 역시 무의미해진다고는 더더욱 말할 수 없다.

영혼 불멸과 신 같은 실재에 관한 논의는 칸트가 말하는 선험적(a priori) 문제에 속한다. 이러한 실재들은 인간이 바라고 원하고 요청한다고 존재해 줄 수 있는 문제가 아니다. 만일 이러한 주장을 굽히지 않는다면 이 세상을 창조한 존재는 신이 아니라 인간이라는 결론에 도달하고 만다. 이 또한 충분히 이해할 수 있다. 볼테르도 말하지 않았던가. 만일 신이 존재하지 않는다면 우리가 신을 만들어 내야 한다고. 나 또한 삶의 차원에서 형이상학적인 차원 높은 도덕 생활과 종교적 차원이 분리될 수 없다고 생각한다. 그러나 그렇게 되면 우리는 큰 모순과 마주하게 된다. 인간의 필요에 따라 신이 존재하는 것이라고 한다면 인간은 신의 피조물인 것이 아니라 신이 인간의 피조물이 되고 만다.

지금까지 플라톤의 이상국가론, 토머스 모어의 유토피아, 라이프니츠의 최량最良의 세계, 칸트의 목적의 왕국 등 서양의 이상사회론을 살펴봤다. 그 어느 것도 지금 사회가 지향해 나갈 모델이 될 수 없다.

이제부터 동양 이론도 살펴보자. 서양이 주로 이상 국가의 모형을 세우고자 노력했다면, 동양은 이상사회를 이루기 위해 어떤 정치가 요구되는지를 논했다. 말하자면, 동양은 이상사회 실현을 위한 정신적, 윤리적 방식을 강조했다. 동양의 여러 철학 중에서도 여기서는 공자와 맹자의 유가 사상과 황제黃帝와 노자의 도가 사상을 중심으로 논의해 보고자 한다.

공자는 태평성대를 누리는 대동大同사회를 이상사회로 생각했다. 그의 대동사상은 덕치주의를 정치의 근본으로 삼았다. 도덕이 근본이 되는 정치란 뭇별이 북극성을 중심으로 도는 것과 같이 백성의 마음이 위정자를 떠나지 않는 정치다. 법으로만 백성을 다스리려 하면 백성은 법을 피하고자 궁리할 것이다. 나중엔 법을 어기는 일에 부끄러움도 느끼지 않게 된다. 이에 공자는 예의[禮]와 정의[義]로 정치를 실행해야 한다고 말한다. 그래야 백성이 죄를 부끄럽게 생각하고 선을 행하고자 노력한다는 것이다. 『논어』 위정편爲政篇은 이러한 덕치주의, 예치주의를 잘 설명하고 있다.

『논어』 안연편顔淵篇을 보면, 정치란 '바로잡아 다스린다'는 의미로 풀이된다. 이는 부정을 바로잡고 선하게 하는 것이 정치의 본래 목적임을 뜻한다. 그러므로 위정자는 남보다 앞장서 게으르지 않고 성실한 마음가짐으로 바르게 선인정치善人政治를 펼쳐야 한다. 이것이 공자가 말한 이상사회로 가기 위한 참된 정치라고 할 수 있다.

이러한 공자의 생각은 『논어』 미자편微子篇과 자로편子路篇에 나오는 일화에서도 발견된다. 공자가 55세 되던 해였다. 노나라 임금이 제왕의 미인계에 사로잡혀 정무를 망각하자 공자는 그와 함께 도道를 행할 수 없다고 말하고 수레를 타고 노나라를 떠난다. 위나라 서울에 들어가면서 공자는 제자 염유와 이런 대화를 나눴다. 공자가 위나라에는 백성이 많이 산다고 말하자 염유가 "백성이 많은 나라는 어떻게 정치를 해야 합니까?"라고 묻는다. 이에 공자는 "백성이 경제적으로 부유하게 살 수 있도록 해야 한다"고 말한다. 그러자 염유는 "백성이 부유하게 살게 된 후에는 무엇을 해야 합니까?" 하고 다시 묻는다. 이에 공자는 "그때에는 백성의 교육에 힘써야 한다"고 답한다. 이러한 일화에서 알 수 있듯이, 공자는 교육을 통해 문물제도를 바로잡아 온 세상이 어울려 하나가 되어 평화롭게 사는 태평 대동의 이상사회를 꿈꿨다. 공자는 문화사회를 정치의 가장 큰 이상으로 본 것이다.

제자 자공과의 대화도 들어 보자. 어느 날 자공이 "정치는 어떻게 해야 합니까?"라고 물었다. 공자는 "나라를 다스리는 데는 먼저 군량에 힘쓰고, 군비를 충실히 해 나라의 안전을 보위하고, 온 백성이 정부를 신뢰할 수 있도록 보살펴야 한다"고 말한다. 그러니까 자공이 되묻기를, "만

약 어찌할 도리가 없어서 그 어느 한 가지를 버려야 한다면 어느 것을 버려야 합니까?"라고 말했다. 공자는 이에 대해 "군비를 충실히 할 것을 버려야 한다"고 답한다. 다시 자공이 "그리고 또 하나를 버려야 한다면 어떤 것을 버려야 합니까?"라고 물으니, 공자는 "그때에는 군량을 버려야 한다. 사람은 세상에 나왔다 한 번은 꼭 죽게 마련이다. 만약 백성이 정부를 신뢰하지 않으면 나라가 설 수 없다"고 답한다. 말하자면, 공자는 정부와 국민 사이의 믿음이 가장 중요하다고 본 것이다.

『논어』 태백편泰伯篇에는 이런 일화가 있다. 공자는 요임금의 덕치주의德治主義를 찬양하면서 이렇게 말했다. "정말로 위대하고 훌륭하다. 요임금은 비천한 환경에서 자랐음에도 불구하고 성천자聖天者라 불릴 만큼 안빈낙도하면서 천하를 잘 다스렸다. 천하를 물려받고도 교만하지 않고 겸손한 마음으로 도덕에 기초를 둔 평화를 이룩하기 위해 힘썼으므로 위대하다. 또한 신하를 믿고 일을 맡기면 간섭하지 않았으니 더욱 위대하다." 어짊[仁]과 정성[誠]을 바탕으로 중용을 실현하는 덕치주의를 주창한 공자의 이상 정치가 무엇이었는지 잘 드러나는 대목이다.

다음으로, 순자荀子가 말한 지선至善의 이상세계도 살펴보자. 후학들이 순자의 뜻과 경륜을 기록한 『대학大學』에는 나라를 다스리고 백성을 구한다는 의미를 지닌 경국제세사상經國濟世思想이 제시되어 있다.

순자는 춘추시대를 지나 전국시대인 난세를 산 철학자다. 뜻을 다 이루지는 못했으나 혼란에 빠진 백가쟁명의 사회사상을 비평하고 사상 통일을 시도했다. 이후 진나라, 한나라 때 문인들은 그의 사상을 따라 유가와 도가의 두 사상을 융합해 제자백가의 사상 통일을 지향한다. 이런 생각들을 담고 있는 『대학』은 『중용中庸』과 함께 뛰어난 경전으로 평가받는다.

『대학』은 지선을 정치 이상으로 내세운다. 지극한 선[至善]에 기반을 둔 정치란 하늘의 현명한 명령에 따르며 명덕明德과 신민新民을 실현하는 것이다. 명덕은 덕을 밝히는 것이다. 신민은 마음과 나날과 백성을 새롭게 하는 것이다. 이를 통해 어질고 성실하며 공명정대한 삶이 가능한 사회를 이루어야 한다. 지선의 세계에 이르는 길은 수신제가 치국평천하修身齊家 治國平天下 하는 것이다. 이는 몸과 마음을 먼저 닦아 수양하고 집안을 안정시킨 후 나라를 다스리고 천하를 평정해야 한다는 의미다.

순자는 지선을 설명하기 위해 『시경詩經』을 인용한다.

저 굽이쳐 흐르는 기수淇水의 물가를 바라보라
파란 대나무가 기름 흐르듯이 싱싱하도다
우아한 군자여!
뼈를 자른 듯하고 상아를 간 듯하도다
옥을 쪼아 낸 듯하고 돌을 다듬은 듯하도다
장엄하고 꿋꿋한 모습이여
우아한 군자여!
그대를 끝까지 잊을 수 없구려!

순자가 생각한 지선의 큰 뜻은 무엇인가. 그것은 만경창파와 같이 기름진 땅에 오곡이 넘쳐흐르는 세상을 지향한다. 군자는 늠름하고 학덕을 겸비해 타고난 기상이 크고 빛이 난다. 백성은 위엄 있는 군자를 저절로 우러르게 된다. 군자의 덕이란 이루 말할 수 없이 크고 넓어 잊을 수 없다. 순자와 그 후학들이 마음속에 그렸던 지선의 세계가 어떤 것인지 짐작할 수 있다.

이제 열자列子의 이상사회를 살펴보자. 자연계의 모든 것은 변화하는 가운데 변화하지 않는 것이 있다. 이 배후의 변하지 않는 것이 바로 기氣다. 열자는 바로 이 기가 만물을 변화하게 하는 원동력이라 본다. 열자는 이처럼 도가의 자연관을 바탕으로 이상사회를 제시하고 있다.

열자에 따르면, 사람은 자연에서 태어나 살다가 자연으로 돌아간다. 열자는 다음과 같이 말한다. "사람이 살고 싶어 사는 것이 아니요, 죽고 싶어 죽는 것이 아니다. 자연 질서의 굴레에 끼여 이 세상에 태어났다 죽는다. 산다고 하여 즐거운 것이 아니며, 죽는다고 하여 슬픈 것도 아니다. 살 때는 고생스럽지만 죽으면 편하게 안식할 수 있다. 사람이 죽으면 정신은 기로 돌아가고 육체는 썩어 흙이 된다." 다시 말해, 열자는 노자, 장자와 마찬가지로 사람의 힘을 더하지 않은, 있는 그대로의 자연인 무위자연주의無爲自然主義와 세속을 따르지 않는 허무주의를 표방했던 것이다.

『열자』의 황제편皇帝篇을 보면, 이러한 열자의 생각이 잘 드러난 일화가 있다. 옛날 황제가 임금의 자리에 올라 15년 동안 선정을 펼쳐 모든 백성이 경제적 걱정 없이 평안하게 살았다. 모든 백성이 이 황제를 우러르며 받들었다. 그러나 황제가 나이 들어 기운이 약해지면서 의욕도 줄어들게 된다. 총명함과 지혜로움도 힘을 잃어 가는 듯 보였다. 이를 개탄하며 황제는 궁정 한구석에 초막을 짓고 석 달 동안 그곳에 기거하며 수양을 하게 된다. 정사에는 관여하지 않고 한가로이 소일하던 어느 날, 황제는 오수에 잠겨 꿈을 꾼다.

꿈속에서 황제는 중국 본토에서도 수천만 리나 떨어진 엄주弇州와 태주台州 서쪽의 화서씨華胥氏라는 나라를 방문한다. 이곳은 수레나 배를 타고는 도저히 갈 수 없는 먼 곳이다. 그곳에는 백성을 다스리는 임금도 없고, 정부도 없다. 모든 사람이 신선이 되어 욕망, 기쁨, 슬픔, 괴로움이 없이 살아간다. 모든 사람이 자연과 더불어 자연스럽게 태어나고 살다가 자연처럼 때가 되면 홀연히 간다. 또한 그곳에는 선과 악도 없다. 병이 없으므로 어린 나이에 죽는 사람도 없다. 세상이 그러하니 사랑, 미움, 다툼이 없다. 생활이 만족스럽다. 그뿐 아니다. 물에 들어가도 빠지지 않으며 불에 들어가도 뜨거워지지 않는다. 간지럼도 모르고, 밀쳐도 넘어지지 않았다. 공중을 거닐어도 떨어지질 않는다. 허공에서 잠을 자도 침상에서 누워 자는 것과 같다. 고요하고 욕심이 없으며 결핍도 없다. 초연한 자세로 자연스럽게 평안과 행복을 느끼며 살아간다. 황제는 그 모습에 부러움을 느낀다.

시간이 흐르고 황제가 눈을 떠 보니 모든 것이 꿈이었다. 황제는 큰 깨달음을 얻어 다시 정사를 돌보게 된다. 천노天老, 역목力牧, 태산계太山稽, 세 사람을 불러 말하길, "참으로 알게 됐다! 참으로 깨달았다! 몸이 지쳐 정사를 그대들에게 맡기고 편히 쉰 지 석 달이 됐다. 나는 그동안 마음을 가다듬어 욕망을 버리고 몸을 수양하여 선정의 도리를 되찾으려 하였다. 그러던 어느 날 잠을 자다 꿈을 꾸었다. 꿈에 본 일을 이루 다 말할 수는 없지만 큰 깨달음을 얻었다. 꿈에 보고 듣고 온 그대로 실행할 것이다. 화서씨의 나라와 같은 이상국을 이 땅에 실현해 볼 것이다" 하였다. 황제는 정사를 다시 돌보고 그 후 28년 동안 집정하면서 지상낙원을 이루게 된다. 황제가 죽은 후에도 백성들은 그를 칭송했다.

이처럼 열자가 꿈꾼 이상경은 공상적인 유토피아나 무릉도원과 같은 것이었다. 하지만 노장老莊의 도가 사상에 근거를 둔 그의 이상국가론은, 화서씨의 이상국을 본 삼아 욕망 없이 선정을 베푼 황제의 이야기에서 알 수 있듯, 후대의 많은 통치자에게 교훈을 남겼다.

마지막으로, 전국시대에 태어난 맹자의 왕도정치론을 논의해 보자.

맹자는 공자의 인의설仁義說을 근간으로 수신제가 치국평천하를 주장한다. 맹자는, 묵자墨子가 구별하지 않고 모든 사람을 똑같이 사랑해야 한다고 말한 겸애주의兼愛主義를 비판한다. 겸애주의는 오늘날로 말하자면 박애주의라 할 수 있다. 또한 맹자는 모든 사람이 자기 자신을 사랑하면 천하가 저절로 다스려진다고 말한 양주楊朱의 위아설爲我設에 대해서도 반박한다. 양주는 자기 자신을 사랑하면 남을 사랑할 필요도 남의 사랑을 받을 필요도 없는 사회가 된다고 주장했는데, 그의 이런 생각은 오늘날로 보면 이기주의라고 할 수 있다.

맹자는 다음과 같이 말한다. "묵자는 겸애를 주장하나 이것은 아비가 없는 것과 같다. 양주는 위아爲我만을 주장하나 이것은 임금이 없는 것과 같다. 아비도 없고 임금도 없으면 금수禽獸와 무엇이 다른가." 맹자는 허행許行의 무정부주의도 맹렬히 공격했다. 그러면서 맹자는 왕도 정치를 주장했다.

공자에 버금간다 하여 아성亞聖이라 불린 맹자는 이처럼 제자백가의 주장과 이론이 온 세상에 뒤섞여 사회를 어지럽힌다고 비판했다. 그는 제자백가의 주장이 음모와 공리에 악용되는 현실을 한탄했다. 말하자면, 맹자는 춘추전국시대의 사상을 통일하여 나라가 태평하고 백성들의 생활이 평안해지는 국태민안에 이바지하고자 했던 것이다. 이러한 목적에서 그는 인의仁義에 입각한 민본사상民本思想, 인권 존중에 입각한 민주사상, 반전反戰 평화 사상을 토대로 하는 왕도 정치를 주장하게 된다. 하지만 맹자의 사상은 오늘날 민주주의와는 그 뜻이 크게 다르다. 맹자는 민주가 아닌 왕도에 의한 정치를 주장했다. 따라서 왕도 정치는 국민에게 민주적 자주성보다 피동적인 자세를 더 요구할 수밖에 없다. 그렇다 하더라도 맹자가 말한 왕도 정치가 민주주의 사상과 대체로 비슷한 시각을 가진 것은 부인할 수 없는 사실이다.

『맹자』 양혜왕편梁惠王篇에 따르면, 왕도 정치는 덕을 본질로 하는 도의 정치를 근본으로 삼는다. 도의 정치의 첫걸음은 왕이 백성을 위한 백성의 왕이 되는 것이다. 왕은 모든 국민이 안심하고 일할 수 있고 편안히 살 수 있도록 만들어야 한다. 행정을 하는 사람은 나라를 위해 백성과 생사를 같이해야 한다. 곤경에 빠져도 내일을 위한 선정을 잊어서는 안 된다. 토지나 재물보다 백성을 더 귀하게 여겨야 한다.

이루편離婁篇을 보면, "임금은 신하를 자기의 수족과 같이 생각하여 사랑해야 하고 백성들이 참마음으로 따를 수 있도록 바로 이끌어야 한다"는 말이 있다. 진심하편盡心下篇에는, "민권을 가장 존중해야 한다. 한 나라에서 제일 귀한 것은 첫째가 백성이다. 그다음은 나라다. 임금이 마지막이다"라고 적혀 있다. 맹자는 이와 같은 말로 민본사상을 설명했다. 실제로 맹자는 정전법井田法[42]을 이상적인 토지제도로 주장했다. 맹자는 국민의 생활을 윤택하게 하고 세금을 줄여 공평히 해야 한다고 주장한다. 세금을 징수하더라도 부드럽게 하여 백성들의 생활을 괴롭히지 말아야 한다는 의미다.

공손축편公孫丑篇에는, "힘으로 사람을 복종시키는 것은 사람들이 참마음으로 복종하는 것이 아니다. 힘이 부족해 따르는 것일 뿐이다. 덕으로 사람을 복종하게 하면, 사람들이 내심으로부터 복종하므로 진정한 복종이 된다"는 내용이 있다. 이는 맹자가 어짊과 옳음[仁義]을 내세우되 무력으로 실현하려는 패도 정치를 반대했음을 보여 준다. 그는 인의를 저버리고 무력과 권모술수로 나라를 다스리는 것을 반대하면서 왕도

---

42 사방 1리의 정사각형 땅을 9분할 하여 우물 정(井) 자 모양으로 나누고, 공유지인 공전(公田)과 사유지인 사전(私田)으로 구분해 공전의 소출을 세금으로 징수하는 토지법.

정치를 주창했다.

또한 맹자는 진심하편盡心下篇에서 이렇게 말한다. "어떤 사람이 싸움터에서 진을 잘 치고 전쟁을 잘한다고 뽐내고 있다면 그는 분명히 천하의 큰 죄인이 아닐 수 없다." 이루상편離婁上篇에는, "땅을 뺏기 위해 전쟁을 하면 피살된 시체가 들판에 가득 쌓인다. 성을 뺏기 위해 전쟁을 일으키면 피살된 시체가 성안에 가득 찬다. 이는 땅을 차지하기 위해 사람고기를 먹는 것과 같다. 어찌 그와 같은 천하의 잔학무도한 죄악을 용서할 수 있겠느냐? 그러한 사람들은 극형을 받아 마땅하다"고 적었다. 여기에서 알 수 있듯, 맹자는 전쟁을 신랄하게 비판하고 평화를 주장하는 반전反戰평화주의를 주창했다.

맹자가 말한 왕도 정치를 한마디로 요약하는 말이 있다. "어진 정치[仁政]에 대적할 사람은 세상에 없다. 온 백성이 천자와 함께할 때 어찌 내우외환을 우려할 필요가 있겠는가." 이 한마디 말에서 맹자 사상의 근본이 무엇이고, 맹자가 추구한 왕도 정치가 무엇인지 분명하게 알 수 있다.

이와 같은 공맹孔孟 사상을 기반으로 유학은 후대에까지 전해져 계속 발전해 간다. 한대, 당대에는 동중서董仲舒 · 공안국孔安國 · 정현鄭玄 같은 학자들이 훈고학訓詁學을 전개한다. 송대, 명대에는 정이천程伊川 · 주희朱熹 같은 학자들이 성리학性理學을 정립한다. 청대에는 황종희黃宗羲, 고염무顧炎武, 강유위康有爲 같은 학자들이 고증학考證學을 펼친다. 이렇게 이론은 여러 갈래로 발전했다. 하지만 유학으로서 그 근본은 같았다. 여기서는 더는 다루지 않으려 한다.

다만 청대에는 고증을 과도하게 중시하면서 원문 해석에 급급해 분열이 일어난다. 『춘추春秋』에 있는 삼세三世의 뜻이라든가, 『예기禮記』 예운禮運에 있는 대동大同, 소강小康, 거란據亂 개념을 어떻게 규정할 것인가 하는 문제로 대립하는 일이 잦았다.

이러한 분열적 양상은 도학道學에서도 드러난다. 황제·노자·장자를 이어 온 도학은 참위학파讖緯學派와 신선술파로 갈라지게 된다. 한대에는 장도릉張道陵에 의해 도교道敎라는 종교로까지 발전한다. 도교는 태상노군太上老君인 노자에게서 옥책을 수여받아 도문道門을 열게 되었다고 주장하며 이상사회를 내세가 아닌 현실에서 실현한다고 포교했다.

지금까지 유가와 도가 사상을 중심으로 동양의 이상 정치와 이상국가론을 살펴봤다. 이제 이러한 동양의 이상사회론을 현대적 관점에서 검토해 보자.

첫째, 위에서 전개한 모든 주장은 인륜人倫에 입각해 인간의 참된 인성을 논했다. 통치자든 통치를 받는 사람이든 모두 바른 인성을 닦아 자아 완성을 실현하는 인격적 이상사회를 지향했다. 누구도 이에 대해서는 다른 의견이 없을 것이다.

우리 모두는 값있는 인간의 가장 바람직한 상태가 곧 인간의 이상이라는 것을 알고 있다. 인격주의, 덕치주의, 예치주의, 자연주의, 허무주의 등 어떤 주장이건 나름의 의의가 분명히 있다. 하지만 유가 사상에서의 금욕주의와 예속주의, 도가 사상의 허무주의와 염세주의는 지적이 필요하다. 대부분 이러한 사상들은 소극적인 차원을 면치 못한다. 이러한 소극성은 그것이 아무리 좋은 주장이라 하더라도 허탈감과 무기력을 느끼게 할 뿐이다. 현실에서 겪는 비관적인 현실을 피해 도피하는 소극적인 삶을 정당화할 수 있다. 논자들은 이러한 태도가 삶을 부정하는 것이자 창조를 포기하는 것이라 비판한다. 이러한 반론이 전적으로 부당하다고 말할 수는 없다.

또한 인간이라는 실재를 정신적으로만 파악한 점도 분명한 한계라고 할 수 있다. 또 자연이라는 기계론 속에 인간의 삶을 밀어 넣고, 심지어 정신생활까지 그 속에서 파악하려 한 것도 문제다. 자연으로 인간사회 전체를 일률적으로 규정한 것은 비판받아 마땅하다. 이와 같은 단원적인 시각으로는 인간의 삶 전체를 볼 수 없다. 앞서 밝힌 주리생성론* 관점에서처럼, 인간을 정신, 육체, 인격의 삼차원이 통합해 이루어지는 통일적 유기체로 보지 못한다.

둘째, 위의 이상국가론들은 과거사회에는 나름의 의미가 있었다. 그렇지만 오늘의 현실사회에 적용하기는 어렵다. 기능화되고 조직화되고, 고도로 기술화되고, 물질화, 과학화가 이루어진 산업사회를 개선하는 데 큰 도움이 되지 않는다.

현대사회는 고도로 다양화되고 생활 양상이 복잡하다. 도덕만으로 만족과 행복을 얻을 수 없다. 현대인이 바라는 생활의 기능과 목적을 성취할 수 없다. 이러한 지적이 모든 과거의 생각을 부정하려는 의도는 아니다. 도덕 생활과 정신생활이 인간 생활의 근간이 되어야 한다는 것은 여전히 맞는 말이다. 도덕적 가치는 현대사회에서도 부정될 수 없는 대전제이다.

셋째, 앞서 살펴본 이상론들은 당위적 이상사회로 가기 위한 원형적 이상 정치의 수단과 방법론을 제시하고 있다. 이상사회를 실현하기 위한 형태론과 제도론을 논한 것이 아니다.

무엇보다 과거의 국가 정치형태가 군주 국가였다는 사실을 간과해서는 안 될 것이다. 동양의 이상국가론은 이러한 군주제의 틀 안에서 효율적인 통치 방법을 논하고 있다. 맹자가 주장한 왕도 정치의 목적도 임금이 백성을 편하게 잘살게 만들기 위해 군신 관계를 올바로 세우는 데 있었다. 오늘날 민주정치와 닮은 면도 없지 않지만, 전혀 다른 전제에서 출발한다는 점에서 무작정 따라서는 안 된다.

동양의 이상국가론은 그 강조점이 임금의 책무에 맞춰져 있다. 군주는 세금을 많이 거둬들이기 위해 백성의 살림을 도와야 한다. 정치의 안정을 꾀하고자 한다면 민심을 얻을 수 있는 인정仁政을 펴야 한다. 공자의 덕치주의와 예치주의도, 군주가 후대인으로부터 존경받고 치적을 영원토록 찬양받기 위해서 덕과 예의로써 정치를 펴야 한다는 주장이다. 모두 백성이 아니라 군주 자신을 위한 통치 수단과 방법을 논하고 있는 것이다.

한마디로 동양의 이상국가론은 그 주인이 백성이 아니라 임금이다. 그러므로 정치는 한낱 임금의 권력을 강화하기 위한 수단에 불과하다. 우리 모두 알고 있듯, 이러한 이상국가론이 등장한 시대는 백성이 임금에게 조건 없는 충성을 해야만 했던 시기다. 따라서 이 시대의 이상 정치는 백성을 위한 백성의 국가를 만들기 위한 정치론이 아니다. 백성은 임금을 위해 존재하는 임금의 신하이자 종복일 뿐이다. 그러니 군주 국가의 왕도 정치를 오늘날 민주주의 정치와 혼동해서는 안 된다.

오늘의 국가사회는 과거와 같이 원초적인 단순한 군신 관계로 국민을 통치할 수 없다. 오늘날의 사회는 더 이상 주종 관계를 기초로 하는 통치사회와 도덕사회가 아니다. 국민이 주인이 되는 민주사회로 발전했다. 국가의 기능 또한 다양하고 복잡해졌다. 치안과 도덕 문제만 중요한 것이 아니라 생활 여건을 향상할 수 있는 복지사회화 문제도 중요하다. 행정 체제의 기능성과 신속한 대응력을 구현하기 위한 행정의 합리화 역시 빼놓을 수 없는 차이다. 무엇보다 창조적 국민 생활을 보장하고 생활의 질을 향상하는 문제에 관해 과거 이상국가론에서 도움받을 수 있는 것이 없다.

따라서 백성을 편안하게 하는 정치를 이상적으로 삼았다고 해도 과거의 이상국가론을 지금의 복잡다기한 현대사회에 적용할 수는 없다. 퇴니에스F. Tönnies가 말한 바와 같이 현대사회는 공동사회(Gemeinschaft)와 이익사회(Gesellschaft)가 혼합된 사회인 것이다.

넷째, 앞에서 살펴본 동양의 이상국가론은 선善을 최우선 목표로 하지만 인간에 대한 이해는 단순하다. 공자의 덕치주의에 근간을 둔 태평대동 사상은 그 자체로 경의를 표할 만한 올바른 정치사상이다. 인의仁義와 성誠을 기준으로 정신적인 도덕의 왕국을 추구하고 실현하려는 구상은 더없이 선한 정치사상이라 할 수 있다. 그러나 인간은 이성과 감성을 함께 가지고 태어난 존재다. 오로지 선만을 생각하고 선만 행할 수 있는 존재가 아니다. 이러한 사고의 단순성은 맹자의 왕도 정치에서도 발견할 수 있다. 임금이 신이 아닌 이상 아무리 어질고, 바르게, 정성을 다하는 정치를 하더라도 그 또한 불완전한 존재임에 틀림이 없다. 또 오늘의 시점에서 볼 때, 도덕 정치는 실현하기 어려운 것이 사실이다. 민주주의 국가의 대의정치는 선거에 의해 뽑힌 정치 지도자들이 자신을 뽑아 줄 유권자의 이해에 얽매여 있다. 지도자는 유권자가 원하는 바를 공약으로 정하고 이를 실현하고자 노력해야 한다. 통치자가 아무리 개인적으로 옳고 바른 성정을 지녔다고 해도 이러한 정치적 제약을 뛰어넘을 수는 없다.

순자가 이야기했던 지선至善의 세계도 그러하다. 그것이 아무리 옳다 하여도, 현대 인간사회는 인의仁義만으로 바른 정치를 실현할 수는 없다. 그것은 우리가 한편으로는 생활의 이익도 함께 추구하며 살아가는 존재이기 때문이다. 우리가 사는 세계는 절대적 가치에 모든 것이 집중되는 시대가 아니다. 가치의 상대화와 분산이 이루어진 상대주의 세계다. 따라서 인간이라는 존재는 근본적으로 인의와 이익 사이에서 방황하며 살아갈 수밖에 없다. 도道, 의義, 덕德으로 이루어진 궁극적 이상사회는 오늘날과 같은 대중사회에서는 더욱더 설득력이 부족하다. 평범한 삶을 살아가는 우리가 지선의 세계만 바라보고 개인의 이익, 쾌락, 물질적 만족을 초월해 살기는 어렵다.

다섯째, 이상 국가의 모습 자체가 비현실적이다. 도가 사상을 대표하는 열자列子의 이상경인 화서씨의 나라만 해도 그러하다. 선인들이 살고 있는 나라라는 전제 자체가 이미 꿈같은 이야기다. 춥지도 않고 덥지도 않으며 선도 없고 악도 없는 나라, 사랑도 없고 미움도 없는 나라가 과연 현실적으로 존재할 수 있겠는가. 그러므로 그러한 이상사회는 오늘의 관점에서 도움을 받을 수 있는 대상이 될 수 없다.

노자, 열자의 무위자연無爲自然 사상은 오히려 인간을 허무주의와 공상에 잠기게 할 소지가 있다. 현실도피를 정당화함으로써 독립적, 인격적 실체인 인간의 특성을 부인하도록 만들 수 있다. 자기 의지가 없고 자연법칙과 현상 변화의 원리에 따라 살아간다면 그것은 인간의 삶이 아니다. 피고 지는 화초나 식물의 삶이다. 먹고 싶을 때 먹고, 자고 싶을 때 자고, 사랑하고, 싸우는 동물의 삶보다 낮은 차원의 삶이다. 그런 존재로 사는 삶이 과연 행복하고 값있을까.

설령, 열자의 생각을 모두 인정한다 해도 그것은 여전히 평범한 인간으로서 접근할 수 없는 경지다. 그런 삶은 도인이거나 속세를 떠나 마음대로 사는 신선의 삶을 추구하는 방사方士에게나 기대할 수 있는 일이다. 그 점에서 도가의 이상사회는 현실세계의 문제가 되지 않는다.

인간의 삶을 가능하게 하고 향상시키는 것은 바로 인간의 삶의 의지다. 인간은 의지가 있기 때문에, 희로애락을 되풀이하며 자연율에 순응하며 살아가다가도 때로는 그것에 대항할 수 있다. 희생을 무릅쓰고 도전하며 사는 의지가 인간의 특성이며 동시에 문화 창조의 원동력이다. 물론 자연에 순응하며 사는 법도 필요하다. 그렇다고 해서 그것이 인간의 삶이 자연에 예속됨을 의미해서는 안 된다.

이렇게 동서양 사회의 성현과 철인이 말한 이상 국가에 대한 주장과 이론을 살펴봤다. 모든 이론이 그 시대에 합당한 시각을 제시하고 있었다. 하지만 오늘날과 같이 시대와 환경이 변해 진화하고 발전한 사회에서는 다른 모델이 필요하다. 과거의 이론은 참고는 할 수 있어도 지금 현실에서 우리가 소망하는 국가를 향한 길잡이는 될 수 없다.

그렇다면 우리가 여기에서 절망하고 앞날을 포기해야 할까. 다시는 더 나은 사회를 소망해서는 안 되는 것일까. 아니다. 인간이라는 존재는 인격적 실체이자 독립적 존재다. 소망을 포기해서는 안 된다. 인간의 노력, 그 창조 의지를 포기할 때, 모든 것은 끝이 난다. 그러므로 끝까지 당위적인 목표를 향해 따라나서야 한다. 소망하는 사회에 대한 추구를 멈추지 말아야 한다. 그것이 바로 생의 의지이며 인간의 근본적인 임무이기 때문이다.

2. 소망스러운 사회, 소망할 수 있는 사회

미래는 오늘에서 이루어지고, 더 나은 내일은 좋은 설계와 이상에 의해 꾸며진다. 그렇다면 인간이 소망하는 사회(desirable society)는 무엇인가. 아니, 소망할 수 있는 사회(possible society)는 어떠한 것인가. 이를 생각하기 위해서는 우선 인간이 무엇이고 어떤 존재인지를 알아야 한다. 그래야 우리가 무엇을 바랄 수 있을지 알게 된다.

인간은 동물도 아니고 신도 아니다. 경이로운 과학기술을 바탕으로 정교한 로봇이 나타나도 그를 인간이라 부를 수는 없다. 동물은 이성이 무엇인지 모른 채 살아간다. 신은 감성이 불필요한 존재다. 인간은 이성과 감성을 함께 필요로 하며, 그러한 두 기반 위에서 살아간다. 동물은 동물로 살아가는 능력만이 요구된다. 신은 신격神格이면 족하다. 인간은 인격人格이 필요하다. 인간은 파토스pathos와 에토스ethos 위에 선 인격을 가지고 있다. 인격은 인간의 자격 요건과 가치를 의미한다. 그것은 인간으로 존재하기 위한 불가결한 요건이다(『인류사회의 재건』 4장 참조).

역사를 돌아보면 인간은 불행히도 이러한 자신의 정체를 파악하지 못한 채 살아왔다. 인류의 근원이 되는 원인原人들은 동물과 같은 삶을 살았다. 고대인은 사상의 혼돈 속에서 인간의 정체를 알지 못했다. 중세인은 인간을 신의 종복으로 삼았다. 현대인은 감각적 삶을 살고 있다. 이러한 전체적인 경향에서 알 수 있듯, 인간이 자신을 인격적인 독립된 실체로 바라보며 살아온 시대는 없었다.

바꾸어 말하면, 이제까지 인간의 삶은 나 아닌 다른 것을 위한 삶이 대부분이었다. 인간의 여러 측면 중 한 부분에 얽매여 그것이 전부인 줄 알고 살아왔던 것이다. 자신이 무엇인지, 무엇을 해야 하는지 알지 못한 채 살아왔다는 말이다.

거듭 강조했듯 인간은 독립된 존재이자 인격적인 실체이다. 하늘의 뜻을 우러르고 자아를 완성하기 위해 살아가야 한다. 행복을 추구하되 인류문명을 창조하기 위해 자아실현을 이루어 가야 한다. 자유와 책임, 사명을 안고 사는 독립된 인간사회를 만들어야 한다.

이를 위해서는 인간은 먼저 의식혁명[43]을 단행해야 한다.

첫째는 인간에 대한 재인식과 재발견에 대한 의식혁명이 필요하다.

둘째는 인류가족의식에 의한 인류공동사회에 대한 의식혁명이 요청된다.

인간이 독립된 인격적 실체로 살아간다는 것은 단순히 한 개인의 삶에 관한 것만은 아니다. 인간은 집단적인 사회의 일원 혹은 조직인으로 살아왔다. 말하자면, 인간은 집단을 이루어 살아오면서 놀라운 집단적 힘을 발휘하는 집단 속 인간이다. 또 인간은 유구한 세월 동안 지식을 발전시키고 과학기술의 힘을 축적해 왔다. 그런 의미에서 인간의 저력을 재인식하고 다시 평가해야 한다. 아울러 민주주의 사상이 보급되고 과학기술이 발달하면서 이제 지구는 지리적, 물질적, 정신적으로 하나의 마을처럼 축소됐다. 이는 우리가 이미 공동 운명을 지닌 인류 가족이 됐다는 것을 의미한다. 이러한 의식을 바탕으로 오늘의 현실을 재정비해야 한다.

21세기 인류사회가 추구할 인간이란 바로 이러한 맥락에서 출발한다. 인간을 과거와 같이 정신과 육체를 분리해 편협하게 바라보아서는 안 된다. 인간이란 정신과 육체를 통합하고 변증하는 통정統整된 인격적 존재다. 따라서 주의생성론主意生成論에서 인간을 이해하고 그것에 합당한 인간사회를 만들어야 한다. 인간이 추구해야 할 사회는 인간을 가장 존중해 주고 인격을 높이 평가하는 인격적 인간사회다. 이를 위

---

43 미원은 인류사회 재건의 방향성으로 오토피아를 주장하면서, 이를 구현하기 위한 네 가지 혁명을 제안한다. 녹색혁명(식량 해결과 자연보호를 전제로 한 자원 개발), 기술혁명(복지 향상과 안전보장), 의식혁명(인간 복권과 인간중심주의에 의한 문화사회 건설), 생활혁명(인간다운 생활과 문화가치 생활 확보) 등 4대 혁명을 내세운다. 이는 미원이 1979년 로마클럽과 경희대학교 인류사회재건연구원이 공동 주최한 국제학술심포지엄의 기조연설 「인류사회는 왜, 어떻게 재건되어야 하는가」(『연설문집』, p.238)에서 밝힌 내용이다.

해 인간의 창조성을 강조하는 중인사상重人思想으로서의 인간중심주의(Humancentrism)를 실현해야 한다.

인간중심주의는 인간을 아끼고 사랑하며 소중히 여기는 마음에서 비롯된다. 현대인이 이러한 인간성을 회복해야 한다는 점에 대해서는 누구도 이론을 제기하지 못할 것이다. 인간 세상에서 인간보다 값있는 것은 없다. 정치, 제도, 물질, 과학기술, 이 모든 것은 인간을 위해 존재한다. 인간에게는 인간이 처음이고 끝이고 전부다.

맹자의 생각을 다시 청해 보자. 맹자가 세상을 떠돌다 양나라에 가게 됐을 때 일이다. 양왕襄王은 당대의 석학 맹자가 왔다는 말에 그를 초청한다. 양왕은 맹자에게 천하가 어지러워 제후들 모두 군사를 양성하고 전쟁을 일삼고 있으니, 세상이 어찌 될 것 같은가 묻는다. 맹자는 "천하도 마지막에 하나가 될 것"이라고 답한다. 이에 양왕은 누가 천하를 통일할 것 같은지 되묻는다. 맹자는 "사람을 죽이는 것을 제일 꺼리는 사람이 천하를 통일하게 된다[不嗜殺人者]"고 답한다. 인간의 생명을 소중히 생각하고 위하는 어진 사람이 최후의 승자가 되리라는 암시다.

이처럼 인간의 생명은 귀한 것이다. 인간의 생각과 생명을 아끼고 인권을 존중하는 사람만이 참다운 국민의 지도자가 될 수 있다. 맹자의 이야기는 동서고금 가릴 것 없이 의미 있는 교훈을 준다. 영구적인 평화를 위한다는 목적으로 전쟁을 수단으로 삼아서는 참된 평화를 이룰 수 없다. 평화는 비인간적인 수단으로 얻을 수 있는 것이 아니다. 인간이 다른 인간을 억압하고 굴종시켜 얻는 평온은 평화가 아니다. 굴종에서 오는 평화는 근본적인 평화가 될 수 없다. 형식적인 평정平定에 불과하다. 진심에서 우러나오는 협력에 의한 평화만이 영구적인 평화가 될 수 있다.

문명은 발달하고 기술력이 고도로 향상됐어도 인간사회에서 전쟁과 평화의 문제는 풀리지 않았다. 전쟁과 평화의 문제를 해결하지 못하는 한 인류문명 역시 한낱 꿈이 되고 말 것이다. 평화가 없는 사회는 문명을 이루었다고 해도 사상누각에 불과하다. 인류의 문명 유산이 소멸하는 것을 막지 못하는 것은 말할 것도 없고 인간의 삶 자체도 보장할 수 없다.

옛날부터 한 사람의 영웅이 태어나기 위해서는 전쟁이 일어나 무수한 살생과 재산이 파괴되어야 한다는 말이 있다. 이 말 속에는 옛사람들의 후회가 담겨 있다. 이제 전쟁이 아닌 평화의 영웅을 배출해야 할 때다. 평화를 이룬 영웅을 위인으로 존경하는 마음이 인간 안에 자리해야 한다.

이제 평화의 엄숙한 뜻을 이해하고 인간의 정체와 의의, 나아가서는 사명을 강구해야 할 때가 왔다.

인간이 어떤 존재이며 왜, 무엇을 위해 사는지 통찰해야 한다. 인간으로서 마땅히 행해야 할 일을 선택하면서 올바로 행동해야 한다. 개인의 삶뿐 아니라 인류의 보편의지 속에서 행복하고 값있고 보람 있는 길을 찾아 나서야 한다. 이것이 우리가 마땅히 가야 할 길이다.

과거처럼 개인이나 특정 집단의 욕망을 성취하기 위해 사는 것이 아니라 지구사회를 위해 살아가야 한다. 현실이 변화하고 있음을 바로 보고 온 인류가 같이 잘살 수 있는 길을 찾아야 한다. 평화, 복지, 안전을 이룬 공동사회, 문화세계를 이 현실에서 이루기 위해 노력해야 한다(『문화세계의 창조』 참조).

인간의 삶을 보편의지 속에서 인류의식으로 고양하는 일은 지극히 쉬우면서도 어렵다. 인류의식 속에서 삶의 방향을 찾지 못한다면 인류 전체가 공멸할 수 있다. 그러니 인류의식을 가져야 하는 것은 간단하고 당연한 이치다. 하지만 인간의 욕망 때문에 이를 실현하는 것이 쉽지 않다. 그래서 인류의식으로 공동사회를 이루는 것이 쉽지만 어려운 일이 될 수밖에 없는 것이다.

이를 극복할 수 있는 의식혁명을 단행해야 한다. 근세 초기 민족국가가 형성될 수 있었던 것은 의식혁명 덕분이었다. 그 이전까지 생활의 토대를 이루고 있었던 봉건국가 체제를 해체하기 위해 사람들이 용감하게 협력했다. 모두가 협력해 하나가 되었기에 민족국가를 형성할 수 있었다. 근대 민족국가의 형성은 군주 아래 예속되어 있던 개인들이 집단적인 '우리'로서, 민족으로서 재발견하는 의식혁명이 일어났기에 가능했다.

그러한 의식혁명을 통해 정치체제 또한 변혁할 수 있었다. 의식혁명이 일어났기에 군주적 전제정체專制政體에서 민주정체民主政體로의 혁명적 전환이 일어났다. 물론 현실에 맞서 용감히 싸우고자 하는 용기도 필요했다.

이제 세상은 또 한번 크게 변하고 있다. 다가올 새 사회에 맞춰 살아가기 위해 큰 결심을 해야 할 때다. 과거보다 더 큰 용기와 지혜, 결단으로 의식혁명을 감행해야 한다. 그만큼 인류는 지금 막다른 골목에 서 있다.

더 이상 이민족을 침략하거나 약탈하는 일을 방관해서는 안 된다. 그것을 정당화하는 어떤 생각도 잘못된 것임을 알아야 한다. 민족 우월 의식에서 배태된 국가지상주의나 배타적 민족주의도 버려야 한다. 모두 전근대적이고 구태의연한 사고다. 보편적 민주사상에 따라 자유, 평등, 공영을 추구하며 인류 공동체가 협력해 살아가는 지구협력사회(Global Cooperation Society)*를 실현해야 한다.

20세기 후반부터 세계는 밀접하게 연결됐다. 과거와 같이 배타적인 국가주의에 사로잡혀 국경을 절대적인 장벽으로 생각할 수 없다. 인류 사회는 서로 두텁고 깊은 관계를 형성했다. 모든 국가가 이미 분리할 수 없을 정도로 상호 의존적 관계를 맺고 있다. 그러므로 타국의 잘못이라도 자국민이 피해를 볼 수 있다. 타국의 실패가 자국을 위태롭게 만들 수 있다. 지구의 모든 국가는 서로 분리되어 있으면서도 상호 연결된 공동 운명체가 됐다. 국가와 민족의 배타적 경계를 넘어 인류 전체가 같은 배를 타고 항해하는 인류 가족이 된 것이다. 우리는 이를 똑바로 깨달아야 한다.

가령, 제3차 세계대전이 일어나 북미나 소련 또는 중동에 핵 폭격이 발생했다고 상상해 보자. 자기 나라에서 폭발하지 않으면 핵폭탄의 영향을 받지 않는다고 생각할 수 있겠는가. 동북아시아, 아프리카, 남미 모두 안전할 수 없다. 원자탄의 방사능이 온 지구를 뒤덮을 것이다. 핵 폭격 피해는 어느 한 나라가 아니라 인류 전체에게서 일어난다. 그만큼 인류는 하나의 지구 공동체로서 같은 운명에 처해 있는 것이다.

이런 위험을 피해 살아남는 방법은 누가 옳은지를 놓고 서로 미워하며 싸우는 일을 멈추는 것이다. 진정 서로 웃으며 이해하고 협력해야 공동의 번영과 평화의 영광을 누릴 수 있다. 지구적 차원에서 거대한 협력사회(Great Cooperation Society, GCS)를 이룩할 수 있다. 이제 그런 사회를 실현해야 할 때가 온 것이다.

협력하는 인류사회를 건설하자고 주장하는 것은 국가 단위를 모두 해체하고 세계국가를 만들자는 말이 아니다. 과거 봉건국가를 해체하고 민족국가를 만들던 때와는 사정이 다르다. 모든 국가는 독립적 국가로서 자국自國의 번영과 문화를 보존하고, 자국 발전에 힘써야 한다. 이와 동시에 배타적이지 않은 협력 방안도 만들어야 한다. 인류가 함께 살고 같이 번영할 수 있는 공동 목표를 세워야 한다. 이를 성취하기 위해 지구적 협력 관계를 구축해야 한다.

이것이 현대 인류가 소망해야만 하는 사회다. 그렇다면 인류가 소망할 수 있는 사회를 현실적 기반 위에 실현할 수는 없을까.

이상이 아무리 좋아도 현실을 비약해서는 안 된다. 현실에 사다리를 놓고 이상에 도달하기 위해 노력해야 한다. 그래야 소망할 수 있는 인류사회에 대한 우리의 지향이 텅 빈 이상론에 머물지 않을 수 있다. 현실을 제거한 이상은 가상이나 몽상에 불과하다. 우리는 언제나 바람직한 사회에서 바람직한 사회로 그 길을 찾아 실현하도록 해야 한다.

다시 말해, 바람직한 사회를 설계하기 위해 오늘의 현실이 내일의 미래상과 연결될 수 있도록 만들어야 한다. 현실인 존재(Sein) 속에서 우리가 소망할 수 있는 미래로서의 당위(Sollen)*사회를 설계하고 이뤄야 한다.

이러한 소망할 수 있는 사회를 현실에서 구현할 수 있는 소망스러운 내일을 바라보기 위해 무엇을 해야 할 것인가.

첫째, 인간의 복권을 이루어야 한다. 인간 가치를 회복해야 한다. 그동안 인간은 독립된 인격적 실체가 아닌 예속된 존재로 살아왔다. 이제 인간의 자리를 되찾고 확립해야 한다. 인간이 통계와 수치 속으로 사라져 물질 대상으로 전락한 상황을 바로잡아야 한다. 인간 가치가 아닌 다른 것에 의존함으로써 종속되어 살아가는 삶에서 벗어나 자존자립自存自立 할 수 있어야 한다. 인간 생명과 인간 권리를 보장하고 존중하는 사회로 나아가야 한다. 이것이 바로 인간 복권의 노력이다.

둘째, 불신을 몰아내고 상호 협력하는 체제를 이루어야 한다. 경쟁의식이 과도해지면 인간관계는 적대적으로 변할 수밖에 없다. 상호 불신은 인간사회의 공존을 막고 공영을 방해하는 요인이다. 현대사회의 부조리와 부도덕 또한 여기에서 기인한다. 불신은 인간관계를 파괴하고 공존공영을 위한 사회생활을 파괴한다. 불신사회를 벗어나 협력 체제를 이룩해야 한다.

셋째, 건전한 삶의 기풍을 확립해야 한다. 부조리와 퇴폐는 악이 자기 증식하도록 만들어 비인격적인 사회를 조장한다. 인간이 인간답게 살 수 있는 도덕을 기반으로 건전한 생활을 다시 설계해야 한다. 도덕 가치가 생활의 근본 토대를 이루는 사회를 만들어야 한다. 물질적 가치가 주도하는 사회는 서로를 믿지 못하는 비정한 사회를 만들 뿐이다. 건강한 도덕을 바로 세워야 한다. 경박한 말과 행동을 일삼고 감각 문화에 젖어 쾌락만을 추구하는 우중愚衆사회에서 속히 벗어나야 한다.

넷째, 과학기술을 발전시키되 통제하고 다스릴 수 있어야 한다. 삶의 질을 향상하기 위해 과학기술을 개발하는 것은 옳다. 하지만 비인간화된 사회가 확대 재생산되는 것을 막기 위한 장치를 마련해야 한다. 인간의 힘으로 발전의 속도와 방향을 조정하고 통제할 수 있어야 한다. 과학기술이 거인이 되어 인간의 운명을 좌우하듯 왕좌에 군림하도록 방치해서는 안 된다. 그것은 인류사회의 미래를 과학기술에 떠맡기는 것이나 다름없다. 과학기술이 인간 가치를 높이고 인간의 삶을 향상하는 데 도움을 줄 수 있도록 인간화해야 한다. 이는 온 힘을 기울여 우리가 개선해야 할 중요한 사항이다.

다섯째, 변화하는 현실에 맞게 세계 질서를 조속히 다시 수립해야 한다. 지구는 과학기술의 발달로 날로 축소되어 가고 있다. 국가 간 관계 역시 과거와 비교할 수 없을 정도로 얽혀 있다. 하지만 우리는 인류사회를 향한 공통 목적을 수립하지 못했다. 공통 규범과 질서도 마련하지 못했다. 전근대적인 전통 가치 질서와 현대의 공리주의적 가치관 속에서 중심 없이 방황하고 있다. 여전히 방향을 못 잡고 약육강식하는 세계 질서가 잔존하고 있다.

신민족주의, 신식민주의가 다시 고개를 들고 있다. 이를 바로잡기 위해서는 하나의 인류사회로서 공동 규범과 질서를 마련해야 한다. 이를 통해 인간 행위에 대한 보편적인 가치판단 기준을 통일해 적용해야 한다.

여섯째, 인류 가족 의식을 기반으로 하는 평화사회, 협력사회를 구축해야 한다. 하나의 인류, 하나의 규범, 하나의 지구사회를 바라보아야 한다. 나와 우리만 가족이라고 생각해서는 안 된다. 우리가 서로 다르지만 하나의 인류 가족이라는 생각을 품어야 한다. 서로 사랑하고 협력하고 보람 있는 삶을 보장할 수 있는 평화사회를 구현해야 한다.

이러한 의미에서 지금의 평화는 과거의 평화와 다르다. 과거에는 전쟁이 비非평화 상태를 의미했다. 평화란 전쟁 없는 세상을 만드는 것이었다. 전쟁으로 인한 미움, 공포, 재산 약탈, 살생을 거부하는 것이 곧 평화일 수 있었다. 하지만 지금은 적극적인 의미에서 반反평화에 대한 거부로 나아가야 한다. 오늘날 전쟁은 과거와 달리 인간의 살생과 약탈만 자행하지 않는다. 이제 전쟁은 인간 자신은 물론 지상의 모든 생물까지 멸망시킬 수 있다. 인간은 물론 지구 생명체 전체가 삶을 지속할 수도, 더 나은 삶을 추구할 수도 없게 된다. 따라서 평화의 추구는 과거보다 더 절실한 것이 됐다. 이제 평화는 우리가 숨 쉬고 살아가는 인류세계의 전부다. 평화를 잃으면 인간은 모든 것을 잃는다.

소망할 수 있는 사회를 소망해야만 하는 이유를 여기에서 이루 다 말할 수는 없다. 하지만 소망해야 할 바람직한 인간사회가 무엇인지 바로 알고 이를 실현하기 위한 터전을 다져 나가야 한다. 그렇다면 바람직하고 인간이 소망할 수 있는 사회의 대원리는 과연 무엇인가.

그것은 바로 오토피아Oughtopia*다. 인류에게 당위적으로 요청되는 사회, 오토피아. 그것은 인류가 소망하는 동시에 소망할 수 있는 인간의 이상사회다. 그것은 앞에서 살펴본 동서양 사상가들이 말한 이상사회와 다르다. 과거의 유토피아는 소망으로만 존재했던 비현실적 사회였다. 인류를 위해 당위적으로 요청되는 사회가 아니었다.

오토피아라는 말은 당위를 뜻하는 'ought'와 장소를 뜻하는 'topos'를 결합해 개발한 용어다. 오토피아는 허구적 유토피아가 아니다. 오토피아는 인간으로서 바랄 수 있고, 인류사회가 당위적으로 요청하고 있으며, 현실이라는 구체적인 삶 위에서 실현 가능한 이상사회를 지칭한다.

이제 당위적 요청사회라고 칭한 오토피아가 무엇인지 구체적으로 설명해 보자.

첫째, 오토피아는 정신적으로 아름다운 사회다. 둘째, 물질적으로 풍요롭고 편익을 누릴 수 있는 살기 좋은 사회다. 셋째, 인간적으로 보람 있는 사회다. 이 점에서 오토피아의 세 차원은 BAR로 축약할 수 있다. BAR는 'spiritually Beautiful society', 'materially Affluent society', 'humanly Rewarding society'를 뜻한다. 이는 정신과 물질의 어느 한쪽으로 치우쳐 균형을 잃지 않고, 이 모든 것을 인간의 창조적 의지를 통해 실현한다는 의미를 담고 있다. 나는 이 세 가지를 인류사회의 새 지표로 삼아 인간의 참된 삶을 논하려 한다.

전통사회는 정신적으로 아름다운 인간과 사회를 만들기 위해 노력했다. 모든 행위의 가치판단 기준을 진·선·미, 인·의·예·지·신과 같은 정신적 지표에서 찾았다. 하지만 현대사회는 물질적·육체적 행복을 추구하는 사회다. 인간 행위의 가치판단 기준 역시 이익, 효과, 용도, 쾌락

등과 같은 물질적이고 감성적인 척도에서 찾는다. 따라서 정신과 물질의 어느 한쪽만 추구하는 것은 잘못이다. 정신적 가치 기준으로 세상의 모든 일을 판단하는 전통사회도, 물질적 가치 기준으로 판단하는 근대·현대사회도 바람직한 길은 아니다. 인간을 물질과 정신의 어느 한쪽으로 편향되게 이해하는 것은 불완전하고 불분명한 접근이다.

이러한 문제는 인간이 어떤 존재인가에 대한 성찰을 통해 해결할 수 있다. 앞에서 말한 대로 주의생성主意生成 원리로 인간을 바라볼 필요가 있다. 다시 말해, 인간이라는 존재는 정신과 육체에 기반을 둔 인격적 통일체다. 참된 인간은 정신적으로 아름답고 물질적으로 풍요하고 편익을 누리는 살기 좋은 삶을 추구하는 인격적 존재다. 동시에 그러한 사회를 만들기 위해 의지를 품고 노력하는 존재다. 인간은 의지적 실천을 통해 참된 보람을 찾고 문화를 창조하는 데 참여함으로써 완전한 인간이 된다. 오토피아로 나아가는 인간 주체는 정신, 물질, 창조적 의지가 어우러진 삶을 추구한다. 우리는 정신적 가치, 물질적 편익, 의지적 보람을 삶 가운데 통합함으로써 오토피아에 다가갈 수 있다.

그러나 참된 삶은 인간의 노력 없이 자연으로부터 필연적으로 주어지는 어떤 것이 아니다. 세계를 창조한 신에 의해 부과된 목적이나 섭리도 아니다. 이 세상 모든 존재는 독립된 실체로서 자기 존재를 규정하고 삶에 대한 본능에 의해 제 길을 스스로 찾아 살아간다. 인간도 마찬가지다. 독립된 인격자로서 우주의 생성 원리를 터득하고 그 안에서 자기 자신을 발견하고 자신의 길을 찾는다. 나아가 우리들로 구성된 인간사회도 마찬가지다. 상호적 사회관계를 바르게 파악하면서 소망할 수 있는 사회를 만들고자 노력해야 한다. 당연히 값있고 보람 있는 사회가 무엇인지 파악하고 길을 정해야 한다.

중요한 것은 인간이 바라고 만들 수 있는, 행복하고 값있는 인간사회인 오토피아는 절대적 대상이 아니라는 점이다. 우리가 사는 세상은 상대세계다. 오토피아는 현실에 기초해 이상을 추구하고, 오늘과 내일을 함께 바라보면서 만들어 가야 한다.

오토피아*의 이상 속에는 존재와 당위의 두 차원이 통합되어 있다. 정신, 물질, 창조적 의지 또는 인격적 소망의 어느 하나가 아니라 이 모든 차원이 함께 협력해야 오토피아를 이룰 수 있다. 따라서 오토피아는 내세적 이상사회가 아니다. 현재 세상 안에서 실현되어야 할 이상사회다. 현실을 천국으로 만드는 힘은 어디에 있는가. 그것은 인간이 소망하는 이상에 의해 시작된다. 목표 없는 계획과 행동은 무의미하다. 인류에게 더 나은 현실을 선사한 것은 더 나은 삶을 추구하려는 인간의 보편의지 덕분이었다.

오토피아! 그것은 보다 완전한 인간, 더 행복하고 값있는 삶을 누리는 사회를 창조하도록 이끄는 이상도理想圖라 하겠다. 인간은 정신과 물질과 인격의 통일을 이룸으로써 보람 있는 삶을 살 수 있다. 창조적인 의지와 소망을 품고 완전하고 행복한 삶을 이루기 위해 스스로 참여해야 한다. 물질적 충족에만 매몰되지 않고 인격적 자아실현을 구해야 한다. 이것이 바로 인간의 바람직한 소망이라 할 수 있다.

이 점에서 사회의 가치판단 기준 또한 변해야 한다. 정신적으로 아름답고, 물질적으로 풍요하고, 인간적으로 보람 있는 삶을 가치 기준으로 재구성해야 한다. 오토피아는 인간이 꿈꾸는 삶의 모든 것을 담고 있다. 인간의 행복, 가치, 보람, 그 모든 것이 오토피아의 이상 속에 녹아 있기 때문이다.

오토피아를 현실에서 구현하기 위해 무엇을, 어떻게 실천해야 할

까.[44]

첫째, 선善(good)과 정의(義, justice)를 바탕으로 생활해야 한다. 표현은 다를 수 있어도 세상의 모든 진실한 사상가들은 의로운 마음가짐으로 착하게 살라고 말해 왔다. 선과 정의를 기초로 하는 삶은 인간만이 지향하고 이룰 수 있다. 그것은 인간으로서 마땅히 그렇게 살아야 할 당위의 길이다. 동물사회에서 도덕을 기대할 수 없지 않은가.

선과 정의를 알지 못하고 경시하는 사회는 타락한 사회다. 부도덕하고 비인간적인 사회다. 도덕이 없는 사회는 집단생활이 불가능하다. 인격 생활, 가치 생활도 불가능하다.

모든 생명이 대자연의 법칙에 따라 살아가듯, 인간은 도덕법칙과 규범을 지키며 살아야 한다. 선善은 합合규범적인 것이요, 정의는 합법칙적인 것이다. 인류사회의 규범과 법칙에 합당하게 살아가는 것이 선이요, 정의다. 인간이 함께 사회를 이루어 살아가기 위해서는 정의에 대한 기준과 법칙이 필요하다. 마찬가지로 인간관계를 맺고 살아가기 위해서는 그 안에 선함을 기준으로 하는 규범이 존재해야 한다. 보편 규범은 지구사회를 작동하게 만드는 하나의 공전궤도와 같다. 말하자면, 선과 정의는 인간 삶에서 떼어 낼 수 없는 당위적인 인간 궤도軌道라 할 수 있다.

선인선과善因善果, 악인악과惡因惡果라는 말이 있다. 선한 행실의 뒤에는 반드시 선한 결과가 오고, 악한 행동의 뒤에는 반드시 악한 결과가 따른다. 이는 인간사회의 큰 법칙이며 진리다. 팥을 심고 콩이 나기를 원할 수 없다. 복숭아나무를 심고 배가 열리기를 바랄 수 없다. 인간의 삶

44 미원은 1975년 미국 보스턴에서 개최한 제4차 세계대학총장회 회의에서 GCS 운동을 창안했다. 그 모토를 선의(Goodwill), 협동(Cooperation), 봉사·기여(Service-Dedication)의 3대 정신으로 정했다. 이 책에서 말하는 오토피아를 실현하는 현실적인 실천 운동이라 할 수 있다(『연설문집』, pp.32-33). 2003년 유엔 세계평화의 날 제22주년 기념행사 기조연설에서 이같이 밝혔다.

은 심는 대로 거두고 행한 대로 나타난다. 그것이 대자연의 철칙이다. 이 책에서 정립한 전승화 이론은 이러한 인과관계를 풀어낸 철학이다.

그런 의미에서 인간에게 필요한 세 가지의 바른 행동이 있다. 바로 알고(정지正知), 바로 판단하여(정판正判), 바로 행하는 것(정행正行). 이를 어떻게 수행했느냐에 따라 결과가 달라진다. 이러한 세 가지 바른 삶의 기준을 삼정행三正行이라 부른다. 삼정행의 결과는 단순한 인과로써 설명될 수 없다. 전승화의 원리로 표현하면, 모든 인간의 행위와 결과는 시간·공간·환류·실체 사이의 상관관계와 그 작용에 의해 이루어진다. 따라서 선의 결과를 원하면 선의 씨앗을 심어야 한다. 사람으로서 도리를 다하고 자아 완성을 위해 선하고 옳은 규범과 법칙을 따르며 생활해야 한다. 선한 일을 많이 하면 보람이 따른다. 악한 일을 많이 하면 그 화가 후대에까지 영향을 끼친다.

둘째, 협력(cooperation) 생활을 실천해야 한다. 본디 인간은 사회적 동물이다. 지금까지 인류는 집단을 이루어 협력하며 살아왔다.

인간의 문명을 보라. 협력 없이 이루어진 것은 없다. 우리는 서로 힘을 모아 모든 일을 이루어 왔다. 인류는 과거부터 누적된 지식과 기술을 토대로 협력하면서 문명을 발전시켜 왔다. 우리 인간의 협력은 문명을 씨줄과 날줄로 직조해 온 진정한 힘이라고 할 수 있다.

언어와 문자, 사전, 제도, 조직, 문화 예술, 관습, 문명 이기, 도로, 교통수단, 건물, 교량, 의복, 식품 등 우리 문명의 어떤 것도 개인 혼자서 이룩한 것이 없다. 인간이 이룩한 모든 것은 수많은 사람이 오랜 세월 깎고 다듬어 만들어 놓은 것이다. 오늘의 문화유산도 그렇고 인간세계의 창조 과정도 그렇다. 우리가 서로 협력했기에 자연의 시련에 용감하게 도전할 수 있었다. 인간문명의 금자탑을 만들어 올 수 있었다.

인간에게는 굽힐 줄 모르는 강인한 삶의 의지가 있다. 서로 사랑하고 협력하여 질서를 지켜 온 도덕규범의 길이 있다. 대를 이어 연면히 쌓아 올린 문화 창조 정신이 있다. 문명 유산은 협력하며 일구어 낸 인류의 찬란한 업적이 아닐 수 없다.

인간 개개인의 힘은 연약하다. 하지만 개개인이 모여 이룩한 인류의 협력은 놀랍도록 큰 힘을 지닌다. 실제 우리 삶에서는 한 개인의 힘으로는 이룰 수 없는 것도 인류가 협력해 이룩한 일들이 얼마나 많은가. 함께 팀을 이뤄 계획하고 수행하면서 연구하고 활동할수록 성과가 향상된다. 그 협력을 기반으로 인간은 우주까지 진출했다. 150억 광년 밖에 있는 우주의 지평선을 내다볼 수 있게 된 것도 다 우리 모두가 협력을 통해 이루어 낸 결과다.

창조적 협력이 즉시 이루어져야 한다. 진정한 모든 협력은 건설적이다. 하지만 파괴적이고 분열적인 협력도 있다. 전쟁과 분쟁을 일으키기 위한 협력은 그 무엇보다 무서운 결과를 초래한다. 전쟁이 만들어 놓은 생명 파괴의 참상을 생각해 보라. 잔혹한 인간 지옥도 한 개인의 힘으로는 이룰 수 없다. 그것에 동조하고 협력한 사람이 있기에 가능한 것이다. 사악한 협력을 무한히 부끄럽게 생각해야 할 것이다.

그러나 아직도 인간은 그 부끄러움을 다 씻지 못하고 있다. 그토록 가혹한 파괴를 경험했어도 인간은 전쟁의 부끄러움을 진정 뉘우치지 못하고 있다. 많은 국가가 군비를 증강하고 있다. 힘의 균형과 평화 유지를 명분으로 고도의 살생 무기를 아직도 생산하고 있다. 원수를 갚는다는 목적으로 크고 작은 학살을 멈추지 않고 있다. 신무기의 개발에 혈안이 되어 있다. 만일 지금 전쟁이 일어난다면 누구도 승자가 될 수 없는 상황이다. 전쟁을 일으키는 순간 인류 전체가 공멸할 것이기 때문이다. 현재도 그러한 위험이 사라지지 않고 있다.

유엔 헌장에 적힌 말을 떠올려 보라. 인류는 한 형제이며 가족이다. 언어, 국적, 피부색, 종교의 차이를 차별로 만들지 않아야 한다. 모든 사람이 평등하다. 그런데 인간사회는 왜 부끄러움을 모르고 파괴적 전쟁을 지속하는가.

인류가 본연의 인간 정신과 자세로 돌아가 나와 남, 오늘과 내일을 함께 바라보며 한 형제, 가족이 되어 살아갈 수는 없을까. 숙연하고 진지한 마음으로 인생을 다시 성찰해야 할 때다. 서로 조화를 이뤄 사랑하고 도우며 인간답게 살 수 있는 길을 찾아야 한다.

인류 앞에는 두 개의 길이 있다. 하나는 번영의 길이요, 다른 하나는 파멸의 길이다. 우리의 선택에 따라 삶과 죽음이 주어진다.

과거에는 인류 전체를 멸종에 이르게 할 무기가 인간에게 없었다. 그랬기에 파괴된 세계를 재건할 수 있었다. 시행착오가 가능했다. 지금 인류에게는 인류의 종말을 앞당길 최종일의 무기가 있다. 단 한 번의 잘못도 용납될 수 없는 상황이다.

건설적 협력은 인간을 천국으로 안내하는 수레가 될 것이다. 파괴적 협력은 인류 전체를 지옥으로 압송하는 사자의 마차와 같다. 그러므로 우리가 추구해야 할 협력이란 당연히 건설적 협력이다. 파괴를 막고 평화와 복지와 안전과 문화 창조를 위해 협력해야 한다. 상호 불신과 적개심을 거두고 인류가족의식 속에서 참된 공존의 길을 바라보아야 한다.

셋째, 봉사·기여(service)하는 생활을 해야 한다. 봉사·기여는 '우리'라는 의미에서 사회생활을 전제로 하며, 나와 우리의 관계를 좋은 방향으로 연결한다.

원래 봉사라는 말은 돌본다는 의미와 함께 남을 위해 일한다는 의미도 포함하고 있다. 그것은 나와 나 아닌 존재인 우리를 위해 이해타산을 떠나 타인을 위하고 돕는다는 뜻이다. 그러므로 자기 욕구 충족을 위해 경쟁하는 삶은 실로 차원이 낮은 삶이 아닐 수 없다. 우리는 타인이나 국가·사회를 위한 공公적인 것을 생각하고 행동하는 마음이 있기에 협력 관계를 유지해 갈 수가 있다. 봉사하는 마음은 사회를 분열에서 구출해 다툼과 싸움을 멈추게 한다. 봉사하는 마음은 인류협력사회를 만드는 밑거름이다.

기여하는 마음은 한 단계 더 높은 것이다. 그것은 자신의 것을 다 채운 뒤 남은 것으로 타인을 돕는다는 의미가 아니다. 그것은 일생을 걸고 모든 노력을 다하는 것이다. 자신의 모든 것을 사회에 환원하는 헌신적 행위다. 그러므로 기여의 정신은 곧 희생정신이다. 자신의 욕망이 아니라 사회 발전과 평화 정착과 문화 창조에 이바지하는 마음이다.

남을 위해 봉사하고 사회를 위해 헌신하는 마음이야말로 숭고한 인간 정신이다. 성현의 삶이 그 표본이다. 찬란한 인류 문화와 발전의 역사는 모두 이러한 숭고한 정신을 가진 사람의 노력이 만들어 낸 결정체다.

선과 정의를 추구하고, 협력하고, 봉사하고 헌신적으로 기여하고자 하는 인간의 정신은 마땅히 높이 평가돼야 한다. 우리는 이러한 소중한 가치를 재확인하고 인간이 소망하는 이상사회를 건설하기 위해 노력해야 한다. 높고 숭고한 정신의 실현을 통해 지금 이 세상에서 이루어야 할 낙원을 가꾸어 나아가야 한다. 현재 삶에서 이룩해야 할, 인류사회 전체가 요청하는 사회, 오토피아*를 이루기 위해 노력해야 한다. 그렇다면 오토피아는 어떤 사회인가. 그것은 인간적인 인간사회, 문화적인 복지사회, 보편적인 민주사회다.

이제까지 인류사회는 하나의 목표를 수립한 바도, 동일한 과업을 수

행한 경험도 없다. 오로지 헤매며 살아온 역사가 전부다. 이해타산에 젖어 상호 불신과 적개심을 일으키며 살아왔다. 오늘의 인류사회는 과학과 기술, 물질주의가 지배함으로써 인간이 경시되고 있다. 인간 부재의 사회가 만들어졌다. 이를 반성하지도 성찰하지도 않는 대중사회는 점차 우중愚衆사회로 변해 가고 있다. 현대인은 저속한 문화원인文化原人이나 마찬가지인 상태로 전락하고 있다. 그런데도 아무도 이를 생각하지 않고 고치려 노력하지도 않는다.

수많은 사상적 지도자들이 말하지 않던가. 머지않은 미래에 인류의 역사가 끝날 수도 있다. 그렇게 되면 인간의 정신적 타락도 종장의 막을 내리게 될 것이다. 지구사회에 요란한 경종이 날마다 울리고 있지만, 귀 기울이는 사람은 날로 줄어들고 있다.

이기와 퇴폐, 불신과 부조리가 홍수처럼 우리 생활 주변에 밀어닥친다. 인간 생명이 경시되고 있다. 인간사회의 가장 기초적인 가족 관계마저 파괴되고 있다. 대책을 마련해야 하지만 사람들은 인간사회가 향하고 있는 이 그릇된 방향을 느끼지도 못하고 있다. 체념하는 분위기마저 감돈다. 21세기를 맞아 새로 시작하는 마음으로, 새천년을 향해 다시 마음을 가다듬어 아름답고 풍요하고 보람 있는 인류사회를 재건해야 할 때다. 힘과 지혜와 의지를 모아야 한다.

이런 의미를 담아 다음과 같이 말하면서 책을 끝마치려 한다.

오늘 같은 시대, 지구 마을에 함께 사는 형제자매들이여!
오늘을 직시하라. 그리고 내일을 위해 함께 예비하자.
사색은 진리를 뚫어 보고,
비전vision은 크나큰 소망을 성취한다.

운명은 주어지는 것이 아니라 창조하는 것,
백척간두에 용감히 서 뜻을 이루자.

천국도 지옥도 인간 마음속에 있다는 것을 전승화는 되풀이하여 우리에게 말한다.

사람이 사람을 미워할 때 악마가 되고, 사람이 사람을 사랑할 때 천사가 된다. 의식혁명으로 이 세상을 바로 뚫어 보고 살길을 세워야 한다. 미움 대신 사랑을 품어야 한다. 파멸이 아닌 인간의 영원한 낙토 건설의 꿈을 이루어 내자.

하늘은 우리의 오토피아에 영원한 미소를 보내신다.

맺는말

1.

지금까지 인류사회에 나타난 여러 사상과 철학, 종교, 과학 등 모든 문화를 살펴보았다. 이는 인류 문화 비판이 아니라 정당한 이론적 근거를 찾는 데 그 목적을 두었다. 이러한 검토를 토대로 인류가 소망하는 당위적 요청要請사회로서 오토피아Oughtopia* 개념을 제안했다.

나 자신을 아는 것이 나 아닌 모든 것을 알아 가는 출발점이다. 마찬가지로 우주의 실재와 원리를 알아내는 것은 나 자신과 인생을 아는 것이다. 우주 안에서 진정한 인간의 속성과 특성을 발견하여 인생의 의의와 가치, 행복을 찾아 가야 한다. 당위적인 인류의 이상사회를 구현해 가야 한다.

2.

학문이 전문적인 분화된 영역을 깊이 파고드는 것이라 오해하면 안 된다. 극소세계에 대한 탐구가 진정한 학문의 목적은 아니다. 부분과 전체, 극소와 극대 중 어느 한 세계를 취하고 버리는 것은 이치에 안 맞다.

그것은 마치 분자생물학과 같은 미세 학문을 하는 사람이 철학, 종교학, 천문학, 우주물리학이 학문의 대상이 될 수 없다고 말하는 것과 같다.

지금까지 극소세계를 향했던 학문의 방향과 태도를 극대세계로 전환할 필요가 있다. 부분만 보는 편견을 지양해야 한다. 전체 속에서 부분을 함께 보아야 한다. 이 책에서는 주리생성主理生成 또는 주의생성主意生成의 원리로 우주의 이치를 풀어내고자 했다. 우주가 단순히 부분들의 집합체가 아니라 하나의 거대한 유기체적 통일체라는 기본적인 시각을 제시했다.

3.

행복, 평화, 인류사회의 앞길에 관해 다음 세 가지 관점에서 논의했다.

첫째, 인간세계는 상대적 세계로서, 고정되고 결정된 세계가 아니라 끊임없이 변화하면서 새롭게 구성되는 세계다. 이에 대한 이견은 없을 것이다. 이 세상에 완전무결하고 영원불변한 것은 없다. 완성된 인간, 완전한 행복이 있다고 믿고 추종하는 것은 허무한 욕망이다. 자연과 기후가 변화하듯, 인생 항로 역시 맑은 날만 있는 것이 아니다. 고통 없는 완전한 행복은 존재하지 않는다. 인생의 진정한 행복은 오직 스스로 만족할 줄 알며, 다른 사람과 더불어 서로 감사하고 봉사하는 마음으로 성실히 살아갈 때 느낄 수 있다.

둘째, 이 세상에 완전한 영구평화는 존재하지 않는다. 인간의 성격은 모두 다르다. 이 때문에 좋아하고 싫어하는 것, 이해관계, 사랑과 미움이 생겨난다. 때로 지나친 욕망과 경쟁의식은 타인을 시기하고 질투하도록 만든다. 그러니 세상에 다툼이 생겨날 수밖에 없다. 꿈같은 '화서씨의 나라'나 동화 같은 유토피아를 이 세상에서 기대해서는 안 된다. 평화를 향한 삶이란 서로를 이해하는 마음에서 시작된다. 극단적인 적대감을 만들어 파괴와 멸망을 자초해서는 안 된다. 이성적 대화를 통해 서로 자제하면서 극한 상황을 막아야 한다. 이것이 상대주의적인 인간사회에서 얻을 수 있는 평화의 길이다. 또한 대규모의 파괴와 인명 살상을 초래하는 전쟁을 막기 위해 국수적 국가주의, 배타적 민족주의, 계급적 사회주의를 버려야 한다. 보편적 민주사회를 이루어 전쟁의 원인을 제거해야 한다. 지구공동사회(Global Common Society, GCS)*를 건설해야 한다.

셋째, 참다운 지성인이라면 우리 세계가 단순한 인과관계나 초자연적인 목적의식에 의한 섭리 작용으로 움직인다고 생각하지 않는다. 인류 역사와 문명은 인간의 지혜와 의지로 설계되고 실현된다. 앞으로 더 바람직한 사회를 건설하는 주역 역시 인간 자신이다. 어느 한 사람, 한 집단에게만 그러한 책무와 사명이 주어진 것이 아니다. 인간중심주의 사상, 주리생성의 원리에 입각한 우주관, 유기적 통일체관으로서의 전승화 철학이 성립할 수 있는 것도 바로 그 때문이다. 인간은 차원 낮은 동물과 다르다. 가치 있는 존재로서 인간이 마땅히 걸어가야 할 바람직한 당위의 길을 찾아내야 한다. 인간의 진정한 행복은 바로 여기에서 시작된다. 인간이 건설해야 할 요청적 이상사회는 정신적으로 아름답고 물질적으로 풍족하고 인간적으로 보람 있는 오토피아*의 구현이다.

4.

인류세계는 지구협력사회(Global Cooperation Society, GCS)*를 향하고 있다. 국제사회는 상호 의존적이며 연대 의식을 지닌 공동 운명체로 변해 가고 있다. 과학, 기술, 문화, 정보, 종교, 경제, 사회, 나아가서는 우리들의 일상생활에 이르기까지 국제사회는 서로 깊이 관계 맺고 있다.

근세가 시작될 무렵, 사회 정세가 변하면서 민족국가가 탄생했다. 봉건 체제가 변신적 변화를 일으켰다. 지금은 배타적 자민족중심주의에서 벗어나 국제적 협력 관계로 나아갈 때다. 이를 기반으로 보편적 민주주의국가 체제로 전환해 가야 한다. 그렇게 하지 않으면 더 나은 삶은 말할 것도 없고 생존조차 보장받을 수 없다. 이것이 21세기 국제적 시류이자 인류에게 주어진 엄숙한 역사적 소명이다.

이를 위해 지구적 협력을 기초로 인류사회에서 필요로 하는 새로운 규범과 제도를 정립해야 한다. 모든 상호 관계를 지구적, 인류적 차원에서 재구성해야 한다. 이를 통해 대립과 투쟁이 아닌 공존과 공영을 추구하는 평화세계, 협력사회를 건설해야 한다.

5.

인류사회의 미래는 과연 어떻게 될 것인가.

누구도 이 문제에 관해 단언할 수 없다. 미래를 낙관하는 사람도 있을 것이고, 비관하는 사람도 있을 것이다. 주목해야 할 것은 이 두 경향 안에 내재한 위기의식이다. 인류사회가 풀어야 할 모든 난제를 여기에서 다시 열거할 필요는 없다. 그러나 그러한 난제를 풀지 않고 방치하면 인류는 끝내 생물학적, 생태학적, 대중병적, 자살적 위기를 면할 길이 없다. 단순히 미래를 낙관하거나 비관하는 것은 이 난제들을 풀어 가는 데 도움이 되지 않는다. 신중하게 앞날을 대비하는 마음으로 모든 일을 선의, 협력, 봉사·기여의 정신으로 헤쳐 가야 한다.

운명이라는 객관적 여건을 극복하는 것은 인간의 정신적 힘으로서의 이실체理實體의 작용이 유일한 길이다. 국제사회의 형세와 문명의 방향을 수정하지 않고 방조하면 인류 역사는 필연적으로 머지않아 종말을 맞게 된다. 뜻있는 전문가들의 경고에 귀를 기울여야 한다.

모든 난관을 헤치고 인류문명의 종말을 피할 방도는 무엇인가. 어떻게 해야 역사문명을 슬기롭게 이어 갈 수 있을까. 그 관건은 누구도 아닌 인간 자신에게 있다. 위기를 만든 것은 인간이다. 위기를 푸는 길 역시 인간의 의지에서 시작된다.

나는 의식혁명에 의한 새로운 인간의 살길을 지구적, 인류적 차원에서 모색하기 위해 『인류사회의 재건』을 집필했다. 이제 그 당위적 요청사회의 길을 모색하기 위해 이 책을 펴낸다.

해제

우주에서 지구공동사회의 길을 묻다

이 세상에 홀로 있는 것은 없다. 모든 것은 모든 것에 연결되어 있으며 서로에게 작용한다. 경계 없는 인과因果의 맞물림 속에서 하나의 존재가 다른 존재의 원인이자 결과가 된다. 그러면서도 모든 실체는 하나의 독자적이고 독립적인 존재로 살아간다. 그 자신의 이치와 법칙에 따라 움직인다. 따라서 모든 실체에게는 자신의 세계가 있다. 아무리 작은 실체라도 그 자신의 세계를 만들고 다른 세계에 영향을 준다. 자신의 고유한 우주를 이루어 살아가는 것은 모든 실체들에게 주어진 이법理法이자 의무이다. 그러나 이 모든 것은 거대한 우주의 일부로 존재한다. 우주는 모든 입자들이 입체적으로 모여 통일된 유기체를 이룬다. 우주라는 시공간에서 보면 모든 실체는 전체의 일부이다. 그럼에도 부분의 합이 전체가 될 수는 없다. 부분은 전체의 부속이 아니라 전체 자체를 끊임없이 새롭게 생성하는 역량을 지닌다. 특히 인간은 물질적인 것과 정신적인 것을 거대한 인과적 삶에 통합하고 변증하면서 세계를 변화시켜 왔다. 그것은 인간의 자유의지와 창조의 영역이다. 미원美源은 이러한 전일全一적 인과관계를 전승화全乘和라 하고, 그 인과 위에서 다른 것을 생성시키는 자유의 역량을 주의생성主意生成이라 명명했다.

미원이 1979년에 쓴 『오토피아Oughtopia』는 인류 평화사회에 대한 소망을 담은 책이다. 저자는 이 책에서 문명에 대한 심원한 통찰과 함께 정치적 이상을 선언하고 있다. 전승화의 철학을 사유의 근거로 삼아 미원은 인류평화를 역설했다. 미원은 평화의 근거를 우주의 원리에서 찾아 대중을 설득하고자 했다. 그것은 미원이 소망하는 평화세계를 실현하기 위해서 우주적 차원이 필요했다는 말이 될 것이다. 사실 그것은 미원의 기본적인 사유의 출발점이라고 할 수 있다. 그는 인간의 이성을 "우주이성" 안에서 사유했다.[•] 따라서 인류사회는 거대한 "우주사회"(본문 229쪽) 안에서 바라볼 때 그 본질을 파악할 수 있다. 바로 이 점이 미원 사상의 특이성 중 하나다. 저자는 인간의 삶과 문명사회를 인간이라는 관점에 한정하지 않았다. 거대한 우주의 인과 속에서 인류사회를 논했다.

전승화, 우주와 인간은 연결되어 있다

미원이 정립하고자 했던 전승화란 구체적으로 무엇인가. 전승화는 우주의 모든 것이 존재하는 데 있어 가장 근본이 되는 바탕인 시간과 공간이라는 요인을 출발점으로 삼는다. 그 안에는 인간이 만든 물질적, 정신적, 사회적 환경이라고 할 수 있는 환류環流의 세계가 존재한다. 이 삼

• 조영식, 미원전집편집위원회 편저, 『인류사회의 재건』, 경희대 출판문화원, 2021, p.221. 미원은 인간의 이성이 우주이성의 축소라고 생각했다. 그에 따르면, 인간은 자연의 이치를 바로 알아 인간의 삶을 합리적으로 건설해야 한다.

차원 위에 모든 물질적·정신적 실재로서의 실체實體가 자신의 독립적인 생명 활동을 수행한다. 미원은 시간·공간·환류·실체, 이 네 요소를 우주를 구성하는 근본적인 실체라는 뜻에서 기체基體라고 생각했다. 나아가 그는 이러한 네 가지 기체들이 상호 관계를 맺고 다양한 작용을 만들어 낸다고 말한다. 따라서 실체들의 세계는 고정된 상태로 존재할 수 없다. 예컨대, 인간이 만든 환경은 시간과의 작용 속에서 끊임없이 변화한다. 실체는 끊임없이 생멸의 순환을 겪으며 자신의 목적에 따라 그 형상을 드러내고 세계를 변형한다. 이처럼 시간·공간·환류·실체라는 4개의 차원이 결합해 무한한 파동을 만들고 생멸을 만들고 또 전화轉化한다.

그런데 미원의 실체 개념은 좀 더 면밀한 고찰이 필요하다. 미원은 실체와 실체의 경계를 고정되고 결정된 것으로 이해하지 않았다. 여기서 실체란 인간과 비인간, 유기질과 무기질을 포함하는 개념이다. 모든 물질적·정신적 존재 상태가 곧 실체라고 할 수 있다. 아울러 이들 사이에서, 그리고 다른 기체들과의 관계에서 만들어지는 다양한 작용들 역시 절대적인 것이 아니라 지극히 상대적인 역량으로 존재한다. 실체들은 각자의 이법理法에 따라 독립적으로 생명 활동을 유지하면서도, 다른 이질적인 기체, 실체들과 상호 관계를 이루는 무한한 관계의 장場 안에 놓여 있다. 미원은 이러한 상호작용의 관계론적 동학動學을 상승相乘 과정이라 명명한다. 따라서 관계의 장에서 본다면 모든 작용은 어느 것이 강하고 약한지 정해져 있지 않다. 작용의 크고 작음 역시 이 관계 속에서 재규정된다.

예를 들어, 미원은 바이러스와 같은 작은 실체가 거대해 보이는 인간 사회를 어떻게 파괴할 수 있는지를 논한다. 바이러스와 같이 극미한 실체들도 지구사회 전체에 영향을 줄 수도 있다. 전승화의 틀에서 보면 강자와 약자란 무의미하다. 서로가 서로에게 얽혀 세계를 변화시키고 있는 작용의 강도強度와 밀도만이 존재할 뿐이다. 우주에서 발생하는 모든 관계는 단순히 힘의 크기로 환원할 수 없다.

같은 맥락에서 지구와 인간의 관계도 의미 있는 해석이 가능하다. 전승화의 관점에서 본다면 인간이라는 실체는 아이러니한 존재다. 현재 지구적 불평등과 전쟁사회, 지구 생태계의 파괴와 기후변화는 모두 인간 행동의 결과이다. 지구의 대기 변화는 인간에 비하면 거대한 실체의 영역이다. 인간의 삶이 자연스러운 때는 바로 이러한 대大실체인 지구와 우주 변화에 올라타 살아갈 때이리라. 그러나 인간이라는 작은 실체들도 지구 자체를 황폐화할 수 있다는 것을 우리는 이미 경험으로 알고 있다. 인간은 끊임없이 지구를 변형해 왔다. 인류는 자신의 세계인 환류環流를 개척했다. 하지만 인간문명이 발달하면서 과학기술이 인간의 통제를 벗어나 자기 증식하는 사회로 변해 가고 있다. 인간은 끊임없이 새로운 것을 소비하느라 자원을 낭비하고 있다. 그리고 그 결과 지구는 자신의 연료를 소진해 가고 있다. 인류의 문명은 창조가 파멸을 향해 가는 기이한 궤도를 그리고 있다.

전환의 사유와 의식혁명

미원의 이러한 사유의 경로 속에서 보면, 인간의 의식 또한 인과의 파동 속에서 구성된다. 미원은 과학기술의 자기 증식을 비판하면서 한편으로는 '의식의 자기 증식'(191쪽)을 논한다. 인간이 동물과 다른 삶으로 진화할 수 있었던 것은 의식의 자율적인 증식을 통해 진화하는 길을 선택했기 때문이다. 사실상 미원은 모든 실재를 그 자체로 하나의 씨앗이라고 보았다. 말하자면 그것은 "원인으로서의 인因이자 실재를 품은 씨앗"(204쪽)이다. 모든 존재는 자신 안에 변화의 잠재성을 지니고 있다. 하지만 인간만이 의식의 자기 증식을 고도로 감행할 수 있다. 인류 역사에서 모든 문명의 혁명적 전환은 바로 이러한 의식의 자율성에 의해 가능했다고 볼 수 있다. 그가 말하는 전환문명과 이를 위한 인류의 의식혁명은 바로 이러한 의식의 자유의지를 회복하고, 새로운 미래를 창조하는 힘을 되찾는 데서부터 시작된다.

그런 의미에서 이 책에서 말하는 핵심적인 사유인 오토피아(悟道彼岸) 개념을 지나치게 목적론적 세계관으로 이해해서는 안 된다. 미원이 우주를 통일된 유기체로 바라봤을 때, 그것은 정체된 어떤 상태를 의미하는 것이 아니었다. "전승화는 살아 있는 우주 운동이다."(227쪽) 따라서 오토피아라는 개념을 제대로 이해하기 위해서는 미원이 생각한 의식의 운동을 경유해 바라보아야 한다.

말하자면, 전승화의 관점에서 오토피아는 우주 운동의 일부로써, 그것의 인과 속에서 요청되는 인류의 미래라고 할 수 있다. 물론 저자는 이 오토피아를 '정신적으로 아름답고 물질적으로 풍요하며 인간적 보람을 느끼는 사회'라고 말한다. 하지만 그것보다 중요한 것은 그가 이러한 사회를 당위와 요청으로 본 점이다. 미원이 말하는 오토피아는 단순한 이상사회를 그리는 고정된 목적의 왕국으로 바라볼 수 없는 것이었다. 그에게 오토피아는 현재 인류가 '소망해야 할' 사회를 의미한다. 부언하자면 이상理想은 현실의 바깥에 존재할 수 없기 때문이다. 저자가 말하는 '당위(Sollen)'란 현실의 명령이라고 할 수 있다. 미원은 당위를 현실과의 변증 속에서 생겨나는 것으로 보았다. 그 점에서 당위는 하나가 아니다. 시대마다 다르게 존재했다. 미원의 사유에서 중요한 것은 새로운 문명의 창조를 가능하게 하는 진정한 정신의 작용이 바로 이러한 당위와 현실의 통합 속에서 시작된다고 본 점이다. 이 때문에 미원은 통합과 창발을 폭넓게 보기 위해 기계론적 변증과 구별되는 '통정統整'이라는 개념어를 사용하게 된다. 미원이 말하는 통정이란 문명을 진화시켜 온 창조와 생성이라는 인류의 역량을 가리키는 다른 말이기도 하다. 이러한 통정된 사유의 운동을 통해 인류는 당위의 현실을 그리고 문명을 이룩할 수 있었다. 미원은 현대문명이 바로 이 통정의 역량을 회복함으로써 오토피아를 향한 또 다른 정신의 축의 시대를 열어 가야 한다고 생각했다.

미원이 말한 '소망해야 할'이라는 말은 '소망할 수 있는'(265쪽)의 의미를 가진다. 이 말을 주목할 필요가 있다. 그것은 또 다른 중요한 물음으로 우리를 인도하고 있다. 말하자면, 인간이 전승화 속에서 인과의 결과로 삶을 살아간다면, 어떻게 더 나은 삶을 소망하는 주체가 될 수 있단 말인가. 미원은 인간이라는 실체 역시 인과의 바깥에 존재할 수 없다고 단언하면서, 동시에 인간에게 자유가 존재한다고 말한다.

미원의 오토피아는 인류 절멸의 공포 속에서 배태되었다. 전승화의 관점으로 보면, 인간의 모든 문명은 우주의 모든 존재들처럼 인과의 흐름을 따라 나아갈 수밖에 없다. 인간이 누리고 있는 현재의 풍요 역시 영원할 수 없다. 우주의 시간에서 보면 모든 것은 유한한 존재다. 더욱이 미원이 살았던 20세기는 그에게 언제나 절박한 "백척간두"(284쪽)에서 살아가는 삶의 연속이었다. 그는 인류에게 다가오고 있는 종말을 매 순간 예감했다. 그리고 그 혼돈의 한복판에서 미래가 소진되고 있음을 직시했다. 인류는 곧 실존의 근거根據마저 상실하게 될 것이었다. 그런데 미원은 이 모든 절망의 근원을 인류가 인격적 자유를 상실한 채 굴종의 삶을 선택했기 때문이라고 판단했다. 그렇다면 그는 어떻게 절멸을 향한 인과의 과정에서 소망을 이야기할 수 있었을까. 그의 희망은 어떻게 설계되는가.

미원 사상思想의 시작과 끝은 언제나 자유의 문제였다. 그는 현대세계의 모든 혼란이 결국엔 자유의 포기, 굴종에서 비롯됐다고 보았다. 사실 미원은 자신의 삶을 만드는 근원이 무엇인지 정확히 알고 있었다. 그것은 자유와 책임이었다. 자유란 다른 데에 원인이 없고 순수하게 자발적이고 자율적인 상태를 가리킨다. 책임은 이러한 자유를 지상명령으로 받아들임으로써 생겨나는 결과일 것이다. 이 말을 하는 것은 자유와 책임이 새삼 특별히 새로운 덕목이라고 말하려는 것이 아니다. 중요한 것은 미원이 자유를 인식하는 방식이었다. 그가 전승화를 통해 세계를 보고자 했던 것은 우주의 인과관계 원리를 깨달아 진정한 정신의 가치를 자유의지로써 실현해야 한다는 것을 말하기 위함이었다. 인간은 자유의 불가능성에 대한 깨달음을 통해 자율적인 인격체로 확립될 수 있다. 이러한 인식이 존재하지 않는 한, 현대 문명사회는 굴종과 복종의 틀을 벗어날 수 없다. 미원은 우주의 생성 원리를 주리主理/주의主意생성론으로 설명한다. 말하자면 모든 사물이 그 이치인 주리主理에 따라 변환할 때, 인간은 이성과 감정에 의한 정신적 작용을 통해 주의主意적으로 세상을 변화시킨다. 이러한 정신 작용을 통해 인간은 문명을 창조해 왔다. 그것이 곧 인간의 힘이라고 할 수 있다. 그런 의미에서 본다면, 전승화가 우주의 필연적 인과율을 풀어낸 것이라면, 주의생성론은 그러한 인과 위에서 인간이 무엇인가를 소망함으로써 자유로운 주체가 될 수 있다는 인식을 담고 있다. 말하자면 주의생성론은 미원의 자유론이라고 말할 수 있는 것이다.

그렇다면 미원은 인간의 자유의지를 어떻게 설명했을까. 전승화의 관점에서 보면, 진정으로 자유로운 선택은 사실상 존재할 수 없다. 그럼에도 불구하고 인간은 자유의지를 품을 수 있다. 주의主意적 의식 운동과 정신의 작용을 통해 인간은 자신의 삶을 선택할 수 있다. 말하자면 인간이란 타율적 삶을 살아가면서도 동시에 "자인自因적 의지"(192쪽)를 품고 능동적으로 살아갈 수 있는 이중적 존재이다. 인간의 모든 것이 인간 외부의 다른 무언가에 의해 결정되는 것처럼 보이지만, 사실은 인간만이 이러한 우주의 자연적 필연에서 벗어나 다른 삶을 선택할 수 있다. 자유에의 인식은 이 필연적인 인과관계에 대한 인식에서 출발한다. 미원은 현대사회가 인식의 힘을 잃어버렸기 때문에 기술 과학의 명령에 복종하는 타율적인 사회로 변했다고 생각했다. 사람들이 전쟁을 정당화하는 민족국가의 공동 규범을 무의식적으로 수용했기에 전쟁사회를 자유사회라고 착각하게 된 것이다. 그것은 일상의 차원에서도 마찬가지다. 굴종이 일상화된 사회에서는 모든 존재가 이익 증식을 위한 수단으로 간주될 수밖에 없다. 경제적 합리성이 지배하는 사회는 사물과 사람을 도구화하면서도 어떠한 번민도 허용하지 않는다. 따라서 미원의 주의생성론은 인간이 의식적으로 삶을 각성하고 자유의지를 가지고 살아야 한다는 의미를 갖고 있다. 칸트도 말했다. 인간으로서 자율적으로 산다는 것은 자신이 자기 삶의 입법자로서 자유 자체를 지상명령으로 받아들이는 것이다. 칸트의 자유에 관한 정언명령과 미원의 주의생성은 바로 이러한 방식으로 공명하고 있다.

지구공동사회와 세계시민의 윤리

미원은 자유의 원리에 기초해서 인류사회의 미래를 지구공동사회라고 제시했다. 지구공동사회란 인류가 협력함으로써 영구적인 평화세계를 구축하는 사회를 의미한다. 그가 말하는 평화란 누구를 향한 것인가. 미원은 언제나 이미 인류 전체를 향하고 있었다. 인류라는 대상을 상정한다는 것은 어떤 의미일까. 그것은 나와 인류의 관계 속에서 구성되며, 따라서 인류는 나이면서 나 아닌, 그러므로 타자他者인 모든 존재를 일컫는다. 그런 의미에서 모든 평화는 바로 이 타자와의 윤리에서 출발할 수밖에 없다. 인류사회의 시민으로서 살아간다는 것은 바로 이러한 타자의 윤리를 실현하는 것이라 할 수 있다. 자유는 이러한 타자에 대한 응답 속에서 그들에 대한 책임을 떠안음으로써 생겨난다.

미원이 선한 의지와 협력, 봉사와 기여라는 덕목을 이야기할 때, 그것은 바로 이러한 타자의 윤리를 실현하는 구체적인 방식이라고 할 수 있다. 칸트는 스스로 자유롭다는 것과 관련해 모든 타자를 수단으로서만이 아니라 동시에 타자를 목적, 그러니까 또 다른 자유로운 주체로 대하라는 준칙을 이야기한 바 있다. 마찬가지로 미원의 평화는 바로 이러한 타자를 목적으로 대함으로써 생겨나는 인류의식을 기반으로 한다. 미원은 분명하게 말한다. "평화는 비인간적인 수단으로 얻을 수 있는 것이 아니다. 인간이 다른 인간을 억압하고 굴종시켜 얻는 평온은 평화가 아니다. 굴종에서 오는 평화는 근본적인 평화가 될 수 없다."(268쪽) 그러므로 인류사회의 시민으로 산다는 것은 바로 이러한 평화, 스스로 자유로우며, 타자의 굴종을 요구하지 않으며, 자유의지를 품고 이를 실현하는 것이다. 결국 미원은 지구공동사회를 이야기하면서 공동체적 규범에 앞서 인간의 자유를 이야기하고 있는 것이다.

미원이 말한 자유의 의무를 끝까지 밀어붙일 경우, 그것은 국가와 민족의 경계를 넘어서는 것이 될 수밖에 없다. 그것은 미원이 한 국가에 속한 시민이면서 동시에 세계시민의 삶을 택할 수밖에 없었던 이유이기도 하다. 미원이 자유에의 지상명령 속에서 세계시민의 윤리를 사유하는 것은 그의 사상의 궤도에서 보면 어쩌면 지극히 당연한 이치이자 결과라고 할 수 있다.

그런데 더 중요한 것은 미원이 전승화의 틀에서 평화의 근거를 찾는 방식이다. 미원은 이 책보다 앞선 저술에서도 끊임없이 미래와 현재와 과거를 통정하는 사회를 이야기해 왔다. '미래'의 시간은 현재 이후가 아니다. 그것은 역으로 현재의 삶의 원인이 된다. 이러한 생각 속에서 미원은 "종말"을 사유하면서 동시에 "새로운 인간"(289쪽)을 이야기한다. 이 두 개의 축은 미원이 문명의 출구로서 의식혁명을 제시하는 구도이자 핵심적인 서사라고 할 수 있다. 새로운 인간은 아직 도래하지 않은 인간이다. 하지만 인류에게는 아직 오지 않은 그 새로운 인간 역시 우리는 목적으로 대해야 한다. 인류문명을 혁명한다는 것은 이러한 미래의 타자를 자유의지를 지닌 전환의 주체로 대함으로써만 가능해진다. 진정한 평화의 실천은 미래의 인간을 인류사회의 건설에 참여시키는 것이다. 바로 이러한 방식으로 미원은 미래의 타자를 자신의 책임으로 끌어안는다. 이것이 미원이 설계한 평화세계를 소망하는 지구 공동의 서사의 근본이라고 할 수 있다. 나아가 그것은 미원이 생각한 세계시민의 윤리이다. 미래의 진정한 근거란 바로 이 지점에서 출발해야 한다.

미원은 현대세계의 난제들을 마주할 때마다 책을 썼다. 사람들은 말한다. 철학이란 민주적이고 자유로운 환경에서 가장 풍부한 자양분을 얻을 수 있다고. 하지만 미원의 현실은 언제나 그 반대였다. 그의 철학은 처음부터 계속해서 국가 간, 민족 간 침략과 전쟁으로 점철된 20세기적 혼돈을 관통하고 있었다. 해방기 조국의 재건을 위해 『민주주의 자유론』(1948)을 썼다. 한국전쟁이 발발했을 때에는 『문화세계의 창조』(1951)를 썼고, 문명을 바꾸고 새로운 의식혁명을 일으키기 위해 『인류사회의 재건』(1975)을 썼다. 미원은 침략적 식민 시대에는 민족국가의 자립을, 민족국가 시대에는 지구협력사회, 지구공동사회를 구상했다. 전쟁의 불가피성을 이야기하는 세상을 향해, 그는 그러한 불가피함이 기대고 있는 정신의 무기력, 굴종의 무의지를 비판했다. 물질적 풍요가 실현된 사회가 도래했음에도 그는 언제나 다른 미래를 전망하고 예비했다. 그는 전쟁이 자유를 유보하게 하고, 풍요가 인간적인 모든 것을 희생하도록 만드는 사회를 문제시했다. 아니, 그런 사회를 정당화하는 현실을 문명의 임계점으로 판단했다. 미원에게 시류에 따라 살아가는 시중의 삶이란 예속된 삶의 다른 말이었다. 따라서 미원은 거대한 우주의 원리를 따라 인류사의 흐름을 읽고 또 꿰뚫는 보편의지를 찾고자 했다. 그가 생각한 보편의지란 어떤 고정된 실체가 아니라 인간이 끊임없이 더 나은 삶, 더 나은 세계를 꿈꿀 수 있는 자유의 정신이었다. 그의 모든 책들은 미원이 품었던 이 자유의 의지를 증명하고 있다. 20세기를 살았던 수많은 지성인들이 그랬던 것처럼 자유는 거대한 역사의 파동 위에 존재하는 의지의 작용이다.

대학교를 세우고 공공 교육을 실현하고 평화운동을 실천함으로써 많은 현실적인 성취를 이룬 후에도, 미원의 정신운동은 멈추지 않았다. 물론 그 또한 그가 자평한 대로 20세기적 삶에 예속돼 살아갈 수밖에 없는 존재였다. 하지만 그의 정신은 결코 20세기에 묶어 둘 수 없었다. 미원은 현실과 미래 사이에서 살아야만 했다. 그것은 그의 자유의지였으며, 따라서 그의 정신은 고독할 수밖에 없었다. 그러나 그것은 그가 자청한 삶이었다. 그는 평정을 취하기보다 생동하는, 살아 있는 자유의 고독을 더 원했다. 자유의지는 미원이 마지막까지 놓지 않았던 인류의 희망이었다.

용어해설

기체基體 : 우주 현상 변화를 일으키는 근본적인 요인(factor)을 가리킨다. 예를 들어, 주역 원리에서 우주의 근본을 음陰과 양陽의 상호작용으로 풀이할 때 이 두 개의 범주가 곧 기체다. 시간과 공간(우주), 정신과 물질, 영혼과 육체 등과 같은 범주들 역시 기체라 할 수 있다. 이러한 기체들은 하나의 독립된 범주로 각자의 이치에 따라 움직이고 있다. 그 이치란 각 실체의 성질과 특성에 따라 달라질 수 있다. 하지만 미원은 존재와 우주의 실재를 이러한 두 개의 기체로 설명하는 방식을 비판한다. 복잡한 현상과 사건을 일으키는 범주는 이차원적 기체와 더불어 그 기체들 안에서 작용을 일으키고 있는 실체들과 실체들이 만든 삶의 토대 환경을 포함시켜야 한다고 생각한다. 이에 미원은 4차원의 기체론을 펴고 이들 사이의 상호 관계를 우주 변화 원리로 설명한다.

사기체四基體, 팔기체八基體 : 미원은 우주를 형성하는 네 가지 근본 요인으로 시간, 공간, 환류環流, 실체實體라는 4가지 기체인 사기체를 설정한다. 그리고 이 기체들이 드러내는 각 기체를 다시 무한과 유한, 극소와 극대, 없음과 있음, 운동과 정지, 같음과 다름, 변화와 불변의 양상으로 이분화해 8개의 기체 구성으로 설명한다. 중요한 것은 이러한 기체들이 고정된 결정체가 아니라는 점이다. 끊임없이 다른 기체들과 관계 맺고 상호 영향을 주고받으면서 무한한 변이를 만들어 낸다. 따라서 각 기체는 어떤 의미에서 독립된 범주이면서 동시에 극소에서 극대에 이르는 스펙트럼으로 바라보아야 한다.

실체實體 : 미원의 실체 개념은 물질 그 자체를 포함한 살아 있는 모든 존재를 일컫는 말이라고 할 수 있다. 그것은 인간인 주체와 대상인 객체의 구분에서 벗어나 생기론적 관점에서 에너지와 이법을 지닌 모든 존재를 포괄하여 이르는 말이다. 따라서 무기물이라는 극소의 존재에서부터 거대한 별에 이르기까지, 우주에 존재하는 모든 물질이 실체로 살아 움직인다고 볼 수 있다. 이 점에서 미원은 양자역학에서 말하는 것과 비슷한 방식으로 우주에 흩어져 있는 극소-극대 실체들이 입자와 분자 상태로 흩어져 서로 영향을 주고받는 파동을 만들어 낸다고 생각했다. 따라서 미원의 실체 개념은 인간이라는 주체뿐 아니라 일체의 실과 상을 지닌, 그리고 이치가 내속된 모든 존재들을 가리킨다.

무기실체無機實體, **유기실체**有機實體 : 무기실체는 무기물과 같이 물, 공기, 광물 등 생명이 없는 것으로 분류된 물질을 가리킨다. 유기실체는 유기물과 같이 생물체 혹은 생명 기관을 조직하고 생명력에 의하여 만들어지는 물질 전체를 포괄한다.

물실체物實體, **이실체**理實體 : 미원은 모든 실체에 물질적인 측면과 함께 이理 또는 성질적 측면이 있다고 보고 전자를 물실체, 후자를 이실체로 구분해 설명한다. 물질을 운동하게 하는 이理는 사물과 생명체에 존재하는 무기물의 이치와 성질, 유기물의 생명력, 동물의 본능과 감각, 인간의 감성과 이성에 해당한다. 그런데 미원은 이러한 이理가 본래 속성이라고는 하지만 존재와 존재가 맺는 관계를 통해 발현한다는 것을 전제하고 바라본다. 결국 이는 물질을 움직이게 하는 힘이자 그것들 사이의 관계라 할 수 있다. 미원은 전일적 우주관 속에서 모든 실체의 관계를 고찰한다. 그럼에도 미원은 다른 모든 이실체 중에서도 인간의 이실체에서 일어나는 정신 작용을 가장 고차원적인 것으로 설명하는데, 그것은 그 자체로 사유의 자기 증식과 창조를 만들어 낼 수 있는 힘을 지니고 있다고 생각했기 때문이다.

소실체小實體, **대실체**大實體 : 소실체는 개별적으로 존재하는 실체이고, 집단적으로 결합된 큰 실체를 이루면 대실체大實體라고 할 수 있다. 그런데 여기서 중요한 것은 소실체와 대실체가 명확하게 구분된 것이 아니라 그 또한 관계 맺음 속에서 서로에게 영향을 주고받는다는 점이다. 대실체와 소실체는 관계에 따라 다르게 구분 지을 수 있다. 국가는 개인에게는 대실체이지만 우주라는 관점에서 보면 소실체이다. 대실체와 소실체는 크기의 개념이 아니므로 위계적인 관계로 바라볼 수도 없다. 예를 들어 바이러스의 전염처럼 때로는 소실체가 대실체에 영향을 주어 대실체 자체를 변화시킬 수 있다는 점을 강조한다.

자실체自實體, **타실체**他實體 : 실체는 '나'와 '나 아닌 존재', 자아와 타자로 구분될 수 있다. 나라는 존재의 실체는 자실체로, 나 아닌 존재는 타실체로 바라볼 수 있는데, 미원은 이 둘 사이의 끊임없는 관계와 교호 작용을 강조하기 위해서 주체와 타자(객체)의 구분을 흐리게 하고 내적, 외적 상호작용 자체를 강조한다.

상관상제相關相制**관계**, **상승**相乘**작용** : 미원의 전승화 개념에서 본다면 모든 존재는 다른 모든 존재와 언제나 관계를 맺고 상호 작용한다고 볼 수 있다. 이때 미원은 서로 같거나 다른 존재가 조합해 서로 영향 관계가 생겨나는 것을 상관상제로 표현하고, 이러한 관계를 통해 서로가 변화해 새로운 것을 생성하게 될 때는 상승작용으로 불렀다. 그러나 이러한 관계와 작용은 분리될 수 없다. 중요한 것은 이러한 상관상제관계 속에서 상승작용을 일으켜 모든 우주 현상 변화가 일어나며, 이는 기존의 성질들과 완전히 다른 새로운 것을 생성하도록 만들 수 있다는 점이다. 그것은 관계를 통한 창발(emergence)로서 미원이 창조적 조화론(화생론)으로 제시한 주리생성론의 핵심이라고 할 수 있다. 나아가 이러한 상관상제관계와 상승작용은 모든 현상과 변화에 반드시 그 원인이 존재한다는 전일全一적 우주관으로서의 전승화 원리의 기초라고 할 수 있다.

오토피아Oughtopia : 오토피아는 'Ought to be', 즉 당위(Sollen)와 장소를 뜻하는 그리스어 'topos'를 결합해 미원이 개발한 용어이다. 당위와 인류사적 시대 요청을 결합한 이상사회를 오토피아Oughtopia라고 명명한다. 미원은 유토피아를 이 세상에 존재할 수 없는 환상적 이상사회라 비판한다. 반면, 오토피아 역시 인간이 지향하는 이상사회이지만 "이상과 현실이 합쳐진 사회, 바람직하고 이룰 수 있는 사회"라고 규정한다(『연설문집』, p.236). 미원은 존재(Sein)와 당위(Sollen)를 구분하면서 당위는 존재의 경향성 또는 자연적 필연성을 넘어서는 것이라고 정의한다. 이는 인류문명의 창조가 인간이 단순히 존재의 경향성만을 따르는 것이 아니라 당위를 통찰하고 이를 실현하기 위한 인간의 의식적이고 의지적인 노력이 개입할 때 가능하다는 주장이다. 문명 전환의 단계마다 인류사회는 현실에 안주하지 않고 인류에게 요청되었던 당위적 길을 사유했다. 인류는 당위적 세계를 상상할 수 있었기에 문명을 창조해 왔다.

전승화全乘和 : 모든 존재가 서로에게 관계를 맺으면서 작용을 일으키는 원리를 설명하는 개념으로서, 미원 고유의 전일적인 우주관의 핵심이라고 할 수 있다.

미원은 이 세계의 모든 실체와 현상을 시간과 공간, 그리고 환류(환경)와 실체가 복잡하게 얽혀 서로 관계를 맺음으로써 무한한 인과관계의 네트워크 속에서 출현하는 것으로 사유한다. 그런데 이러한 인과관계의 중심은 어느 특정한 실체에 부여하지 않는 것이 특징이다. 그에게 우주는 물질들이 텅 빈 공간이 아니라 극소의 물질들이 흩어져 끊임없이 서로 조합하고 작용하면서 변화하고 있는 공간으로 이해된다. 따라서 인간이라는 하나의 실체를 중심으로 우주의 변화를 설명하는 방식에서 벗어나 인간이 이러한 변화 작용과 그 관계의 인과 속에 놓인 존재로 바라보도록 만든다. 우주를 독립적인 사물 개체가 아닌 무수한 입자의 구성체로 본다. 우주의 모든 현상은 성질이 같거나 다른 입자, 분자가 관계를 맺고 상호 작용하면서 생겨난다. 크고 작은 모든 실체가 유기적 통일체라는 관계 아래에 존재한다. 이러한 시각으로 인간의 역사를 해석한다. 인간의 삶은 다른 모든 물질과 마찬가지로 계속해서 이어져 내려온 역사적 파동으로, 어떤 존재로 고정되어 있지 않다.

승화乘和 **작용** : 시간·공간·실체·환류라고 하는 네 개의 기체들은 서로 상호 관계를 맺으며 서로에게 작용하는데, 미원은 이때 생겨나는 모든 변화 과정을 승화乘和라고 부른다.

가감승제영加減乘除零 : 승화 작용은 더 큰 것에서 더 작은 것으로 혹은 더 작은 것에서 더 큰 것으로 끊임없이 이동하는 변화 과정으로 이해할 수 있다. 예컨대, 작용의 결과는 극대와 극소 사이의 무수한 변이들로 나타날 수 있지만 고정된 어떤 점에 머물러 있는 것은 아니다. 모든 것은 정지한 것처럼 보이지만 끊임없이 움직이고 있고, 불변하는 것 가운데에도 끊임없이 변화가 일어난다. 이러한 작용의 복잡성을 미원은 가감승제영이라고 하는 다섯 작용을 부여해 명료화함으로써 하나의 기하학적인 수론을 만들어 낸다. 말하자면 기체들 사이의 상관관계 속에서 + 사이클(+×)과 - 사이클(−÷)이 형성되어 다양한 사물과 현상이 발생하게 된다.

공승空乘 : '영승'이라고도 불리는 이 작용은 미원이 텅 빈 것의 작용이라고 설명하는데, 현상적으로는 어떤 변화가 일어나지 않는 것처럼 보여서 이르는 말이다. 하지만 중요한 것은 이 또한 상호작용을 하고 있는 것으로서 그 자체로는 계산되지 않지만 결국 어떤 다음의 변화를 이끌어 내는 과정으로 이해할 수 있다.

주리생성主理生成, **주의생성**主意生成 **원리** : 미원은 주관에 의해 선택되고 또 선택된 주관은 객관의 영향에 의해 생성된다고 보았다. 인간이란 객관적 환경의 자극(상관)에 의해 어떤 마음이 생긴다. 또 그 마음이 주관에 의해 어떠한 작용과 영향(상제)을 받는다. 특히 미원은 주관과 객관, 정신과 물질의 상대적 생성 작용을 인정한다. 그 근간은 사물에 있어서는 이理, 동물에 있어서는 지각 또는 감성, 인간에 있어서는 이성과 감성에 입각한 주의主意다. 이성, 감성, 의지(인격)가 상승하면서 통일적 기능 작용을 한다고 본다. 미원은 이러한 철학관을 바탕으로 인간의 창조 의지를 강조한 인간관과 문명관을 발전시킨다.

지구협력사회(Global Cooperation Society), **지구공동사회**(Global Common Society) : 미원은 평화 사상이 구현된 사회를 인류사회가 호혜하고 협력하는 지구공동사회로 봤다. 지구공동사회는 미원이 제시한 이상사회이자 미래 인류사회의 바람직한 모습이다. 지구적 차원에서 인류사회가 하나의 공동 목표, 공동 규범, 공동 과업을 만들고 실행함으로써 인류평화 세계로 나아가야 한다고 제시했다. 이러한 지구공동사회는 동시에 지역과 국가를 초월하는 통합된 사회를 지향한다는 의미를 포함하고 있다. 그 점에서 지구공동사회의 '공동'은 공통적이고(common) 동시에 통합된(integrated) 상태로 볼 수 있다. 또한 미원은 지구공동사회가 인류가 이루어야 할 최종 목표로서 인류 전체가 공존 공영하며 자유와 평등을 함께 누리는 지구적 민주주의사회라고 말한다. 지구공동사회로 나아가기 위해 인류사회는 지구협력(협동)사회(인류가 상호 화해 협동하여 평화롭게 사는 사회)와 지구시민사회(Global Civil Society, 국민주권사회를 바탕으로 지구적 시민 주체성을 만드는 사회)를 거쳐야 한다고 강조한다(조영식, 「팩스 UN을 통한 지구공동사회 건설」, 『연설문집』, p.121).

화생론和生論 : 주리생성의 원리를 바탕으로 인간의 의지적, 의식적 노력이 만들어 내는 창조적 가능성을 포괄하는 미원의 우주론이다. 미원의 '화생론'은 서양의 '창발론'과 같은 의미다. 일반적 의미에서 창발(emergence)은 전체를 구성하는 부분들이 상호작용을 통하여 부분의 합으로 설명될 수 없는 새로운 특성을 발현시키는 과정을 의미한다. 부분으로 구성된 전체가 부분의 총합으로 설명될 수 없는 새로운 특성을 나타낼 때 이 새로운 특성을 창발성이라 한다. 미원의 '화생론'은 이 책 『오토피아』(1979)에서 전승화全乘和론으로 이론적 체계를 갖추게 된다.

환류環流 : 인위적인 자연 환경과 사회 환경과 정신적·문화적·역사적·사회적 시류 등을 포괄하여 이르는 말이다. 그런데 여기서 중요한 것은 이것이 단순히 공간적인 건조 환경과 같은 물리적 환경만을 포함하는 것이 아니라는 점이다. 그것은 한 시대의 분위기와 감정 구조 등을 포괄해 부를 수 있는 것으로 바라보아야 한다. 이는 집이라는 개념이 가진 상징성과 물질성 모두를 떠올려 보면 좀 더 쉽게 접근할 수 있다.

찾아보기

ㄴ

ㄷ

ㄹ

ㅁ

ㅂ

ㅅ

ㅇ

ㅈ

ㅊ

ㅋ

ㅌ